U0749773

配套课程为浙江省高等学校在线开放课程共享平台"会展调研"网络课程

会 展 调 研 实 务

周晓音　李　群　编著

浙江工商大学出版社
ZHEJIANG GONGSHANG UNIVERSITY PRESS
·杭州·

图书在版编目(CIP)数据

会展调研实务 / 周晓音,李群编著. — 杭州 : 浙
江工商大学出版社,2021.6(2023.1重印)
ISBN 978-7-5178-4683-3

Ⅰ. ①会… Ⅱ. ①周… ②李… Ⅲ. ①展览会－工作
Ⅳ. ①G245

中国版本图书馆 CIP 数据核字(2021)第 207623 号

会展调研实务
HUIZHAN DIAOYAN SHIWU

周晓音　李　群　编著

责任编辑	任晓燕
封面设计	沈　婷
责任印制	包建辉
出版发行	浙江工商大学出版社
	(杭州市教工路 198 号　邮政编码 310012)
	(E-mail:zjgsupress@163.com)
	(网址:http://www.zjgsupress.com)
	电话:0571-88904980,88831806(传真)
排　版	杭州朝曦图文设计有限公司
印　刷	广东虎彩云印刷有限公司绍兴分公司
开　本	710mm×1000mm　1/16
印　张	19.75
字　数	323 千
版 印 次	2021 年 6 月第 1 版　2023 年 1 月第 2 次印刷
书　号	ISBN 978-7-5178-4683-3
定　价	68.00 元

版权所有　侵权必究

如发现印装质量问题,影响阅读,请与营销与发行中心联系调换
联系电话　0571-88904970

序

周晓音教授主编的《会展调研实务》教材即将出版,很为她感到高兴。11年前,周老师是杭州科技职业技术学院(以下简称杭科)会展专业创办人,后来工作岗位几经变动,其会展教学工作却从未停顿。她对会展专业发自内心的热爱,一直深深地感染着我。

《会展调研实务》一书配套浙江省高等学校在线开放课程共享平台会展调研网络课程(周晓音教授主讲)。近年来,杭科在杭科领导的重视和教学团队的共同努力下,以浙江省"十三五"特色专业建设平台为载体,取得了一系列可喜的教学成果,成为浙江省会展教育的"后起之秀"。本书的出版又为成果添上了亮丽一笔。

本书是专业、课程、教材一体化建设的成果。目前全国会展院校中单独开设会展调研课程的为数寥寥,会展调研内容大多作为会展策划课程中的一个章节进行教学。因此,我更愿意把《会展调研》看作是极具个性的"校本教材",是为特色专业、特色课程配套的特色教材。确实,在会展活动策划、选址、营销、运作、后期评估的各个环节,都离不开调研。调研是基本功,在会展职业生涯中非常重要。故而杭科会展团队在专业建立伊始,就将会展调研列为专业核心课程并延续至今。2010年周教授主持首开会展调研课程,2015年出版《会展调研》教材(高职旅游管理类工学结合特色教材。周晓音主编,钱世风、孙力副主编);2018年开设会展调研在线课程;2021年出版《会展调研实务》。开设会展调研课程并连续出版配套教材,提高了杭科会展专业在圈内的识别度,成为该校"让教师看得见"的一个闪光点。

本书是纸质教材、二维码资源、在线资源一体化设计的呈现。会展调研课程从最初的课堂讲授,配套出版纸质教材到在线开课、出版新形态一体化教材,紧随时代变革趋势,一步步实现了课程和教材的升级换代,使高校教学资源得到了更广泛、更有效的利用。

　　笔者一直倡导一个观点：教材是教学实践的积淀，教材是固化的教学成果。教材是"教"（念第一声）出来，是在课堂教学和生产实践过程中总结提炼开发出来的，而不是"编"出来的。因此要出版一本优质教材很不容易，要经过多年的精心打磨。感谢本书作者所付出的诸多艰辛。

　　最后提两点建议。一是邀请业界专家、业务骨干加入作者队伍，案例可以讲他们的亲身经历，操作可以由他们在生产场所亲手示范，营造"可视可听可跟学"，也更生动有趣的实践教学场景。其实这正是网络课程的一大优势，也是杭科的一大优势。二是学习领域要拓宽，纸质教材要"瘦身"。步入"多介质"出版时代，内容极大地丰富了，书却要尽量写薄。如参考案例要精选，选入案例要有精辟分析；与线上课程的对接点要清晰，便于查找；等等。

　　非常感谢浙江工商大学出版社为连续两版《会展调研》教材出版所做出的贡献，期待今后在会展书籍出版方面能够继续得到贵社的支持。谢谢！

浙江省会展学会秘书长

浙江越秀外国语学院教授　丁萍萍

2021 年 3 月 18 日

前　言

　　"没有调查，没有发言权。"（毛泽东《反对本本主义》）只有做好调查研究，才能深化对会展活动和会展业的认识。调查是求实的过程。会展调查根据会展行业、产业的特定意图或命题，对会展的特定活动、亟待解决的问题，运用科学方法搜集信息、了解情况、发现问题。研究是求是的过程。会展研究是用科学的、逻辑的思维方法，对调查的问题或事件的大量事实进行系统而深刻的分析，发现原因，找准规律，做出对某个问题或某一事件最准确的判断，并寻找出解决问题或推进工作的观点与办法。会展服务产业紧密地联系着我们的生活，其发展势头强劲。在专业化、市场化、生态化、法制化、智能化、国际化水平不断提高的过程中，会展业更需要我们掌握事实，了解是什么、怎么样，回答怎么办。新冠肺炎疫情曾令会展活动一度按下了暂停键，此时会展调查在掌握情况、分析问题、发现典型等方面发挥了独特的作用，为政府行业主管部门科学决策，帮助企业克服困难，寻找突破，提供了有力的参考。

　　会展调研在会展决策中发挥了提供信息的基础性作用。高校会展专业人才的培养要紧紧跟上，学生应当学会运用合适的调研方法与工具，搜集数据信息，整合分析，预测研判，为未来从事会展工作赋能。基于此，我们编写了这本《会展调研实务》教材。本教材遵循理论与实践相结合的原则。理论部分努力做到够用，阐述会展调研的概念、特点、作用以及主要内容和流程方法，在"万物互联"的数字时代，教材也结合了大数据运用的问题。实务部分是教材的重点，以会展调研工作任务流程为导向，本书构建了会展调研方案设计—会展调研问卷设计—会展调研访谈提纲设计—会展调研的方法—会展调研的组织实施—问卷数据的预处理—利用 SPSS 进行数据分析—会展调研报告的撰写与汇报的操作体系，每个项目既相对独立，又彼此联系。

　　本教材的主要特点有以下几个方面。

　　（1）案例新颖：案例有 60 多个，这些案例示范性强，能够启发学生调查文

案的设计;大多数的案例是近三年的,从调研的角度能够一定程度地反映会展的新业态。

(2)双线结合:除线下纸质教材之外,本书还配套"浙江省高等学校在线开放课程共享平台"会展调研网络课程(建有600多小时的视频资源),形成双线互动。

(3)工具传授:本书有两个项目是关于SPSS软件的学习运用,能够帮助学生掌握调研项目中的数据分析环节,胜任数据采集和分析工作。

本教材是与浙江伍方数字化会议研究院、杭州伍方会议服务有限公司协同开发的成果,得到杭州市会议展览业协会、杭州市会议与奖励旅游业协会以及王青道、许锋等业界专家、朋友的大力支持,他们为本书提供了大量的、前沿的案例素材。在编写过程中还得到苏永华、钱世凤两位老师的支持,杭州科技职业技术学院在"'创一流'内涵建设第一批新形态教材建设项目"中对本教材给予了出版支持,同时本书案例等内容部分来源于网络专业平台,在此一并表示真诚感谢!

编　者
2021 年 3 月 6 日

目　录

第一编　基　础

第二编　实　务

二维码资源目录

第一编
基 础

第一章
会展调研概论

学习目标

【知识目标】

◆ 理解会展调研的概念与要素。

◆ 认识会展调研的特点。

◆ 认识会展调研的作用。

◆ 认识会展调研的类型。

◆ 认识大数据对会展调研的赋能。

◆ 认识会展调研信度与效度的重要性。

【技能目标】

◆ 掌握会展调研的程序。

◆ 掌握会展调研的工具。

我们协会非常重视调研工作,每年都会开展调研活动。通过调研,了解需求,更好地为会员单位做好服务;深入地了解行业实际情况,为政府的决策提供参考依据;评估活动效果,把活动做得更好;运用数字化、智能化时代的

技术,对行业未来的发展趋势做出准确分析与预测。

——杭州市会议展览业协会

时代飞速发展,转眼已经进入数字化为主导的时代,会展产业从以线下发展为主的模式逐步转变为线上与线下发展模式融合并存的新时期。在这个数字化时代的大前提下,会展中的信息数据搜集整理及转化,成了新时代会展行业的重点课题。而会展信息数据的来源,则离不开会展调研体系的建立,通过内容、满意度等调研得到的信息转化,可以更精准地了解到参会、参展者的深层需求,从而更好地提升会展行业的服务设计水平。伍方会议也已经开始建立会展调研体系,专注参会者体验,紧贴市场。

——浙江伍方数字化会议研究院、杭州伍方会议服务有限公司

会展调研是会展组织进行会展活动决策、预测市场、制定政策的基础。只有掌握大量的数据并据此做出科学的分析,得出结论,才能正确地判断当下,把握未来。毛泽东同志在《反对本本主义》一文中提出"没有调查,没有发言权",调查研究是一切工作的开始,没有调查研究就不能了解真实情况,就没有新发现。调查研究是会展决策的基础。

第一节　会展调研的概念

一、会展市场调研的定义

调研是调查研究的简称,指通过各种调查方式系统客观地搜集信息并研究分析,对各产业未来的发展趋势予以预测,为投资或发展方向的决策做准备。(百度百科、汉典)

会展是指会议、展览(Exhibition,Trade Show,Exposition,Trade Fair 或 Trade Events 等)、大型活动等集体性的商业或非商业活动的简称。会展产业是通过举办会议、展览和赛事、演艺等活动,服务各类产业发展,带动当地的旅游、交通运输、饭店及相关服务业的一种新兴产业。由此可见,会展活动是

一种经济活动,会展产业与市场紧密关联。因此,我们先了解市场调研的概念。

根据统计学的定义:

市场调研是指运用科学的方法,有目的、有计划、系统地搜集、记录和整理市场信息,借以分析、了解市场变化的态势和过程,研究市场变化的特征和规律,为市场预测、经营决策提供依据的活动过程。

市场调研,是以市场为对象的调查研究活动,以此获取市场信息,从而了解市场、认识市场。会展调研是调研者对会展活动、会展产业、会展政策相关问题的调研。我们将会展调研定义为:

会展调研是会展产业中的相关利益者,运用科学的方法和特定的手段,对会展产业相关问题,有目的、有计划、系统地进行设计、搜集、整理和分析,得出各种调查数据和研究结果,为组织制定经营决策提供依据的活动过程。

根据上述定义,会展调研是一个工作过程,不仅要对会展资源、会展市场、会展活动、会展人员的情况进行搜集、分类与整理,还要对调查所获取的数据资料进行分析,并得出合理的有价值的结论。

会展调研包括以下几个要素。

1.会展调研的主体:会展调研的发出者,政府,会展主办方,会展公司,参展商等。他们为了了解会展的资源,决策或检验会展活动,需要通过调研得到确切的信息。

2.调研选题:会展调研问题,根据需求进行选题。

3.会展调研的目的:会展调研的出发点,为什么要进行这次调研,为了获得哪方面的信息。

4.会展调研的客体:有主体,必然有客体。它是调查的对象,也即调查什么,调查谁。它可以是人(参展商、观众、与会者等),可以是物(展览场馆、会议中心、交通设施等),也可以是环境。

5.会展调研的人员:开展调查活动的具体工作人员。

6.会展调研的方法:根据明确的调查目的,采取特定的方法和手段,才能获取信息,保证调查内容的客观性和准确性。

7.会展调研的内容:根据调研目的,来确定调研的内容。

8.会展调研的范围:目的不同,调查的范围也不同。凡是直接或间接影响会展环境、会展资源、会展市场变化的因素和相关资料,都属于会展调研的

范围。

9.会展调研的实施:经过前期的设计,具体展开调查,获取第一手的数据资料,或者进行二手资料的搜集。

10.会展调研的数据资料整理分析:对搜集到的数据资料进行分类,运用手工或 SPSS 等进行录入、分析。

11.会展调研的结论:会展市场调研所获得的信息,能够为处在动态市场竞争环境中的会展公司制定营销决策提供依据。会展调研的结果可以是直接的调研数据,也可以是最终的研究报告,在日常工作中往往后者居多。

■ 参考案例1

"杭州·新经济会议目的地"专题调研启动(节选)

作为以"新经济"产业为主导的杭州,会议是城市产业生态发展的催化剂,日渐成为产业生态链中重要的一环。新经济类会议发展现状如何?会议与产业两者相互促进的时效如何?相关企业对政府的诉求是什么?国际一流的会议目的地是如何开展营销工作的?近日,杭州市文化广电旅游局携手新华社中国经济信息社共同开展"杭州·新经济会议目的地"主题调研,为的就是摸摸家底、总结经验、借鉴他山之石,做好下一步工作。

调研组成员由中国会展经济研究会副会长王青道、上海师范大学旅游学院副教授冯翔、天津南开大学旅游与服务学院会展管理系副教授王菁娜、新华社记者中国经济信息社经济分析师王晓燕、新华社中国经济信息社浙江中心经济事业部副总监张莹、新华社中国经济信息社浙江中心吕昂等会议、旅游产业类专家组成。

调研组冒酷暑走访了文广旅游局精选的 6 家代表性单位,包括会议场馆类、特色小镇类、行业协会类。通过现场考察、召开座谈会等形式,搜集一手丰富素材,掌握最新行业动态,为后续调研报告的编制,奠定了扎实的基础。

举办企业座谈会(略)

调研组在市商务会展旅游促进中心举办了调研座谈会,杭州西博文化传播有限公司、杭州思库文化创意有限公司、杭州微粒会展有限公司、杭州宝仓会议服务有限公司、"31 会议"杭州分支等 5 家代表性会议企业的主要负责人应邀参会。

走访重要会议场馆(略)

G20杭州峰会主会场杭州国际博览中心和B20峰会主会场杭州国际会议中心是杭州极具代表性和影响力的会议场馆。

对话特色小镇发展(略)

调研组先后来到云栖小镇和梦想小镇,考察云栖小镇国际会展中心、未来科技城学术交流中心、未来科技城国际会议中心等会场设施,并分别与两个小镇的管委会开展座谈。会上,调研组围绕着"小镇产业会议举办情况、小镇产业结构及管理、发展规划情况、杭州提出打造新经济会议目的地对小镇产业会议发展的带动意义如何"等方面,与小镇负责人展开了深入交流。

探讨协会平台作用

调研组来到杭州市会议展览业协会进行座谈。杭州市发展会展业服务中心邢国新、杭州市会议展览业协会常务副会长兼秘书长沈杨根等出席会议。

总结成果谋篇章(略)

圆满完成本次调研的任务后,调研组返回市商务会展旅游促进中心,对调研活动进行认真总结。会上,专家们梳理问题、汇报成果、提出见解,与市商务会展旅游促进中心主任叶虹、副主任杨保福及相关人员共同探讨《"杭州·新经济会议目的地"调研报告》的编制工作,找准报告定位、调整框架结构、提出创新思路、补充内容需求,进一步完善了报告提纲,提高了工作效率。

杭州打造新经济会议目的地,未来可期。

(材料来源:杭州市新闻动态 2019-07-31 http://www.hweelink.com/articles/1068.html)

从《"杭州·新经济会议目的地"专题调研启动》案例,我们可以看到,这个调研项目:(1)调研主体,杭州市文化广电旅游局携手新华社中国经济信息社共同开展主题调研。(2)调研选题,杭州·新经济会议目的地。(3)调研目的,为的就是摸摸家底、总结经验、借鉴他山之石,做好下一步工作。(4)调研客体,文广旅游局精选的6家代表性单位,包括会议场馆类、特色小镇类、行业协会类。(5)调研人员,由专家组成。(6)调研方法,现场考察、座谈会等。(7)调研内容,如对话特色小镇发展,调研组围绕着"小镇产业会议举办情况、小镇产业结构及管理、发展规划情况、杭州提出打造新经济会议目的地对小镇产业会议发展的带动意义如何"等方面,与小镇负责人展开了深入交流。(8)调研的范围,杭州市与新经济会议相关的场所。(9)调研实施,经过前期

第一编　基础

的设计,具体展开调查、走访、考察、座谈等方式进行信息搜集。(10)数据整理分析,梳理问题,提出见解。(11)调研结论,完成《"杭州·新经济会议目的地"调研报告》。

因此,会展调研是一个工作过程,主要包括的流程如图1-1-1所示。

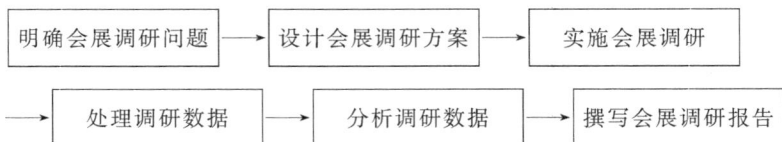

明确会展调研问题 → 设计会展调研方案 → 实施会展调研

→ 处理调研数据 → 分析调研数据 → 撰写会展调研报告

图 1-1-1　会展调研工作流程

二、会展调研的特点

其一,目的性。会展调研具有明确的目的性,调研主体要依据真实、可靠的信息来预测未来的情况,做出科学的决策。如各地编制会展业"十四五"发展规划,目的很明确,就是要推动和创新会展业的发展,因此要进行广泛、深入的调研,明确整个社会的发展背景,"十三五"会展业发展的状况,世界经济发生了哪些变化,以国内大循环为主体、国内国际双循环相互促进的新发展格局给会展业带来哪些机遇,又提出什么要求,如何提升国际化、专业化会展服务水平,本地有哪些优势产业、拥有什么自然、人文资源等等,在此基础上提出具有前瞻性的"大会展"的发展目标、任务,制定切实可行的措施。又如2020年一场突如其来的新型冠状肺炎疫情给杭州市会展企业造成重创,杭州市会议展览业协会开展调查,调查目的非常清楚:"为了进一步调研和了解疫情对我市会展企业的影响","为政府行业主管部门尽早出台有效的解决方案和措施提供参考依据,帮助企业克服困难,尽快恢复正常运营,确保杭州市会展业可持续发展"。

会展调研小知识

编制规划的调查研究

调查研究是编制规划的基础工作。调查,需要规划编制者深入实际了解情况,获得第一手资料和真实印象。研究,需要规划编制者根据调查情况进行分析,进而形成分析结论。

"十四五"会展业规划的调查，主要是梳理"十三五"的发展情况，尤其是2018—2020年近三年的情况。在评估成绩的同时，应侧重于存在的问题。看不到问题或找不准问题的调研，都是质量不高的调研。缺乏数据的调查，同样谈不上质量。

"十四五"会展业规划的研究，应主要针对"十三五"存在的问题，以"问题导向"，通过趋势研究、政策研究、体制研究、对比研究、案例研究等方法，剖析产生问题的原因，并提出解决问题的思路与方案。

编制规划的研究方法

调查与研究，关系密切。调查中有研究，研究中有调查。工作状态是边调查边研究，两者相互作用。

在此过程中运用的研究方法，旨在提高站位，开阔视野，深化思维，把脉问题。

——趋势研究，指把握国内外会展业发展的总体趋势，尤其是把握具有普遍意义的重大变化。

——政策研究，指把握中央及地方政府关于经济社会发展的宏观政策，尤其是把握有关服务业发展的政策。

——体制研究，指把握中央及地方政府关于体制改革的要求及政策，尤其是把握涉及会展业管理体制的要求及政策。

——对比研究，指对比国内外会展业先进地区，或经济发展水平相近地区的情况进行研究。

——案例研究，指针对具体事项，如新展创办、展会项目规模、展馆利用率、专项资金使用等进行单项研究。

（材料来源："张凡的会展洞察"公众号）

其二，动态性。会展调研不是静止的，而是一个动态过程。一是会展市场环境在不断地发生着变化，会展调研就是面对不断变化的新情况、新问题进行调研。二是会展调研是一个活动过程，围绕着会展调研的目的，实施会展调查，对会展调查所获取的第一手资料进行分析，自始至终，都体现着动态的特点。调查也由少到多，由点到面，由浅入深。譬如，调查需要一定的时间，对展会人员进行访问，对展览现场进行观察，对二手资料进行搜集与校验，进而在获取大量材料的基础上进行梳理、归类、判断，提取有价值的信息。

因为会展调研的动态性，才使会展调研的发出者，对会展的情况从无知到有知，从暗昧到显豁，从而促进会展活动的开展，这也就是调研的魅力所在。

某市的一个展览公司，发现前几年各地、各种级别的糖酒商品展览会交易火爆，也策划了一个糖酒商品交易会，并进行参展商的邀请，但是很长一段时间招展工作都鲜有推进，花了很大的力气，只有几十家展商，最后不得不放弃这个项目。为什么会出现这种情况呢？最主要是想当然，随意拍脑袋，殊不知市场已经发生了变化。一是 2012 年 12 月 4 日，中共中央政治局召开会议，审议通过了中央政治局关于改进工作作风、密切联系群众的八项规定。坚持以上率下，率先垂范，从中央做起，既抓思想引导又抓行为规范，执纪问责，严肃查处和曝光典型案件，形成高压态势。公款吃喝的现象得到了遏制，酒水的消费市场出现变化。二是糖酒类展会多，新办一个同类展会，没有观众基础，参展商对参展前景不看好。如此，办展的前期投入付之东流。当然，公款吃喝现象得到有效遏制，糖酒的消费市场还是很大的，但要调研饭店、老百姓对糖酒的消费需求，搭准脉搏，创新展会的主题和形式，如果能有"亮眼"的需求调研数据，在展商邀请函上说明，对于糖酒企业是有一定的参展吸引力的。

其三，系统性。会展调研需要全面系统地搜集信息，这样，才能防止局部的、表面的现象所带来的失误。一是要深入地、全面地看待现象，就要对影响会展活动的政治、经济、文化、社会等各种因素进行全面的观照。如以人员流动与集结为主要特征的会展业，成为受新型冠状肺炎疫情影响的"重灾区"，那么会展业是否前景黯淡了呢？我们要做全面的、系统的调研，针对疫情对会展业造成哪些影响，会展业存在与发展的必要性，会展业的危机与契机等问题做出回答。中国会展经济研究会常务副会长储祥银认为："新冠肺炎疫情对会展行业的影响带有阶段性、结构性特征，困难是暂时的，中国会展业发展仍然前景看好。"二是要对会展的相关产业链进行系统调研，如会议产业链：主办方、会议公司、会议场馆、会议酒店、会议技术等等。也就是说对会展市场的调研，不能只注重微观的，还要注重宏观的；不能只埋头做自己的事情，还要关注这个产业链上的其他组织，要抬起眼睛观望。因为会展活动是在整个社会的大环境下展开的，要考虑与此相关的诸多因素，进行调研就要关注它的系统性，这样才能获得有益的、深度的信息。三是对某个项目或活动进行系统的调研。市场不断变化，客户的需求不断增长，一些常规性的项目或活动需要进行连续不断的调研,持续跟踪。

■ 参考案例 2 ━━━━━━━━━━━━━━━━━

杭州国际博览中心客户满意度调研

创造有魅力的质量,造就忠实的客户群体,"杭博"一直以打造有品质、有态度的企业为发展目标。通过质量检查、客户满意度调研、网评和宾客意见搜集与分析及宾客投诉处理等途径,对企业进行严格的质量管控。

我们利用第三方科学调研方法全面、立体、权威地搜集客户与"杭博"合作的感受和反馈意见,并持续监测客户反馈数据,不断完善质量和服务体系。如表 1-1-1 所示。

表 1-1-1　杭州国际博览中心客户满意度问卷回收统计　　　（单位:份）

客户类别	类别细分	2017 年 回收问卷数	2018 年 回收问卷数	2019 年 回收问卷数
会议	会议主办者	40	84	122
	会议服务公司	27	79	121
	参会者	257	354	450
展览	展览主办者	16	38	41
	搭建商	11	59	50
	参展商	170	355	450
	观众	157	350	480
旅游	旅行社	29	40	30
	游客	129	304	521
酒店	酒店客人	105	340	456
流失客户调查	会议	/	5	66
	展览	/	5	13
餐饮客户	餐饮客户	/	/	200
合计	/	941	2013	3000

第三方收集有效样本 3000 份,调查结果显示宾客满意度保持在 9.1 分,好评率高达 97%。

（材料来源:杭州国际博览中心:《2019 可持续发展报告》,第58页）

第一编 基础

011

杭州国际博览中心是 2016 年 G20 杭州峰会的主会场。峰会举办后,中心就开始了市场化的运营。金杯银杯不如客户的口碑,因此中心非常重视客户的满意度,在场馆使用一年后,即开始了客户的满意度调研,已经连续进行了三年,样本量逐年增加。通过这样系统的调研,获得各个项目的数据指标,每年进行客户评价比较,分析客户购买中心服务的期望值、客户的需求,了解内部管理的优点与不足,帮助解决痛点,更好地实现中心的品牌价值。

其四,实用性。会展调研在于提供决策建议和依据,它使用广泛,应用于展览、会议、节事活动相关的各种问题的调查研究,要求为活动开展前的准备工作、活动开展后的总结、评估等提供有价值的信息,所以实用性很强。一方面要求"真实",调查资料必须来源于客观实际,不能弄虚作假,假如调查人员为了达到调查问卷的数量要求,自己填写部分问卷,或为了提高活动的满意度,调查人员暗示被调查者做有利的回答,给予奖励等,就会使调查结果失实,使据此决策的组织在活动运行中出现问题。另一方面要求"按时",即调查必须注重时效性,如预测节事活动的参加人员的数量,调查就必须在活动开展之前的规定时间内完成,否则,调查就失去了意义。所以会展调研人员一定要牢记调研的实用性,准确、及时地反映会展活动的资源状况、运行状况,使决策者运用这些具有重要参考价值的信息,决胜于帷幄。

参考案例 3

员工的健康和福祉是我们的首要任务。我们每月都评估自己的参与表现。疫情期间,我们的净推荐值(NPS)增长了 20 点,达到了历史最高记录水平。开展调查时,我们询问了关于励展博览集团对新冠肺炎疫情响应的问题,得分是 79 分。可见,我们大部分员工都认为自己受到了关怀和保护。这是一个尽责、人性化和耐心的响应。

(材料来源:《一手数字技术,一手集团战略:励展博览全球运营展望》,2020 年 8 月 26 日,励展博览)

这一案例,是用调查的两个数据来说话,非常实用,说明励展博览集团市场在、人气在、人心在。励展博览集团在新冠肺炎疫情带来的危机面前,重视客户管理和员工管理。净推荐值(NPS),又称净促进者得分,亦可称口碑,是一种计量某个客户将会向其他人推荐某个企业或服务可能性的指数。它是最流行的顾客忠诚度分析指标。集团在 3 月中旬到 6 月初,没有举办任何展会,后来,以某种方式推出一些 B2B 展会。在严峻的形势下,注意客户的维护,口碑得分不减反增(增长了 20 点),一旦会展回归,他们的客户仍然会非常活跃,市场很大。员工是集团最宝贵的人才,员工感受到企业的关心,才能忠诚于企业。这样的调查,无论对内管理还是对外传播,都很有价值。

三、会展调研的作用

"知己知彼,百战不殆。"(《孙子兵法》)要做大会展产业,或者是做好会展项目,要深入了解情况,发挥会展调研的作用。会展调研是为会展产业和会展活动的相关组织制定会展政策、进行市场预测、做出经营决策、改进有关问题、拟订活动计划提供重要依据。调研的出发点不同,调研的方向、内容、范围、对象也不同,所得到的信息和所发挥的作用也就不一样。

1. 能够摸清情况:摸清情况的调研是回答"有什么""是什么"的问题。发展会展产业,开展各类会展活动,都不能盲目而行,需要建立在对已有基本情况掌握的基础上。如中国会展经济研究会《新冠肺炎疫情期间地方扶持企业政策实施落实情况问卷调查》,就是摸清情况,调查会展企业所在城市应对新冠肺炎疫情、支持展览业健康发展的有关政策的出台和实施情况,调研涵盖了主办、场馆、服务等多种会展企业,结合行业现实困难和诉求,提出相应的政策建议。又如各个城市都在发展会展产业,那么我们所在的城市如何发展,就要通过调研来了解情况,城市地位、地理位置、经济水平、交通状况、旅游资源、产业发展、会展场馆、消费意识、会展产业在国民经济中所占的指标等等,以若干基本统计指标来描述其基本状况,说明有什么优势,有什么劣势,资源状况如何,使决策者在决策会展产业时找到自己的发展方向。还如,决定把一个国际某某赛事活动放在哪个城市举办,就要调研该城市是否有举办赛事活动的条件:比赛场地、设施的先进性、安全状况、宾馆数量及服务水平、居民的热情等等。依据调查所反映的各种信息,就能做出判断、选择。杭州申办 2022 年第 19 届亚洲运动会,一是杭州要向亚奥理事会提交申办意向书,要在第 34 次 OCA 代表大会陈述杭州申办条件,所以要知道我们自己有什么,需要调查,掌握相关信息和数据:杭州作为长三角地区的经济发达城市,已经具有较为完善的城市基础设施条件;杭州有在建的奥林匹克体育中心,以及现有的浙江省黄龙体育中心等体育场馆;杭州具有深厚的历史文化

底蕴,是世界闻名的旅游城市;浙江省政府将举全省之力支持杭州举办 2022 年第 19 届亚运会;杭州人民喜欢体育赛事,热爱体育运动。二是亚奥理事会要调研摸清我们的情况,即听取我们的申办陈述,申办前和申办成功后的实地考察等等,如亚奥理事会终身名誉副主席魏纪中曾在考察杭州后向记者表示,杭州利用现有的和正在建设的体育设施,无须再进行更多的城市建设就完全可以承办 2022 年亚运会。这种了解、掌握实际情况的调研,比较直观,但要花工夫去做。

参考案例 4

商务洽谈成果

一对一买家预约洽谈

第六届在进一步细化买家需求的同时,加强了针对服务供应商的会前宣传,最终成功洽谈共计 166 场/次,较第五届增加了约 70%。

据会后问卷跟踪,一对一买家预约洽谈已成为服务外包博览会最受企业欢迎的商务活动形式。

(材料来源:中国国际投资促进会:《第六届中国国际服务外包交易博览会总结会》,2014 年 10 月 30 日)

这一案例说明,主办方非常重视供应商和买家的对接,有针对性地做好服务。而对接工作做得怎么样,又需要通过调研摸清情况。第六届与第五届的洽谈场次比较,说明了对接工作的拓展;而预约洽谈成为最受企业欢迎的商务活动形式,说明这一活动的效果、活动的价值。

参考案例 5

市场不好? 荟源和灵硕做了同一件事:开新展

荟源:开了个食用菌展

首届中国(福建)食用菌产业博览会 9 月 4—6 日在福州海峡国际会展中心举办,如图 1-1-2 所示。

首届菌博会场馆占地约 1.1 万平方米,设置食用菌产品、食用菌制品、食用菌菌需物资设备及机械、食用菌科普四大展区。

在福建荟源国际展览有限公司总经理、创始人之一陈丹锋看来，这个食用菌产业博览会首先依托的是福建食用菌大省的优势，其次，这个行业虽然没有渔业等行业那么大，但属于朝阳行业，市场需求大，很有发展前景。在政府、行业协会和荟源的共同努力下，这个展会是少数能够做到真正贸易交易型的展会。

由福建荟源国际展览有限公司、中国渔业协会主办的 2020 海峡（福州）渔业周·中国（福州）国际渔业博览会同期在福州海峡会展中心举行，规模 4.6 万平方米。

灵硕：到成都开新展

ISUE 国际校服·园服展是灵硕集团的品牌展之一，灵硕集团为此精心耕耘了八年多。

ISUE 首届中国（西部）国际校服·园服展览会计划于 2020 年 12 月 11—13 日在中国西部国际博览城举办，规模预计 3 万平方米。

2020 上海国际校服·园服展于 2020 年 7 月 23—25 日举办，共吸引 29672 人次专业观众前来参观，观众主要来自 31 个省、市、自治区的全国各级教育行政部门、后勤装备部门、政府采购部门以及校服行业渠道商等。如图 1-1-3 所示。

看准市场空白点，今年灵硕集团的"阳谋"之一就是把这个成熟母展从大本营上海复制到西部，开拓西部市场，继而布局全国。

荟源和灵硕两个公司不约而同开新展，既非激进，也非冒险，而是有底气：一个是依托当地产业，各地政府支持农产品销售，市场对健康营养食材的需求大，而且跟渔博会同期同址召开，买家有保证；一个是母展孵化子展模式，选址成都可谓巧妙。

（材料来源：会展 BEN 公众号 2020 年 9 月 7 日）

第一编 基础

图 1-1-2　中国(福建)食用菌产业博览会

图 1-1-3　上海国际校服·园服展

　　这两个新的展会,不是主办方的冲动之举,而是他们已经做到胸有成竹,对于产业优势、市场需求、买家数据都有了调研和积累,瞄准市场空白,创办新的展览项目。中国拥有包括 4 亿多中等收入群体在内的 14 亿人口所形成的超大规模内需市场,这里面大有文章可做。会展的策划创意,来自充分的市场调研,为买家和卖家"搭桥",多方共赢,就能做出锦绣文章。

　　2. 可以预测趋势:预测趋势的调研是回答"可能怎么样"。俗话说"凡事预则立,不预则废"。在很多情况下,我们对自己所关心的问题是不够清楚的、没有把握的,如果冲动地做决定,很可能会出现愿望和实际相背离的情况。因此，事先调查，做出预测，就能做充分的准备。如杭州2022年举办亚运会，会有全国、亚洲乃至世界各地的爱好体育项目的观众云集杭州，杭州的各类酒店就需要提前进行预测，做好准备。因此，肯定是需要进行调研的。一方面可以利用北京（1990年举办第11届亚运会）、广州（2010年举办第16届亚运会）的相关数据，虽是二手资料，仍然很有参考价值。另一方面，还可以做一些网上的调研，毕竟，历史的数据只是一个参考，19届亚运会是在不同的时间、不同的地点举办，还要掌握第一手资料。又如受邀请的参展商，决定是否参加某一展会，应该通过调研慎重地做出决定，需要调研这一展会的历史数据，其他参展商的反响，同期是否还有更合适参加的展会，这一展会目前所邀请的参展商和专业观众的情况，这一届展会有什么活动来聚集人气，是否有有利展商、有利观众的政策，等等。如作为汽车生产商，是否参加第二十三届成都国际汽车展览会，这就要了解展会，尤其是疫情是否会对展会人气造成影响，一定要抱审慎的态度，要对自己参展的"利益"做出预测。第二十三届成都国际汽车展览会是2020年疫情之后全球举办的首个规模最大的国际车展，这个车展为期十天。为了办好车展，"组委会这么为车展赋能"：推出大型"购车领奖/抽奖"、设立室外试乘试驾体验区、"车展奇妙夜"直播活动、"抖音嗨车节"——线上话题活动，在展会首日就有近50场汽车品牌发布会等，这样为参展商和观众搭建互动平台。企业在决定参展以前，一是根据历史数据进行预测，2019年的成都国际车展产生了32394辆汽车订单，这是一个令人兴奋的数据；二是根据本届展会给出的相关政策、活动进行预测，这是一个令人鼓舞、令人心动的展会，参展商能够预测参加这一次展会是否会有较好的收益。由于参展商有信心，所以赢得了120多个国内外知名汽车品牌参展，参展车辆1500余辆。当然主办方面对120多个国内外知名汽车品牌参展，加上自己推出的活动与宣传的力度，也可以预测本届展会的效益。第二十三届成都国际汽车展览会落下帷幕的时候，以下的一组数据非常亮眼：

2020年成都国际车展共产生38907辆汽车订单，较2019年的32394辆同比增长6513辆；成交额超68.06亿元，较上年54.1亿元增加13.96亿元，成为全球车展名副其实的销冠王。如图1-1-4所示。

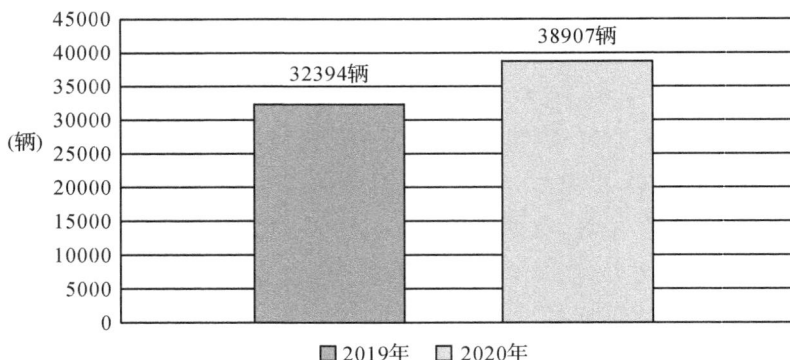

图 1-1-4　2019 年/2020 年成都国际车展销售车辆数据

（材料来源:成都车展的美与魅,原创"会展 BEN"公众号,2020 年 8 月 4 日）

　　这就是主办方给出的答案,车展给了观众实惠、方便,当然也给了参展商满满的惊喜,展会圆满成功。这是一个多赢的展会。

　　这种预测性的调查对调研人员的要求比较高,需要对现有情况、历史情况、不同地区和城市的情况等进行统计、比较、评价、估计,才能得出一个初步明了的信息。虽然这种信息是不充分的,不可能十分准确,但根据历史与现实的情况进行分析,应该是基本可靠的,能够给决策者以参考。

　　3. 及时诊断问题:诊断问题的调研是回答"问题在哪里""原因是什么"。调查研究如同行医问诊,唯有正确诊断才能把握病症,如杭州市会议展览业协会开展的《新型冠状病毒肺炎疫情对杭州市会展企业的影响》。会展产业的发展,会展活动的举行,都会存在一些问题,不可能一蹴而就,十全十美。发现问题,找出问题的根源,我们才能够针对问题对症下药,使之变得健康、强壮、美好。如会展主办方往往会在一个展览、会议、节事活动结束前,对活动的参加者进行调研,了解他们参加活动之后的感受,因此就能听到一些中肯的回答,其中有对好的地方的肯定,也有对不足之处的意见。从中找出原因,是宣传工作没有做到位,还是费用太高,或是同时期有同类主题的展会等,从现象找出根源,就能据此做出整改,使下一次活动开展得更好。如果不调查研究,听之任之,或者想当然,展会活动可能就会办得差强人意,每况愈下,没有生命力。所以,调查之后就有了发言权,有时候寻找差距,发现问题,找出病根,比发现亮点、知道成绩更重要,因为这样会展活动项目才有上升的空间。诊断问题的调查应该全面,方法多样,如通过参展商和观众、会议人员登记注册的数据信息,通过现场的观察,通过问卷、访谈,通过对媒体情况的搜集,通过工作人员的总结等,多渠道地搜集情况,分析原因,说明为什么会出现这种情况。为了查找问题的调查要求很高,需要通过现象看到本质,需要看到各种现象之间的内在联系。

参考案例6

1.针对问题的调研(视频)

四、会展调研的类型

会展调研的主体不同,他们的调研目的也各不相同,这就决定了对调研课题、调研内容的选择有很大的区别,对希望获得的调研结果需求也不同。如对展览会的销售市场的调查,展览主办方与展览的参展商调查的侧重点就不一样,主办方关心的是展商和观众的质量与数量,他们反响如何,下一届是否还乐意来参加;参展商关心的是展会影响力如何,专业观众的数量和带来的订单,能否获得信息,提升自己的组织形象。目的不同,调研的课题就不同,调研的类型也不同。

(一)描述性调研

这是对会展的客观情况如实地加以反映的一种调研类型。调研特别要重视对现状的了解,与会展相关的政治、经济、文化、社会的状况,会展现场的考察、数据的搜集,也不能忽视对历史资料的搜索。在全面系统地掌握形势政策、各种数据、运行情况后,做出分析,把分析结果叙述、表达、呈现出来。也就是说,是如实地反映了情况。如《加快杭州市会议产业发展》的调研报告,就通过对杭州市的会议产业的城市、宾馆、交通等基本状况的描述,对比发达的会议城市的情况,提出打造国际会议目的地的对策。

第一编 基础

（二）因果性调研

因果性调研就是寻找出产生某一会展现象或问题的原因,并把它揭示出来。如某届房交会参展商数量可观,而观众数量较前几届减少,观望情绪浓厚,现场比较冷清,这种现象产生的原因,是价格因素、政策因素、推销策略因素、产品结构因素还是购买水平因素? 这种现象是短期的还是长期的? 它会给下一届房交会、房产市场带来什么样的影响? 通过调研,找出出现这种现象的直接和间接的原因。某种现象的出现,原因往往是多种的、复杂的,不要从经验出发,从感觉出发,运用一些零星的材料来说明,一定要深入、具体、细致地调查。

（三）探测性调研

所谓探测性调研,就是人们对会展的情况还不太清楚、明了,通过调研,让有疑虑的问题得到解答,让未知的东西变得心中有数。譬如杭州每年已经举办一个车展,在这个车展之外,再举办一个新能源汽车展览会,能办得好吗? 通过对政府节能环保政策的解读,对汽车厂商新能源汽车的研发与市场投入情况的调研,对观众对新能源汽车的接受程度的了解,预测这个车展的受欢迎程度。因此展览组织者很有信心,做了大量的宣传、营销工作,精心策划各项活动,把展会办得非常成功。探测性调研在会展工作中有着非常重要的作用,能够预先获得对市场的认知,能够规避一些问题,控制一些可能出现的情况,也能够使决策的成功概率大大提高。

思考与练习

请选择一份会展调研报告。要求:1.指出调研要素在报告中的体现;2.分析这份调研报告的作用。

第二节　会展调研的对象与工具

一、会展调研的对象

会展调研的对象十分广泛,有宏观的,微观的;有资源的,政策的,市场的;有关于展览的,会议的,节事活动的。凡是直接或间接影响会展产业发展、会展活动举办的各种信息,都有必要搜集、整理、分析。

(一)会展环境调研

1.政治环境:国内外政治形势,国家安定团结的政治局面、国家方针政策及其变化、法律、法规等,都会影响各个产业的发展,自然也直接或间接地影响着会展产业的发展。

2.经济环境:会展活动本来就是一种经济活动。产业结构情况,经济水平,外贸和内销的状况。我国幅员广大,沿海地区、西部地区,少数民族地区、经济特区等经济状况各不相同,互有优势,各有特点。良好的经济环境会给会展业带来蓬勃发展的机遇。如"双循环"新发展格局来了,会展产业要进行深入的调查思考,积极繁荣会展活动,发挥会展产业的平台化作用。

3.社会文化环境:(1)社会环境:交通、安全、文明程度、消费习惯。交通方便,安全程度高,文明程度高,消费意识强,往往是举办会展活动的福地。(2)文化环境:生活习惯,文化水平,文化。如杭州是一个历史文化名城,又是一个非常活跃的文创产业的发展城市,有许多民俗文化、人文资源,因此,杭州举办"文化创意产业博览会""艺术博览会""中国国际西湖情五粮液玫瑰婚典""中国国际茶叶博览会""中国国际动漫节"等等,就依托了这个城市的文化氛围、底蕴、气质、品格。

4.自然地理环境:会展产业与自然地理环境紧密相关。气候宜人,山水富有特色,有丰富的旅游资源,是会奖活动、会议旅游、节庆活动的好地方。所以,无论是地方的政府和会展办,还是会议主办方、会展企业,都会非常重视这一方面的调研,开展富有特色的活动。如"中国•杭州千岛湖秀水节"就是依托了千岛湖秀美的自然山水和良好的生态环境创造的节事活动。

（二）活动参加者调研

活动的参加者，是会展活动的核心。只有使他们乘兴而来，满意而归，才能产生多赢的局面。调研就是为了使活动收到良好的效果。

1.参展商：对于会展主办方来说，一个展览会的举办最为直接的是参展商。能否邀请到相当数量和质量的参展商，参展商参加了本届展会活动以后下届是否还会再来，都是主办方所关心的。所以要对参展商的来源、参展动机、服务需求、参展效果、展商对展会的评价等进行调研，以便留住参展商，吸引有潜在动机的参展商。对于参展商来说，调研其他参展商的情况也是参加展会的重要目的，可以知道自己的商品在市场上的竞争能力。

2.观众：一个展会是否成功，主要看观众。观众分专业观众和普通观众。贸易展以专业观众为主，销售展以普通观众为主。数量众多且购买意向和能力强的观众，才能给参展商带来效益。所以展会主办方、参展商都需要对观众进行调研，了解观众对产品、价格、服务的需求，了解观众是否在本届展会上找到了所需要的产品。展览会是参展商（企业）与客户（观众）进行沟通的最直接的平台，他们下订单或购买的动机是什么，求质量、求实在、求新颖、求廉价、求个性还是别的什么需求，通过调研获得最有说服力的信息。

3.与会人员：会议的性质不同，与会人员的目的也各有不同。所以要调研与会人员的参会目的，希望获得什么信息，住宿、餐饮和活动的需求。调研可在会前展开评价性的调研，也可在会中、会后进行。

4.节庆活动参加者：了解节庆活动参加者的来源、文化水平、消费水平、消费倾向，了解参加者对活动的时间、项目、管理水平的满意度。特别要注意节庆活动的所在地区和周边地区的人们和不同年龄的人群的消费意向、活动爱好，因为他们是活动的主要客源。如"西湖音乐节（Xihu Music Festival）"主办方在它创办之初要对主要目标群体的年龄、爱好做一个调研分析，要事先对客源、观众持票数量、现场的情况有一个预测。当这个音乐节连续举办了十届，已经成为全国知名的青年文化品牌，也要对新的需求、音乐市场的变化进行评估和调研。经历新冠肺炎病毒的影响，要调研人们对音乐的向往，调研通过音乐会展示更多的青春美好、获得放松、获得快乐的需求。又如2020年南宋文化节主办方在2019南宋文化节闭幕式上，发布了2020年南宋文化节征集令。围绕南宋风雅、南宋风情、南宋风姿、南宋风云、南宋风味和南宋风信六大主题,面向各界各方征集下届文化节活动项目。征集令面向社会公众,其实也是一种好点子的调研。南宋文化节是市民、旅游者的节事活动,他们的需求、他们的创意,都是新一届南宋文化节策划、设计决策信息的重要来源。节事活动的举办要了解参加活动者的年龄结构:中老年人喜欢休闲,年轻人喜欢刺激、浪漫;了解职业:一般来说,农民喜欢喜庆热闹的活动、传统的活动,如戏曲、舞龙,而学生比较喜欢时尚的运动,如骑行活动、赛车活动等;性别构成:性别的不同,对活动的需求也有差别,男的偏好一些运动的、力量的活动,女的偏好一些柔和的、静态的、优美的活动;文化程度:文化水平也与业余活动密切相关,文化水平高,相对会参加一些高雅的活动,譬如参加艺术节活动、摄影展等;收入状况:一般来说,收入水平高,消费的水平也会比较高,收入水平较低,会多考虑一些经济性的活动。当然,许多节庆活动是群众性的活动,男女老幼皆宜。

(三)产品产业链调研

1.产业链:举办会展活动,要调研产品(项目)的产业链。如,举办一个新能源汽车展,有新能源汽车的研发单位、新能源汽车的制造厂家、新能源汽车的零件供应商、充电电池及相关设备厂家、新能源汽车的租赁企业等,只有充分调研,才能把这个产业链上的参展商都邀请到,参展商能够相互获取新的信息,观众能够看到一个新能源汽车的成熟的市场。又如,主办方举办一个会议(特别是大型会议),希望到一个会议产业链成熟的地方举办:会议局(会展办、文旅局)、会议服务公司、会议中心、会议酒店、旅行社等的任何一家如果薄弱,都会影响会议的质量,相反,会议的管理水平、服务水平都会很高。

2.商品生命周期:大部分的会展活动都属于经济活动,与企业的商品联系在一起,商品生命周期长,那么开展会展活动的意愿也不会太强烈。而商品生命周期短,更新换代快,市场需求旺盛,往往需要通过展会走向市场,如"电子产品展销会""汽车展销会""服装节""节能环保建材展"等等。所以作为会展组织,要研究商品,新产品研制的技术、价格、性能等,可以通过展会投石问路。

(四)会展市场调研

1.流通渠道:展会与商品的物流密切相关,包括市场、销售渠道、商业广告、物流组织的情况。譬如广交会,广州地处沿海,开放性程度高,商业发达,又紧邻香港,所以,就成为一个进口和外贸产品的重要贸易渠道和场所。又如,作为

参展商,想要打开某一区域市场,也要了解某一区域的产品流通渠道。

2.供需方面:会展活动永远和供需紧密地结合在一起。譬如一个展览会,哪里有供应方(参展商),哪里的展览会就有吸引力,譬如国际最有影响力的车展,他们大多是汽车制造商云集的地方;中国上海汽车展规模很大,除了上海拥有上海大众、上海汽车、上海通用、上海汇众、上海申沃、上海华普等汽车制造厂,还有世界各地的汽车厂商想要通过中国经济最发达的大都市打开中国的市场,最主要的是中国这几年对汽车的需求非常旺盛,已经成为世界第一。所以上海车展年年火爆,就是抓住了市场。会议也一样,对于宾馆、会议中心来说,会议的供应方:政府、企业、社团、教育等,他们的会议数量、会议类型、会议需求都在变化。

■ 参考案例 7

2020 中国会展活动新技术新设备新服务展览会将在杭州举办(节选)

创新展会服务模式是在新冠肺炎疫情防控常态化条件下推动行业加快恢复和发展的重要举措。今年 4 月 13 日,商务部印发了《关于创新展会服务模式,培育展览业发展新动能有关工作的通知》,要求推进展会服务创新、管理创新、业态模式创新。

每年国内举办一万余个线下实体展览和数百万场会议,另有文创特展3.6 万余场。目前,5G、AR、VR、沉浸互动、数字艺术、绿色搭建、知识内容分发、防疫设备物资、MarTech 全域智能营销、数字化管理工具等新技术、新设备和新服务,在会展活动中正得到广泛应用,文化、艺术、设计和科技与会展的跨界融合日益增多,新冠肺炎疫情全球化影响,激发了会展活动行业变革和服务升级的需求。

(材料来源:新华网客户端,https://baijiahao.baidu.com/s? id=1673640342920941257&wfr=spider&for=pc)

这个案例来源于展会的信息发布,它不是调研报告,但从中我们可以看到,2020中国会展活动新技术新设备新服务展览会的主办方是做了认真调研的,有新冠肺炎疫情防控常态化的社会背景,有商务部的通知,特别是对会展活动相关产业的了解非常深入。随着高新技术的发展,会展活动的变化十分迅速,新技术新设备新服务的供需方面都需要有一个平台将它们"拥抱"在一起,一个新的展会应运而生。

参考案例8

首批"杭州新经济会议小镇"揭晓

为促进杭州优势产业与会议业的融合发展,宣传推广特色小镇新功能,助力杭州打造新经济会议目的地,杭州市文化广电旅游局从杭州特色小镇中优选十个"杭州新经济会议小镇",涵盖多个新经济产业领域,树立标杆,创新实施跨领域合作。

临安微纳智造小镇

会议案例:全省工业互联网平台建设现场会等。

云制造(微纳智造)小镇以智能制造、云制造研发服务为产业定位,已入驻企业206家。小镇内的香港大学杭州科学技术研究院中山报告厅,总面积约450平方米,可容纳313名听众。杭州临安万豪酒店有多种面积的会议室及宴会厅,其中大宴会厅面积1200平方米,可容纳1000人参会。

梦想小镇

会议案例:2019年全国大众创业万众创新活动周、2018中国区块链技术大会等。

梦想小镇是国家级互联网创新创业高地。这里有各类特色会议活动场地、专业的国际会议中心、国际交流中心。未来科技城学术交流中心展示厅可容纳6000人参会;未来科技城会议中心主会场面积1500平方米,可容纳1300人参会。

运河财富小镇

会议案例:首届中国产业金融峰会等。

运河财富小镇以"创新金融产业链"为核心,已入驻企业567家,其中金融企业近400家。

"小镇客厅"可容纳 200 人参会。小镇内杭州远洋凯宾斯基酒店拥有 2000 多平方米的会议及宴会场地,大宴会厅可一次容纳 1300 人参会。

医药港小镇

会议案例:2019 药品 MAH 持证转化论坛暨医药技术交易大会、2019 中国·杭州医药港健康产业峰会等。

目前已落户生物医药企业 798 家。规划区域里的杭州和达希尔顿逸林酒店,拥有总面积 1883 平方米的会议及宴会场地,和达大宴会厅可容纳 1300 人参会。

龙坞茶镇

会议案例:中华茶奥会、西湖龙井开茶节等。

龙坞茶镇有 14000 多亩茶园、17000 多亩林地,入驻了以茶企为主的 46 家企业。龙坞当代艺术中心室内面积 800 平方米,可容纳 500 人参会;室外还有 3000 平方米的大草坪,拥有多个不同面积的会议室。

艺创小镇

会议案例:《之江文化产业带建设规划》发布活动、第十五届中国国际动漫节·中国青年动画创投大会等。

艺创小镇的规划区域包括之江文化创意园、中国美术学院象山校区、浙江音乐学院等。目前,小镇注册企业 3300 余家,其中文创企业 2700 余家。凤凰创意大厦的会议室面积约 850 平方米,可容纳 200 人参会。园区拥有一个大草坪。

云栖小镇

会议案例:云栖大会、2050 大会、TechCrunch 国际创新峰会等。

云栖小镇已引进各类企业 1275 家,其中涉云企业 950 家,已初步形成较为完善的云计算产业生态。小镇拥有多种类型的会议室和展厅,其中云栖厅面积 2300 平方米,可容纳 2500 人参会。

玉皇山南基金小镇

会议案例:"山南论法"之私募基金税收政策研讨会等。

基金小镇以股权投资类、证券期货类、财富管理类投资机构为产业核心。这里的路演中心面积 1100 平方米,可容纳 400 人参会。有面积约 600 平方米的小花园,可以举行户外派对活动。

萧山机器人小镇

会议案例：2018 ROBOCOM（睿抗）全国总决赛、第二届中国人工智能创新峰会等。

浙江省首个以"机器人"命名的省级特色小镇。目前，小镇已有机器人智能装备企业超过 40 家。萧山机器人博展中心的报告厅面积 270 平方米、临展厅 831 平方米，分别可容纳 200 人、500 人参会。

大创小镇

会议案例：2018 杭州国际众创大会、第七届中国创业投资行业峰会等。

大创小镇以数字经济为主导，重点发展集成电路、新型显示、柔性制造及智能应用产业。小镇的国际创博中心国际会议厅面积 1900 平方米，可容纳 1000 人参会。

（材料来源：2019 年 11 月 7 日，《都市快报》C04-05 版）

这是杭州市文化广电旅游局通过调研杭州特色小镇，优选出来的首批十个"杭州新经济会议小镇"，有利于杭州打造新经济会议目的地，为相关的新经济会议提供了富有特色的会议小镇、会议场馆；而有关新经济会议的主办方，也可以通过调研杭州特色会议小镇，把会议放到杭州来开，因为不仅有会场，更重要的是有产业、有人才。

（五）同类展会调研

国际的展会，国内的展会，一个展会题材好，往往同类的展会到处开花。作为展会主办要进行调研，如何在时间上避开同类展会，并力求形成自己的特色，否则招商困难，观众分散。作为参展商，每年用于参展的活动经费是有限的，不能盲目地参展，要对同类的展会进行比较选择，通过调研，找到最适合自己的展会。如有不同层级、不同范围、不同规模的汽车展、茶叶展，企业参展，就要对同类的展会进行调研，根据自己的产品特点、市场情况，做出选择。

二、会展调研的工具

目前，会展调研的工具越来越多，有传统的调研工具，如纸质问卷、笔（录音笔）、笔记本、照相机、摄像机等，又有新的基于网络的调研工具，如手机、电

脑等。

(一)传统的调研工具

1.纸质问卷是常用的调查工具,它是调查者以问题的形式系统地记载调查内容的一种印件,能够反映调查对象的行为、心理。纸质问卷一般不会受到年龄、文化程度、是否拥有手机等条件的限制。

2.笔记本、笔(录音笔)是简单实用的调查工具。在访谈、座谈的调研活动中,需要对信息进行记录。

3.照相机、摄像机是最具象的调研工具,它能够实时地、生动地对调查对象(人、物)的情况进行记录。既可用于观察调研,也可用于询问调研。

(二)基于网络的调研工具

1.手机是便捷的调研工具。人们拥有手机已经是一个普遍的现象,智能手机的用户也早已扩大到老年群体。手机功能越来越多,而且手机便于携带。所以,调查者运用手机进行调查是容易实现的。

(1)拍摄记录。

(2)上网查阅二手资料。

(3)电话访谈。

(4)视频访谈。

(5)录入调研文字。

(6)制作、发送问卷以及收集问卷结果。

其中利用手机上的问卷星,可以发挥以下作用:

(1)简单地制作友好的问卷。

(2)方便地进行数据搜集。

(3)实时地了解调查结果。

例如:《关于会展产业生态化发展动力机制研究的调查问卷》,由问卷星提供技术支持。

例如,通过二维码把问卷传递给调查对象,调查者及时接收调查信息,如图 1-1-5 所示。

图 1-1-5　将问卷传递给调查对象的二维码

2.电脑的功能非常强大,但没有手机那样携带方便。

(1)基本上拥有手机的调查功能。

(2)制作问卷安装 SPSS 软件统计分析。SPSS(Statistical Product and Service Solutions)是"统计产品与服务解决方案"软件。

(3)BI 数据分析工具,数据可视化分析的工具极致简单。拖拽式的快速探查数据的云 BI 神器,提供报表嵌入第三方,它不只是业务人员"看"数据的工具,更是数据化运营的助推器,实现人人都是数据师。

会展调研小知识

国际会议及大会协会(ICCA)、国际协会联盟(UIA),同样提供了大量有价值的国际会议信息。

统计标准、样本来源以及侧重点大相径庭。ICCA 和 UIA 都是国际上现行对国际会议认定的权威组织,但两者统计结果的巨大偏差着实让人局促不安。其一,统计标准方面:ICCA 把主办机构限定于国际协会,且必须是在三个或三个以上的国家或地区轮流举办的定期会议才可纳入统计范畴。而UIA 将联合国等政府组织也列为主办方,且会议固定在某地召开,或每年只召开一次但能满足其他条件的也纳入统计数据库,如博鳌亚洲论坛年会等。

其二,样本来源方面:ICCA 除在马来西亚设有全球研究中心之外,还在总部、亚太、非洲、中东、拉美和北美地区设有办事处,都是为收集国际协会总部和会议信息而服务。此外,ICCA 还会通过各会员单位自行上报后经其总部统一筛选的形式获取数据样本。而 UIA 则是由其会议部专门负责收集国际组织及国际组织召开的会议信息,从而建立自己的数据库,其数据库现有468700 条会议信息,涉及 248 个国家和地区、12415 个城市。其三,侧重点不同:ICCA 更关注非政府间国际组织举办的会议,而 UIA 的重点在于所有非营利性的国际组织。

(材料来源:唐雪:《国际会议统计谁更接近真相?》,中国贸易 chinatradenews.com.cn 新华网 2017-09-26)

☞ 思考与练习

网上调研你所在的城市会展教育的情况,如开办学校、专业、教育层次、学生数量、国际合作、校企合作等。

第三节　会展调研的数据运用

▮ 参考案例 9

举办白马会客厅在线直播

邀请 33 位行业嘉宾,举办白马会客厅在线直播。从 2 月 2 日起连续八天,以线上直播的方式举办白马会客厅——中国会展人西湖沙龙专题活动。有 5 个特色亮点:一是全国行业首创。积极探索会议交流的新载体、新形式,是国内会展业首创的疫情下研讨发展转型之路的沙龙活动。二是八期联动策划。讨论话题涉及会展企业、会展场馆、趋势预测、跨界合作、技术应用等各个层面,从选题策划、宣传推广、互动交流、观点提炼等全方位、立体呈现。三是多方云集。先后邀请了国际展览业协会(UFI)、国际大会及会议协会(ICCA)、国际展览与项目协会(IAEE)三大国际会展组织亚太负责人、中国会展经济研究会领导及优秀会展企业家、专家等33位做线上交流。四是战"疫"信心深远。宽视角、多层次的观点阐述,树信心、立思路的互动交流,产学研合作越辩越清,破立发展成明日之道。五是观众反响热烈。累计观众观看量(PV)达到35710人次,观众(UV)数达到8904人,评论弹幕数量3168条,吸引杭州市以及全国各地会展业界热烈参与。

(材料来源:杭州市会议展览业协会《杭州会展资讯》第八十七期——《新冠无情人有情 突围困境再出发——新冠疫情下杭州会展业发展调查报告》,案例标题由本教材编者所加)

一、数据在调研活动中的运用

数据赋能,有数据,才会有管理;有真实的数据,才会令人信服。决策不能凭经验、凭感觉,要通过调查,从大量的数据中寻找关联,揭示事物的本质,提出提供决策的相关信息,或者提出解决问题的建议。所以,调研报告是用事实说话,包括事例,当然也用数据等,清楚、具体、实在,使之足够说明某一个问题,否则就会使文章流于空洞、难以使人信服。

量化的数据,直观、切实。它能说明会展活动各种数量的大小,能通过数据比较来分析当前的情形。数据获取的途径很多。既可以通过云端智能平台获取数据,"云数据是基于云计算商业模式应用的数据集成、数据分析、数据整合、数据分配、数据预警的技术与平台的总称"(百度百科"云数据"),也可以通过线下问卷、企业数据库、其他二手资料(网上、报刊)等获取数据。

参考案例 10

我们可以通过数字化的方式运行整个展会,比如夏纳电视节(MipTV),我们也能提供在线商务配对服务。在年初的几个月,有36万人远程参加了我们的展会。我们为这些人推出了206个在线会议。真正有趣的是,这些远程参会人员给出了78%的满意度。当然,他们可能也希望面对面参加会议。不过他们觉得自己的目的已经达到了。

(材料来源:《一手数字技术,一手集团战略:励展博览全球运营展望》励展博览 会展 BEN,2020年8月26日——图文来源:励展博览)

励展集团在数字化时代,在新冠肺炎病毒影响的情况下,运用数字化的

方式运行展会,并随之搜集了数据,非常有说服力。这正是运用了云技术,搜集、整合和分析数据。

(一)什么是大数据

随着数字化、智能化时代技术的成熟,"大数据"已经被人们所津津乐道,大数据分析和应用不断出现。按照数据分析深入程度的不同,这些应用可分为描述性分析、预测性分析、指导性分析三个层次。

大数据(big data),指无法在一定时间范围内用常规软件工具进行捕捉、管理和处理的数据集合,是需要新处理模式才能具有更强的决策力、洞察发现力和流程优化能力的海量、高增长率和多样化的信息资产。

在维克托·迈尔-舍恩伯格及肯尼斯·库克耶编写的《大数据时代》中,大数据指不用随机分析法(抽样调查)这样捷径,而采用所有数据进行分析处理。大数据的 5V 特点(IBM 提出):Volume(大量)、Velocity(高速)、Variety(多样)、Value(低价值密度)、Veracity(真实性)。

——百度百科

大数据平台基于先进的云技术构架和数据驱动思想,提供采集处理、存储管理、分析挖掘、知识图谱、图像识别和可视化战线等技术服务。如来自杭州旅游经济实验室的《2018 年度杭州旅游大数据报告》,获得了大数据平台的支持。如图 1-1-6 所示。

图 1-1-6 大数据平台的支持

　　大数据平台利用其强大的数据采集功能,赋能会奖旅游,为会奖旅游画像。以下是《2018 年度杭州旅游大数据报告》中的几个页面,数据量大,而且十分精准,能够非常生动地呈现酒店自助入住系统、体育类社群组织、杭州马拉松赛事报名的情况。如图 1-1-7 所示。

酒店入住

2018年部署自助入住系统的酒店超过 **113家**

总使用人数 **687529人次**

平均入住办理时间**49秒**，每个人节省251秒

总共节省**47936小时**

数据来源：旅步科技

社群旅游

2018年赛会通平台

拥有体育类社群组织 **1264** 家，

年组织活动 **115422** 项，

参与人数 **826883** 人次，

活动范围覆盖广州、深圳、成都、北京、杭州、武汉、西安、西宁、哈尔滨等 **362** 多个城市，

每次活动人均消费**166.44**元.

图 1-1-7　大数据信息

　　数据能反映现象,如旅游客人或商务客人,通过酒店的自助系统办理入住,非常的便捷,客人也喜欢使用系统平台。又如赛会通数据反映了体育类社群组织的状况。互联网的沟通便利,出现了新的体育组织模式,这些组织活动非常活跃,相同的有体育爱好的人走到一起比赛、活动、交流,拓宽了生活的领域。而依托互联网组织的社群体育组织,又会把爱好、行为习惯、活动的地理位置等共享给大数据公司。公司可以借助这些数据信息进行分析,产生巨大的影响力。你去某个 event,我也去,这就是影响力。所以,数据充满魅力。知道这些数据,发现新的现象,可以举办相关的赛事、会议、展览,知道什么时候、在什么地方举办赛事、会议、展览最合适。酒店、旅行社也会对此感兴趣。当然确切的数据也可以揭示问题,暴露本质。帮助我们找到问题,才能去改进,做合理的决策。人们可以共享大数据,如杭州现在有 14000 多家大酒店,包括杭州的喜来登、凯悦、黄龙饭店等酒店宾馆,也包括快捷酒店、民宿等。在所有的酒店中,现在有 90% 会将房源挂到网上去卖,挂到携程,挂到艺龙,挂到去哪儿,挂到小猪,全家旅行等。挂上去以后,这些酒店就会留下点评。2017 年,杭州市旅游委员会在网上找了 162 万条点评,把这些所有酒店的点评全都汇总到一块,然后给酒店颁奖。这家是最受游客欢迎的酒店,这家是卫生最好的前十名酒店,这家是杭州地理位置最好的前十家酒店。黄龙

饭店拿到了最受欢迎的酒店,这是游客颁的奖,分量很重。这样的大数据,有利于旅行社、酒店,也有利于旅行与商务旅客。当然,也有利于会展主办方、承办方,能够做出选择哪个酒店办会、选择哪个酒店作为合作者等等。通过云技术和网站数据信息分析,为会展的主办方、承办方、观众等带来富有价值的信息。

(二)搜集大数据和小数据

参考案例 11

中国—中东欧国家博览会是在宁波举办的一个国家级大型涉外展会,在展会的"2019 中国中东欧国家市长论坛"上,发布一组数据:

> 2018 年,中国与中东欧 16 国的贸易额增长 21%,达到 822 亿美元;在国际直接投资下降的情况下,中国对 16 国的投资增长 67%;中国公民赴中东欧国家旅游超过 140 万人次,中东欧国家来华旅游达 35 万人次。

报告的数据很实在、亮眼,说明中国与中东欧各国深化交流合作,让大家更有信心。从另一个角度说,它也是办好展会的"底气",同时让我们看到了展会前景。

2020 年,由于受到新冠肺炎病毒疫情的影响,宁波举办 2020 宁波投资贸易云洽会暨中东欧商品云上展(简称云洽会)。据《2020 宁波投资贸易云洽会暨中东欧商品云上展成果来啦!》介绍:"由宁波市人民政府主办的 2020 宁波投资贸易云洽会暨中东欧商品云上展(简称云洽会)于 6 月 8—14 日成功举办。云洽会以'云甬全球、点亮未来'为主题,积极创新展会服务模式,以云会议、云展览、云直播、云洽谈、云签约为手段,通过线上线下方式举办了 12 项中东欧、消博会和投资促进重要活动,协办了第 22 届中国浙江投资贸易(网上)洽谈会开幕式。"其中:

中东欧商品云上展

本次云上展入驻 542 家中东欧国家及"一带一路"沿线国家(地区)参展商,上线 2571 款展品,吸引 2516 家国内采购商注册并上线采购。中东欧商品云上展日访问量超过 8 万人次。

消博会

中国（宁波）跨境电商出海联盟产业对接会

组织了 41 家外贸工厂、10 家跨境服务商，搭建了优质商品对接区、综合服务对接区、B2B 直播专区、联盟展示区等四大展区，吸引了包括 50 余家跨境电商企业在内 600 余名专业观众到场采购和对接，现场达成意向采购额约 8000 万美元，成交约 3000 万美元，75 万人观看了同步直播。

（材料来源：中国中东欧国家博览会暨国际消费品博览会官网）

云展会是依托高新技术举办的一种新型展会。在特殊的情况下，它能够替代线下展会，使展会得到举办；也能够与线下展会相结合，提升展会的功能，拓宽展会的范围，延长展会的时间。云展会由于展商、观众、参会者等都在线上展开活动，所以数据都在线上留下来了，不需要进行人工操作，已经非常清晰、精准地加以记录。这些数据，能够为本届会展活动把脉，有助于主办方对本届展览、会议或节事活动的分析、总结，决策下一届活动；展商、观众、参会者、同类展会等，也可以利用这些平台，通过云上大数据，看清楚展会的种种情况。

大数据平台整合数据的能力非常强，数据集合起来很大，数据分解又做到很精细。通过这些数据进行分析，能够给相关的利益方带来好处。浙江省创新举办"浙江出口网上交易会"，根据展会的特点开展"云论坛""云展示""云洽谈""云签约"等形式多样的活动，为浙江企业与境外采购商搭建更多样的合作和交流平台，相关大数据就很值得分析，为各方面提供参考、决策。又如第 127 届广交会从实体展迁移到网上，在已有的智慧广交会基础上，本届广交会充分利用互联网、大数据、云计算和人工智能等先进信息技术，升级完善了广交会官网平台，实现了从平面式浏览向交互式沟通的优化升级。海量的数据，是观展和采购的重要依据，也是分析首届网上博览会成效的重要依据。

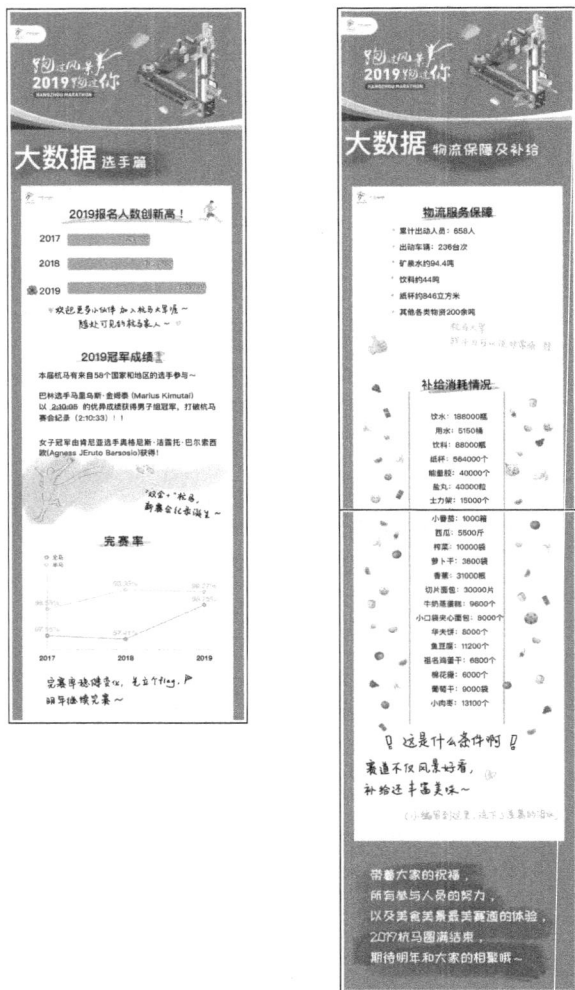

图 1-1-8　2019 年杭马大数据

（材料来源：广汽 Honda·2019 杭州马拉松官网——《2019 杭马大数据公布，首次参加杭马并完赛人数达 12701 人！》节选）

　　这些大数据生动地展示了 2019 杭马的魅力、杭马的服务、杭马的管理。利益相关方进一步分析，深入挖掘数据背后的意义，就能使数据发挥巨大作用（见图 1-1-8）。

数据平台还能够通过数据为用户进行画像分析：用户心理，用户需求，用户行业、年龄、文化等等。见图 1-1-9。

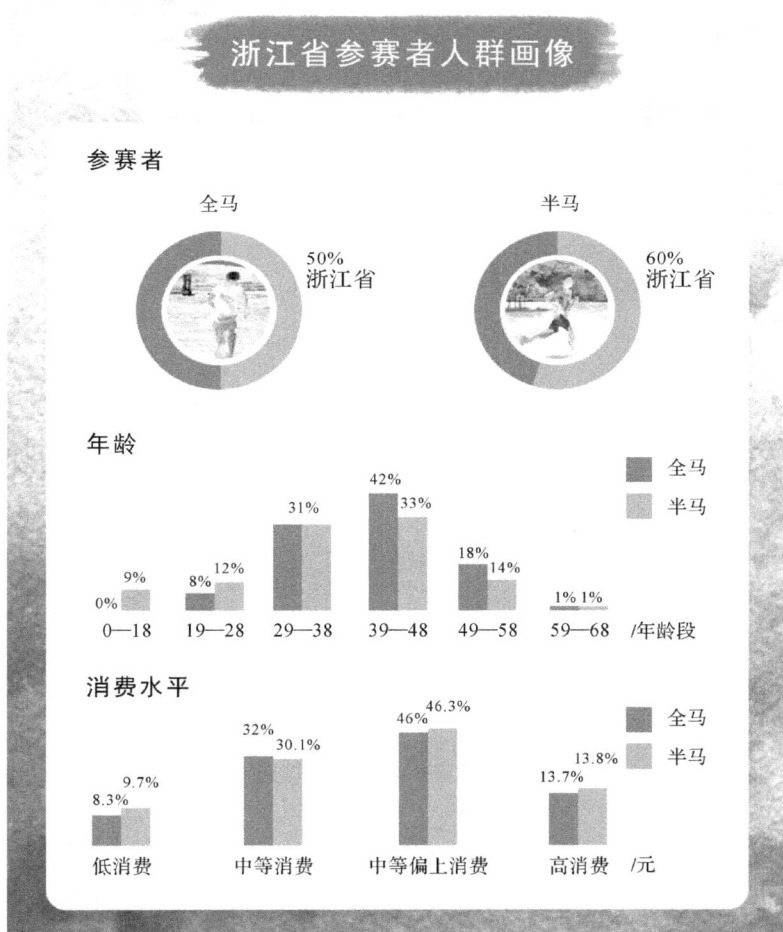

浙江省参赛者人群画像

参赛者

全马 　50% 浙江省

半马 　60% 浙江省

年龄

■ 全马　■ 半马

年龄段	全马	半马
0—18	0%	9%
19—28	8%	12%
29—38	31%	
39—48	42%	33%
49—58	18%	14%
59—68	1%	1%

消费水平

■ 全马　■ 半马

/元	全马	半马
低消费	8.3%	9.7%
中等消费	32%	30.1%
中等偏上消费	46%	46.3%
高消费	13.7%	13.8%

图 1-1-9　数据平台画像分析

（材料来源：广汽 Honda·2019 杭州马拉松官网——大数据看杭马）

全国的会展活动非常丰富，层出不穷。做展会的数据统计与分析工作，是一项巨大的工程，需要有牵头的组织、会员单位或各个层级的专门机构，制定统计标准，严格的操作方法，规范的呈报项目及其分类，报送的平台或渠

道,专门的统计工具,等等,做到不漏报,不重复报。再请行业专家进行客观、科学的分析,使数据"活"起来。大家熟悉的国际会展业组织国际会议及大会协会(ICCA)(见图 1-1-10)、国际协会联盟(UIA)会进行会议数据的统计。UFI 是国际展览联盟(Union des Foires International)的简称,现已改名为全球展览业协会(The Global Association of the Exhibition Industry),经 UFI 认可的展会是高品质展览会的标志。他们的数据让我们了解会展业的现状,并对会展业的发展提供了重要的指导意义。如 ICCA 规定的国际会议标准有 3 个:①至少有 50 个参加者;②定期组织举行会议(不包括一次性会议);③必须在至少 3 个国家举行。它每年针对全球各国家及地区/城市会议统计数目撰写排名报告,成为全球会议产业具有权威和公信力的指标之一,也是专业会议组织者选择理想会议举办地的重要参考数据。

图 1-1-10　国际会展业组织国际会议及大会协会(ICCA)网页

(材料来源:ICCA 网页)

　　我国也做会展数据的统计。中国会展经济研究会每年做中国展览数据统计及发展报告,是一个非常有价值的工作。会议产业的数据统计更困难,因为除了分类的标准,还有会议举办的地点不像展览,主要在会展场馆,会议的举办地多种多样,也给统计造成了困难。会议统计这项工作曾经做过,但因为种种原因又中断了,在今后肯定会做起来,也必将会做好。

　　目前,全国会议产业的统计、分析和研究处于盲区。对会议产业链中资本的占有情况、市场主体的结构和分布、产业的收益和效益、对其他行业的影响和带动情况，缺乏研究和了解，也缺少应有的重视。杭州作为国内外会议城市典范，且有着在"互联网＋"和智慧应用方面的天然优势，更需要挖掘和利用大数据，对会议的相关数据进行完善，建立统一的统计、调查体系，成立专门的"会议产业大数据研究中心"，建立权威的、口径一致的统计调查体系，进行会议相关数据的统计及分析研究，定期发布杭州会议产业、融合产业、城市主导产业的市场趋势分析报告，指导会议产业链各个环节的管理与运营工作，研究国际国内会议产业、会议市场的发展趋势，为政府、企业的决策制定提供参考。

（材料来源：新华社中国经济信息社，《"杭州·新经济会议目的地"调研报告》）

　　我们可以运用高新技术生成的"大数据"，也可以运用传统的方法，用调查问卷生成数据，用信息上报生成数据等等，也可以"大数据"结合传统数据。针对某项会展工作、某个会展项目、某个会展事件、某个会展问题，围绕调查目的，搜集数据，经过深入细致的调查后，将调查中搜集到的数据加以系统整理，分析研究，以书面形式向决策者或委托方汇报调查情况（见表1-1-2）。

　　会展项目活动的主办方，将会在会展活动（项目）结束后，进行活动的评估总结，形成报告。除了用于汇报，有些报告会在官网上发布，或者通过其他媒体发布会展项目活动的成果。所以数据是非常抢眼的，亮眼的数据将呈现当下情况，预示未来走向。

例如：

表 1-1-2　中国国际茶叶博览会网上调研表

网上调查选题：中国国际茶叶博览会

	2017 年首届中国国际茶叶博览会		2018 年第二届中国国际茶叶博览会	
调查信息	时间	2017.5.18—21	时间	2018.5.18—21
	地点	杭州国际博览中心	地点	杭州国际博览中心
	面积	3.5 万平方米	展览面积	7 万平方米
	标准展位	1186 个	展位	2654 个
	参展国家和地区	47 个	参展国家和地区	30 多个
	参展商	918 家	参展商	1540 家
	采购商	7000 家	采购商	近 4000 家
	现场交易额	6780 万元	现场参观人流	15.1 万人次
	茶叶现场交易额	4920 万元	现场交易额	1.03 亿元
	交易量	25.5 吨	现场交易量	99.43 吨
	意向交易额	35.37 亿元	意向交易额	42.88 亿元
	茶叶意向交易额	34.28 亿元	意向交易量	3406.5 吨
			最大一笔订单	广西横县茉莉花茶 1.95 亿元

2019 年第三届中国国际茶叶博览会	
时间	2019.5.15—19
地点	杭州国际博览中心
展览面积	7 万平方米
展位	3139 个
参展国家和地区	中国＋境外 30 个国家和地区
参展商	1563 家
采购商	46 个国家和地区 3425 家
现场参观人数	18.52 万人次
现场交易额	1.862 亿元
现场交易量	222.9 吨
意向交易额	54 亿元(人民币)
意向交易量	5032 吨
最大一笔订单	神龙国际有限公司、湖北孝感红贡茶有限公司与俄罗斯茶叶与咖啡生产者协会 3.1 亿元

（左侧表头：调查信息）

首届中国国际茶叶博览会在"中国茶都"杭州举办,博览会的主办方、承办方、协办方合力,为国内外茶人搭建展示交易和交流研讨的平台,展会交易额很高,成果丰盛。

第二届与第一届相比,参会人数与交易额都得到大幅度的提升。展览会的规模、专业参展商、专业观众的数据都可圈可点。随后,中国国际茶叶博览会通过UFI认证,是国际会展行业对中国国际茶叶博览会质量及相关服务水平的肯定。

第三届茶博会,凭借着前两届打造的品牌优势,形成了一个有着无限商机的交易平台、文化交流平台、技术交流平台,延续大型的展会规模,展位数比上届增加了 18%,交易量、交易额都不断攀升。

中国国际茶叶博览会是迄今为止最权威、最具规模、最有影响力的茶叶盛会。

（材料来源:杭州科技职业技术学院旅游学院会展专业"会展调研"课程作业,1803 班赖娅婷完成,指导教师修改）

中国国际茶叶博览会由农业农村部和浙江省人民政府共同主办。首届茶博会,习近平主席发来贺信,殷切期望"把国际茶博会打造成中国同世界交流合作的重要平台,共同推进世界茶叶发展,谱写茶产业和茶文化新篇章"。茶博会已经连续举办三届,获得了巨大的成功。以上数据信息从官网上搜集,通过表格的形式报告了数据情况,并作了简要的分析。

书写调研报告,常常让数据"说话"。运用"大数据"或是小数据进行分析,做出判断,往往是扎实的、可信的。

参考案例 12

《2019 年度中国城市会展业竞争力指数报告》(节选)有四个特点:

一是为了不受新冠肺炎疫情对数据采集难度加大的影响,同时使城市会展业竞争力指数在行业内更具有话语权和指导意义,今年投入更多时间和精力于数据采集与处理工作;依托中国会展经济研究会成都研究中心"中国会展业竞争力指数大数据研究"增加数据采集、优化模型计算、加强结论验证,取得了较好收效。

二是 2019 年城市会展业竞争力指数构建进一步细化"主管部门服务竞争力"的核算,增加了"城市主管部门营商环境"指标,使其对城市政府主管部门的指导意义更加明确。

三是为使指数核算更具科学性,突出了客观分析方法的运用,全部数据均来自数据采集与模型运算;其所建立并运用的"城市会展竞争力计算模型"与实际情况有较好的拟合。

四是随着指数发布活动在行业内逐步建立起来的影响力,2019 年的指数报告进一步细分为直辖市、副省级城市、省会城市、地级城市四张表格,再合并形成一张全部城市的表格,以便更有针对性地进行分析比较。

(材料来源:中国会展,中经网会展《〈2019 年度中国城市会展业竞争力指数报告〉发布!》,2020 年 10 月 22 日)

2.《2019 年度中国城市会展业竞争力指数报告》

案例点评：

　　《2019 年度中国城市会展业竞争力指数报告》由中国会展经济研究会发布，力求科学客观地反映各地会展产业发展状况。作为调研报告，第一章是概述，第二章是评价指数体系与方法说明，对样本的来源与选取作了清楚的交代。"2019 年中国城市会展业竞争力指数采集到符合统计标准的有效样本城市 125 个，其中包括 4 个直辖市、15 个副省级城市、16 个省会城市及 90 个地级市。"2019 年城市会展业竞争力指数（F）下设 4 个一级指标（城市整体环境竞争力、城市会展业专业竞争力、城市会展教育竞争力和城市主管部门服务竞争力）、10 个二级指标、44 个三级指标、63 个四级指标，反映了城市会展业的发展，与城市的经济、文化、生态与安全环境、国际合作、开放交流、会展教育等紧密联系在一起。指数着力反映会展业发展的展览业与会议业两大核心领域的指数与评估情况，并运用对比分析的手法，能够从横向、纵向呈现城市会展业的发展状况。报告还有三个附件。整个报告数据翔实，内容综合，突出城市展览业与会议业的竞争与发展，结构规范。我们可以从中了解 2019 年度中国城市会展业竞争力，也可以学习写作的方法。

二、数据运用的注意事项

　　1.要利用好权威的数据。数据的来源很多，除了公司自己调查的数据资源（一手资料），要尽量寻找权威的数据，如政府网、行业网、展会的官网等等；蓝皮书、年鉴等出版物。

　　2.善于使用图表和统计数字。利用信实的数据，往往借助图表，纵向历史比对和横向现实比对，而且非常直观、生动。

　　3.数据反映现象，还要通过数据反映事物的本质。大数据和小数据都能够直接地反映会展项目的特征，但我们不能停留在数据的表象上，还要对数据进行梳理、整合，进一步做出分析判断。

　　4.合理运用大数据和小数据。大数据时代已经到来，大数据的基础云计

算、云存储技术已经成熟并且商用,云计算技术可以使人们及时利用各类大数据。利用计算机进行的数据整合分析,较多的是形成描述性的调研报告。对事物因果性、问题的探究性调查,还需要我们花更大的力气,利用好数据,特别是自己深入会展活动调查获得的数据,结合相关信息,进行深度思考。

5.绝对不能对数据进行造假。不能够为了展会的宣传,修改真实数据,或者只利用、发布于我有利的数据。诚信体现调研者的品质,也体现企业对社会的责任。

🤔 思考与练习

第十六届中国国际动漫节

10月4日,为期6天的第十六届中国国际动漫节在杭州落下帷幕。截至10月4日下午,位于杭州白马湖动漫广场的主会场和全市11个分会场,共有73.92万人次参加动漫节线下各项活动,通过"云上国漫"平台线上参与互动的达1012万人次。

虽然受到新冠肺炎疫情影响,仍有65个国家和地区、2680家中外企业机构、5886名客商展商和专业人士通过线上线下参与动漫节各项活动,线上线下开展一对一洽谈2069场,达成合作意向1543个,超过100部全球动画新片在动漫节上亮相,发布重大项目14个,现场签约金额超过2.5亿元人民币。

(材料来源:学习强国——浙江学习平台——《现场签约超2.5亿 第十六届中国国际动漫节闭幕》)

请思考,为什么中国国际动漫节成果要用数据说话?请你通过中国国际动漫节的数据(见图1-1-11),谈谈中国国际动漫节的动漫产业交流交易的平台价值。

十五年大数据

时间	国家/地区数	参观人数	交易总额	博览会展览面积	展商数量
2005年第一届	/	12万	8亿元	2万平米	120家
2006年第二届	24个	28万	22亿元	4.6万平米	130家
2007年第三届	23个	43万	41亿元	4.6万平米	260家
2008年第四届	37个	67万	41亿元	6万平米	280家
2009年第五届	38个	80万	65亿元	6万平米	300家
2010年第六届	47个	161万	106亿元	6万平米	365家
2011年第七届	54个	202万	128亿元	6万平米	425家
2012年第八届	61个	208万	146亿元	8万平米	461家
2013年第九届	68个	123万	136.2亿元	8万平米	472家
2014年第十届	74个	138.3万	138.78亿元	8万平米	602家
2015年第十一届	78个	137.29万	148.46亿元	8万平米	617家
2016年第十二届	80个	138.15万	151.63亿元	8万平米	2531家
2017年第十三届	82个	139.45万	153.28亿元	8万平米	2587家
2018年第十四届	85个	143.35万	163.21亿元	8万平米	2641家
2019年第十五届	86个	143.6万	165.04亿元	8万平米	2645家

图 1-1-11　2005—2019 年十五年大数据

（材料来源：中国国际动漫节官网—新闻中心—历届回顾）

第四节　会展调研的信度与效度

调查研究要真实、准确、可靠地反映所要调查的社会现象,最主要的是提高调查资料的信度和效度。

一、调研的信度与效度

(一)调研的信度

是指调研主体(人员)运用某一确定的调研方法和调研工具搜集信息,调研结果符合客观实际情况。

(二)调研的效度

是指调研主体(人员)运用一定的调研方法和调研工具搜集信息,调研结果能够准确、有效地实现调研的目标。相反,调研问题没有围绕调研目标,调研内容不全面,就影响了调研的效度,调研报告的应用价值就会大打折扣。

二、影响调研信度和效度的因素

(一)影响信度的主要因素

1.调查者的态度。调查者具有实事求是的工作态度和认真踏实的工作作风,能够使调研过程客观、真实。反之,就容易出现虚假的现象:在实地调查时,为了完成调查的数量,一人填写多份问卷;当所选定的被调查人不在现场而让人代替;或者由于某种原因给予被调查人一定的"诱导"。

2.调查工具是否清楚明确。如调查问卷表述问题的语言清楚,被调查人接收的信息与调查者发出的信息一致,就便于回答;如果问卷的问题不通俗、不清晰,令被调查人感到模棱两可,可能会出现答非所问的现象。又如座谈会没有及时完整地记录,会后回忆,有些内容靠想象去补充等,就使信息与事实出现偏差。

3.被调查人的态度。接受调查的对象理解调查工作的重要性,合作态度好,配合程度高,认真作答,一般来说信度就高。如果被调查人抱着敷衍的态度,随意作答,或者因为某种原因,遇到敏感的问题,如对涉及个人的思想观念、态度、意见等问题做不实的回答，就会影响调查结果的真实性。

4.调查环境及其他因素。调查环境、调查时间合理，信息的搜集会比较客观、真实。如三天的展览会，第一天、第二天、第三天人流会不一样，如果只在第一天进行调查，就容易出现以偏概全的情况。在资料的编码、登录、输入计算机的过程中，每一步骤都需要严谨，不能出现张冠李戴或者数据误录的现象。

(二)影响效度的主要因素

1.调查者的水平。调研的科学性、深刻性，要求调查者有较高的水平。调查者的理论水平高和实践经验丰富，看问题全面深刻，调查的质量就高。否则，调查问题的设计不合理，分析不深刻，结论的价值较低。如分析只是看到表面的现象；建议空泛，不能解决实际问题。

2.调查工具是否科学运用。调查问卷提出的问题能够准确地反映调查目的，问题就有价值；如果调查问题与调查目的关系不大甚至无关的内容较多，而跟调查目的密切相关的内容又设计不全面；调查问题提得太笼统，获取信息后，在分析的时候就难以做到深入、深刻。如向参展商调查××展览会的活动效果，但问卷的问题问的是为什么来参展、对主办方的服务是否满意等等，就与调查目的存在距离。又如摄像机进行人流观察调研，没有合理地分配时间、位置，信息的搜集会不够全面，价值就要受影响。

3.被调查人的能力。调查问卷的问题超出被调查人的经验范围，也会令调查收集到无效的资料；调查访谈，被调查人对调查的问题认识有限，或者掌握得不全面，只能谈一些一般性的看法，甚至出现观点偏颇的现象。

4.调查环境及其他因素。调查环境好，时间合理，容易得到被调查人的配合，如访谈一般会谈得比较深入。如果环境嘈杂，外界因素干扰大，或者选取的调查时间不合理，就不容易得到被调查人的配合，可能匆忙而不假思索地回答，或敷衍了事，达不到好的访谈效果。

三、提高调研的信度和效度

(一)提高调研的信度

1.对调研人员进行培训，提高他们对调研工作的认识，要求调研人员以认真负责的态度对待调研，细心耐心，求真求实。

2.合理设计调研问题。问题明确,便于调研者理解。尽量避免敏感问题,无法避免的敏感问题,要做到艺术地处理,不使被调查人难堪。

3.调查准备要充分,从调查人员到调查工具,都要落实到位。

4.设计相关极限,防止不可信数据进入。如问卷要防止一人多次重复填写。

5.实地监控,规范操作程序,严格按照确定的调研方案进行调研。

6.数据处理保持客观,不可弄虚作假;不出现对我有利的数据用之,对我不利的数据弃之的现象。

(二)提高调研的效度

1.组织能够胜任调研项目的调研队伍。项目大、难度高的调研,可聘请专家、学者、专业调查机构的人员、资深人士等。

2.撰写调研方案的时候,调研目的目标一定要明确,调研内容要具体。

3.调研的问题,都要围绕调研目标,做到每个问题对获得相关信息是有贡献的。

4.合理分配调查样本,分层分类,做到被调查人有代表性,覆盖面宽。

5.注重调查环境、调查时间,特别是访谈,要使被调查人方便回答、深度思考。

6.运用多种方法进行深度分析,提取或挖掘有效信息,如可以进行比较分析,他山之石可以攻玉。找准定位,提出有价值的建议。

一个好的调研报告必须是信度和效度的有机统一。所以,一定要重视整个调研过程,保证调研得来的信息是真实可靠的,是有实际价值的,能够用于决策的。

思考与练习

这个会议招标,罕见且有点儿意思(节选)

今年7月28日,生态环境部召开7月例行新闻发布会。

发布会上,生态环境部新闻发言人表示,《生物多样性公约》第十五次缔约方大会(COP15),经国务院批准,定于2021年5月17—30日在云南昆明举办,举办地点为昆明滇池国际会展中心。

这个大会原定于今年在昆明召开。2019 年 9 月 20 日举行的生态环境部例行新闻发布会上,宣布 2020 年在昆明举办的 COP15 筹备已正式启动,确定大会主题为"生态文明:共建地球生命共同体",这将是联合国首次以"生态文明"为主题召开的全球性会议。

COP15 大会包括正式会议、边会和展览三个部分。正式会议包括高级别会议以及生物多样性公约、生物安全议定书和遗传资源议定书 3 个缔约方会议,此外还有生态文明论坛、自然与文化多样性峰会、城市峰会等 8 个平行会议;边会有 300—500 场;展览 200—400 个,包括《公约》秘书处相关展览、中国展和云南特色展。

届时,将有 196 个缔约方、联合国有关机构、相关国际组织等官员参会,预计达万人。

为会议服务造价和咨询服务而招标

面对如此高规格而且相当复杂的国际大会,昆明市自然倾力而为。

采购需求:按采购人要求完成《生物多样性公约》第十五次缔约方大会(COP15)所涉及的造价及咨询等服务,包括但不限于以下服务内容:

1. 在采购前期需要对 COP15 会议除公安、国安、外事、政要等板块外的会场内外及其他会议会务服务范畴及职责划分咨询,提供咨询意见或报告。

2. 配合筹备办进行会员服务的服务执行主线设计,根据服务主线配合采购人对业务需求部门提出的,涉及 COP15 大会会议服务采购需求的方案及预算范围进行整体把握、论证、审核。

3. 按照会议筹备办业务需求部门提出的 COP15 大会除公安、国安、外事、政要等板块的会议服务采购需求方案及采购清单进行市场询价、编制采购预算,并协助省筹备业务需求部门对供应商的执行服务方案及报价清单进行整体把控、论证、审核。

4. 根据最终供应商执行服务方案及报价,对执行实施过程的安全、质量、进度、预算进行会务、法务、财务方面的意见咨询并跟踪计量计价:派驻人员对实施过程进行现场监督把控,对出现的问题及时协调处理。

5. 在会议过程中为 COP15 省筹备办业务需求各部门、招投标组及采购人

第一编 基础

提供法律咨询和法律意见及建议,开展合同审查工作,配合开展政府采购合同的管理工作(合同签订、变更、解除等),配合开展造价审计、合同清算结算工作,参与合同纠纷的协商调处工作,参与会议召开期间产生的人身和财产损害索赔处理工作。

6.在会议结束后,配合采购人对供应商根据执行方案实施质量、最终结算进行审核确定,配合审计部门对需审计的相关内容进行财务咨询服务工作。

7.其他相关咨询服务:为招标工作提供专业意见及建议、工程搭建项目质量监督、服务质量监督、会场人员服务质量监督等其他相关咨询服务等采购人需要的咨询服务。

图 1-1-12　COP15 会议服务造价及咨询服务公开招标公告

本着"寻找最专业的人,做最专业的事",昆明市生态环境局在 8 月 14 日发布了"COP15 会议服务造价及咨询服务公开招标公告"(见图 1-1-12)。很多会展业同仁也都以为这是一份常规的会议服务招标公告,没想到,招标的内容却给大家"上了一课"。

这份含有 7 大项服务的采购需求,明明白白地显示了昆明市的需求,那就是"只要造价及咨询、监理,其他目前不需要",合同金额最高为 280 万元。

这是一份以往我们从未见过的会展采购需求。在这份采购需求里,不再要求我们订场地,订酒店,设计,招展,组织观众和参会代表,宣传推广,调试灯光音响等。

这些统统没有,这份采购需求是一份单纯的咨询需求,甲方要的只有咨询服务,乙方负责提出"如何做,怎么做,花多少钱做,监督执行",甲方根据乙方的意见书再另行会务招标,中标企业在乙方的监督下去执行。乙方由过去单纯的项目承办方、服务提供方,转变成了项目的设计及监理方。

会议展览项目的眼界、经验、Know How 成了有价格的资产。

(材料来源:会展 BEN 公众号)

请问:

乙方要在会前、会中和会后,按照甲方的要求,做好《生物多样性公约》第十五次缔约方大会(COP15)7 大项会议服务采购的需求,进行造价及咨询、监理等服务,需要进行调研吗? 如何做到调研信度和效度的"双高",你认为要做哪些调研,请说出三项内容。

第二章 会展调研的内容

学习目标

【知识目标】

◆认识展览、会议、节事活动调研的使用者。

◆描述各类组织开展调研的主要内容。

【技能目标】

◆能结合某一会展活动说明调研对于策划活动的意义。

◆能举例说明参展商进行展前调研的作用。

◆能举例说明会议组办方对参会人员满意度调查的作用。

◆能举例说明节事活动组办方调研活动效果的作用。

第一节　展览调研的主要内容

没有调查，就没有发言权，也就没有新发现。所有与展览相关的组织，他们从不同的需求出发,开展不同内容的调研,以此作为展览各项工作决策的基础。

一、政府调研的主要内容

政府主管会展产业的部门,主要负责展览产业的发展。调研的主要内容如下。

1. 资源调研:物质资源(展览场馆、宾馆酒店、交通运输等),人力资源(展览的管理人才,设计人才,执行人才,精通国际合作的人才等),资金状况(扶助资金,奖励资金),社会资源(全国及海外合作伙伴等)。

2. 产业结构调研:本区域的经济结构、产业结构,优势产业、主导产业、重点发展的行业,主要解决选择什么样的项目作为城市发展会展业基点的调研,寻找产业发展与展览的结合。

3. 会展经济带调研:全国五大会展经济带,有什么样的特征,所在城市处于哪个经济带上。各个城市在发展会展业上有什么优势,出台了什么政策,所在城市将如何支持展览产业发展。

4. 办展的社会条件与环境状况调研:交通状况、治安状况、清洁状况、文明状况、地理位置等都是办展的重要因素。

5. 投资环境调研:手续简便,扶持力度大,经济环境好,有利于吸引国内外投资者。投洽会就是为地方吸引资金与项目服务,政府在进行调研的基础上,可以改进投资环境,营造良好的招商引资氛围。

6. 展览的经济效益与社会效益调研:展览对产业的发展作用,展览对其他第三产业的带动作用,展览对城市形象的提升作用,展览对城市知名度与美誉度的传播作用。

二、展览会组办方调研的主要内容

展览组办方(主办方、承办方、协办方、支持方等)直接关注展览的活动,多是为展会本身提供资讯的调研。主要内容有以下方面。

(一)展会组办方策划举办展会所需要的调研

为了成功举办展会,组办方必须自行完成或委托完成一些基本调研。主要包括以下几个方面。

1.主题调研:展会主题应该在相关调研的基础上进行确定。每一届的展会主题既有延续性又有独立性,具有现实意义。如中国国际动漫节主题,有创新、有延续。以下是编者对主题的搜集。第一届:大师聚首杭州,高峰论坛动漫(首届中国国际动漫节动漫游戏产业高峰论坛主题);第二届:动漫,让生活更精彩;第三届:多彩动漫,和谐生活;第四届:多彩动漫,品质生活;第五届:动情都市,漫优生活;第六届:动情都市,漫优生活;第七届:动漫我的城市,动漫我的生活;第八届:动漫我的城市,动漫我的生活;第九届:国际动漫·美丽杭州;第十届:国际动漫·美丽杭州;第十一届:国际动漫·美丽杭州;第十二届:更国际·更动漫;第十三届:国际动漫,拥抱世界;第十四届:国际动漫·美丽杭州;第十五届:国际动漫·美丽杭州;第十六届:动漫之都,智享未来。这些主题的形成,都是经过调研,充分了解动漫产业发展、城市对动漫产业的定位、动漫节的历史与发展、新技术对动漫的赋能等等形成的。展会主题调研不仅应研究同个展会和同类展会的主题性质,还应该广泛研究社会经济的发展需要,行业的发展需要,同时与市民关系密切的展会也可以通过民意调研的手段广泛了解和听取市民意见。

2.展会市场调研:做什么题材的展会,举办多大规模的展会,要问问市场。展会要赋能产业的发展,帮助企业把握产业政策及行业发展趋势,帮助企业拓展市场,为企业带来更多的用户,帮助用户找到需要的优质产品,所以展览会往往也是行业的重要展销平台。因此,策划一个展会,不是心血来潮,必须做可行性调研,其中市场调研是不可或缺的。

参考案例 13

见证中国汽车产业跨越式发展——致敬北京车展30年

自 1990 年诞生以来,北京国际车展已经走过了 30 年发展历程,见证了中国汽车工业实现由幼稚向成熟、由薄弱向壮大的跨越式发展;展望未来,其还将推动更多中国企业和品牌走向世界,继续助推国际合作、招商引资,促进中外汽车企业更深入合作与融合。基于此,经济日报——中国经济网汽车品牌将从历史、行业、企业、产品、零部件等多个维度,回顾北京车展在各个关键节点的时代背景,反映其在中国汽车消费市场和中国汽车产业中的分量和地位。

今天推出第一篇:见证汽车产业跨越式发展——致敬北京车展 30 年。

北京国际汽车展览会,在走过 30 年发展历程之后,将于两天后(9 月 26 日)迎来第十六届华诞。在全球主要汽车市场遇冷和突发疫情的双重打击下,底特律、日内瓦、巴黎等国际车展已纷纷取消。在此背景下,如期而至的北京国际车展,将成为 2020 年全球唯一的顶级国际车展。如图 1-2-1 所示。

图 1-2-1　第十六届北京国际汽车展览会

"本届北京车展的举办,对于中国乃至全球汽车产业的聚焦都有着非同寻常的意义。这是一个在疫情常态下,对正在逐步形成以国内大循环为主体、国内国际双循环相互促进新发展格局的促进平台。"在接受经济日报—中国经济网采访时,中国国际贸易促进委员会汽车行业委员会会长、中国国际商会汽车行业商会会长王侠表示,"面对突然的疫情,中国是全球范围恢复最早、恢复最快的汽车市场,自 3 月触底以来,目前已形成了'V 字形'的反弹走势。率先复苏的中国车市吸引了全球的目光。"如图 1-2-2 所示。

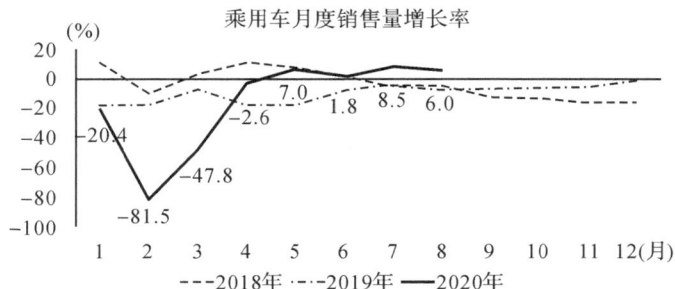

图 1-2-2　乘用车月度销售量增长率

即将开幕的北京国际车展,"最大的效应就是告诉全球,中国疫情控制住了,中国经济止跌回稳了,中国车市又开张了"。曾参与制定1994年、2004年版汽车产业政策的李万里对经济日报—中国经济网记者表述。不止于此,自1990年诞生以来,北京车展见证了中国汽车工业实现由幼稚向成熟、由薄弱向壮大的跨越式发展,"希望未来能够继续助推国际合作,招商引资,推动更多中国企业和品牌走向世界,推动中外汽车企业更深入合作与融合",王侠说。

起步于车市"原点"

1990年7月3—8日,首届"北京国际汽车及工艺装备展览会"(后更名为"北京国际汽车展览会")成功举办。当年,北京车展的展出面积仅2万平方米,372家参展厂家中跨国车企凤毛麟角,不足200辆参展车型中,客车、工程用车占据绝大部分,因为"远离"消费者,一切看起来更像是行业内的展览(见图1-2-3)。

图1-2-3 首届北京国际汽车展览会

在这背后,是处于萌芽期的中国汽车市场和中国汽车工业。资料显示,1990年,我国汽车产销量仅50万辆左右。在面向私人消费的乘用车市场,仅有夏利、标致505、桑塔纳、切诺基等几款屈指可数的产品。

为了推动与鼓励私人汽车消费,国务院在1994年7月3日正式颁布《汽车工业产业政策》(见图1-2-4);当年,机械工业部还及时举办了"当代国际轿车工业与中国轿车工业发展战略技术交流研讨及展示会"(PSE'94)。"北京车展在第一个十年也起到了'促进中外合作交流、沟通信息,推动汽车产业发展'的重要作用,主要表现在对外合资合作,具体集中在汽车产业总体以及商用车层面。"王侠透露,"当时,根据企业新车型开发、市场投放频次、市场容量等情况,北京车展确定为每两年举办一次。"

图 1-2-4　汽车工业产业政策

在多方支持下,汽车工业加快了中外合作的进程,中国车市开启了"上攻之路"。"老三样"——桑塔纳、捷达、富康成为合资代表,奥迪 100 填补了中国高档车生产的空白,奇瑞、吉利、中华等自主品牌汽车初露峥嵘。至 20 世纪末,中国车市已渐成规模,汽车产量跻身全球前十。伴随着车市走向正轨,"乘用车逐渐成为北京车展的主角",王侠直言。

与中国车市共同壮大

2001 年 12 月 11 日,中国正式加入 WTO。随后,外资巨头扎堆进入中国市场,一汽丰田、东风悦达起亚、北京现代、华晨宝马、上汽通用五菱、东风日产、东风本田、广汽丰田、北京奔驰等陆续成立。

彼时,步入第二个十年的北京车展,"全面快速地推动汽车市场启动,普及汽车消费,主要集中在乘用车,如轿车、SUV 等汽车消费层面"。王侠介绍说,"中国汽车市场进入高速发展阶段,北京车展进一步推动了私人汽车消费。"

汽车产品的多样、私家车消费的激增,让中国车市规模井喷,汽车产销由 2000 年的 100 万辆规模,迅速突破 500 万辆、1000 万辆的关口。到 2009 年,中国汽车产销分别完成 1379.10 万辆和 1364.48 万辆,首次超越美国成为全球汽车产销第一。

"中国汽车市场在成为全球最大的消费市场后,在全球汽车产业也具有越来越重要的地位,北京车展成为全球汽车工业展览展示的舞台。"王侠自信地表示,"对于北京车展,此前,跨国公司只是把现有的产品拿到中国市场,以产定销;此后,跨国公司开始在中国设立研发中心,研究中国消费者的喜好,设计开发深受中国消费者喜欢的车型。"

中国车市规模激增,让北京车展的规模、影响力、专业性、国际地位逐步提高。由于原有场地太小,2008年第十届北京车展的举办地点搬迁至更开阔的顺义新国展,新展馆的展位面积达到18万平方米,比首届车展翻了九倍。当年,北京车展吸引了2100余家国内外厂商携890辆展车参展,超70万观众观展,规模可谓空前,如图1-2-5所示。

图 1-2-5　第十届北京国际汽车展览会

为自主崛起提供舞台

在中国成为全球最大汽车市场后,北京车展也迎来了第三个十年。此时,"北京车展在推动中国品牌国际化,促进中外融合、合作、交流的过程中发挥了巨大作用。"王侠认为,"北京车展在巩固大国汽车市场地位的同时,推动中国品牌快速成长。"

凭借多年的积累,吉利、长城、奇瑞、长安等一批自主品牌,已经初步具备了与合资品牌"掰手腕"的实力。此外,汽车产业正面临百年未遇之大变局,汽车产品从技术、电子、智能和网联,以及新的驱动方式等方面都出现重大突破,加之中国全新消费群体的兴起,也让自主品牌有机会与外资企业站在同一起跑线。比亚迪、北汽新能源、上汽乘用车、广汽新能源等把握住先发优势的企业,借新能源之风实现突破。

疫情的突袭,更让中国汽车实现危中寻机、再迎突破。今年1—8月,中国汽车产销量为1443.2万辆和1455.1万辆,同比下降幅度均已回缩至个位数;并已实现连续5个月的产销正增长,表现远好于欧、美、日市场(见表1-2-1)。

表 1-2-1　2020 年 8 月汽车销售情况　　　　　　　　　　单位:万辆、%

	8 月	1—8 月累计	环比增长	同比增长	同比累计增长
汽车	218.6	1455.1	3.5	11.6	−9.7
乘用车	175.5	1128.8	5.4	6.0	−15.4
轿车	82.1	526.5	6.2	5.8	−18.8
MPV	10.0	54.9	17.0	1.1	−35.8
交叉型乘用车	3.5	22.5	0.8	17.2	−11.9
商用车	43.1	326.3	−3.5	41.6	17.3
客车	3.5	25.2	8.3	−9.5	−12.5
客车非完整车辆	0.2	1.0	18.7	−45.1	−46.0
货车	39.6	301.1	−4.5	49.0	20.7
半挂牵引车	6.3	56.6	−12.1	92.7	49.4
货车非完整车辆	6.1	46.0	−4.1	47.5	17.7

"在此背景下,北京车展对启动国内市场,激发市场活力,营造销售氛围,尤其是对下半年的销售都有巨大推动作用,进一步推动未来几个月乃至明年车市的复苏。"王侠强调,"北京车展不仅有标志性作用,而且有实际的推动作用。"

(材料来源:经济时报—中国经济网　郭跃)

从这个案例可知,展会来源于行业需求、市场需求,反过来又激活市场,推动产业发展。参展商决策是否参加展会,专业观众的数量和质量、公众的购买力、当地市场的需求成为衡量的重要因素。观众(专业观众、普通观众)是参展商的"上帝",展会活跃的人气,会给参展商带来效益。所以,展会组办

方在策划展览的时候就要做好市场的调研,给参展商以信心,最终多方共赢。2020(第十六届)北京国际汽车展览会由于对市场的全面把握,"车展总展出面积达到 20 万平方米,共展示车辆 785 台、全球首发车 82 台(其中跨国公司全球首发车 14 台)、概念车 36 台、新能源车 160 台(其中中国车企新能源车 147 台)。展会期间,中国国际展览中心(天竺)新馆和中国国际展览中心(静安庄)两个展区共吸引观众 53 万人次。作为 2020 年全球唯一的顶级国际汽车展览会,在疫情席卷全球,全行业备受冲击的背景下,北京车展为业界同仁、为社会各界观众交出了一份亮眼的答卷"(材料来源:车展组委会,《2020(第十六届)北京国际汽车展览会今日落下帷幕》)。展会亮眼的成果数据,体现了组办方调研市场、把握市场的能力,从而赢得了市场。

3.参展商调研:组办方对参展单位非常重视,参展商直接关系到展会的规模与质量。一般会就参展商的数量、级别、性质、需求等进行调研,并要调研同期是否有同类展会,以免使参展商被分流;还要调研本区域的产业结构与市场需求,这些都直接影响对参展商的组织。即便对于举办多年的固定展会,参展商的数量也会有较大的增减,需要科学预测。

组办方是为参展商服务的,所以特别要调研参展商的需求。很多组办方向参展商发出邀请的时候,会在回执上请参展企业填写需求。

展会组办方为了做好展前的宣传,要对展出的参展商情况进行调研。参展企业的分类,品质状况,他们将带来什么展品,说明本次展会的特色。如此,就能大张旗鼓地为展会做宣传推广,吸引观众。

参考案例 14

第三届中国国际进口博览会

参展企业

2019 年 8 月 1 日,第三届中国国际进口博览会企业商业展的参展报名启动,境外企业将可以通过官方网站开始报名。

截至 2019 年 11 月 7 日,第三届企业展已签约和报名企业超过 110 家,展览面积超过 6 万平方米;截至 11 月 10 日,已有 230 多家企业签约报名第三届进博会企业展,展览面积超过 8.4 万平方米。

2019 年 12 月 8 日,蒙牛雅士利新西兰公司和澳大利亚乳企贝拉米公司签约第三届中国国际进口博览会(进博会),成为首批拿到 2020 年进博会"入场券"的大洋洲乳企。

2020 年 1 月 14 日,第三届中国国际进口博览会推介会在法国南部海滨城市马赛举行,吸引了百余名法国政府部门、经贸机构和企业代表参加。

2020 年 2 月 10 日,在商务部召开的首次网上新闻发布会上,新闻发言人高峰表示,第三届进口博览会企业商业展招展工作正在顺利推进。截至 1 月底,已签约展览面积已经超过 50%,签约报名参展企业超过 1000 家。

截至 2020 年 3 月 12 日,第三届进博会已签约展览面积超过规划面积的50%,报名参展企业超过 1000 家,总体招展进度比前两届同期更快。进口博览局将通过非接触办展、云签约等方式,持续推进招展工作,做好第三届进博会筹备工作,确保进博会"越办越好"。

2020 年 4 月 4 日报道,第三届中国国际进口博览会企业商业展 125 家参展企业名单(第二批)正式出炉;截至 4 月 16 日,已有数十家世界 500 强、行业龙头企业成为第三届进博会新展商;截至 4 月 28 日,第三届进博会已签约展览面积超过规划面积的 70%,签约参展企业达到 1100 家。

2020 年 5 月 15 日,50 多家企业分别在线上线下签约参加第三届中国国际进口博览会,3 家上海采购商分别与法国、美国、日本参展企业签下首批订单。截至 5 月 15 日,第三届进博会企业商业展签约企业已超过 1400 家,签约展览面积超过规划面积的 80%,部分展区已提前完成招展目标。

(材料来源:百度百科 https://baike.baidu.com/item/%E7%AC%AC%E4%B8%89%E5%B1%8A%E4%B8%AD%E5%9B%BD%E5%9B%BD%E9%99%85%E8%BF%9B%E5%8F%A3%E5%8D%9A%E8%A7%88%E4%BC%9A/23649080?fr=aladdin)

4.资金预算调研:展会的招商招展、展会宣传推广、展会的场馆租赁、展会的举办及其各项活动的开展等所需要的支出,展会的门票、展位费、赞助费、资料费等收入,直接关系到展会是否收支平衡或盈利,在展会筹备之际通过科学的定量调研予以预测。展会处于培育时期还是进入品牌发展时期,资金的收支也会有很大不同。

5.参观人数预测调研:组办方对贸易展的国际、国内专业观众,对消费展的普通观众的人数十分关注,参观人数的预测直接影响场馆选择、门票定价、办展时间、活动组织、交通工具、安全保障等一系列重大决策。人数的预测可以参考往届的实际参观人数，还要考虑本届展会的参展商水平、展会活动的吸引力、举办地点、同类展会的竞争、天气条件、展馆交通等，需要结合诸多实际因素来进行分析预测。

6.同类展会竞争者调研：不同地区、不同级别的同类展会，加剧了对参展商和观众的竞争。如北京国际汽车展览会、上海国际汽车展览会、广州国际汽车展览会、成都国际汽车展览会，规模都非常大，另外还有很多不同区域与级别的车展。因此，要想成功举办同类展会就必须对竞争展会的规模、展览内容与活动、参展商、观众数量，展会时间、满意度、展会效果等进行详尽的调查研究，设计策划好展会，力求同中求异，同中求优，避免无序竞争。

7.媒体调研：一个好的展会，往往能够在媒体的助推下，更好地得到品牌的树立和推广，组办方都非常重视与媒体的合作。邀请哪些媒体、展会对媒体的吸引力、将会有多少家专业媒体到会、有多少记者到展会进行现场采访、有什么需求，都需要预先进行调研，为展会的宣传做准备。

8.环境影响调研：展会期间，大量的参展商、观众、展品的运输，会给城市的交通带来一定的影响；展馆里、展馆外面用于宣传造成的声光电污染；餐饮带来的垃圾；撤展后，大量展会现场遗留的垃圾也增加了城市的环保投入。政府有关部门要求展会组办在展会申报时必须提交环境影响调研的预计结论以及解决方案，组办方也有义务通过环境的调研减少展会对环境的负面影响，展会应该向着"绿色"的方向发展。

9.其他：组办方要办好展会，需要调研的内容还很多。展馆条件：场馆面积、场馆设施、场馆的交通状况；物流运营：供应商的质量、价格；展台：展台设计、展台搭建、价格；等等。

(二)展会组办方为展会评估所需要做的调研

展会评估是展会整体运作管理中的一个重要环节，是当届展会的结点，也是下一届展会的起点。一个展会办得好不好，有没有生命力，要通过调研来对各项工作进行评估。组办方、参展商和观众是展会活动中三大主体。组办方当然重视对参展商和观众的调研，因为他们是展会的"核心"。

1.针对参展商的调研：参展企业的数量；参展企业的类别；参展企业的公司运营状况；参展企业的展位面积，参展企业的特装展位占整个展位数量的比例；参展企业在展会期间的交易状况；参展商对展会的满意度（展会活动、展会宣传、场馆布置、参展商与观众对接、现场服务等);对下一届展会的态度等。

2.针对参展观众的调研:观众的数量;观众的成分(专业观众、普通观众;国外观众,国内观众;产业的上下游企业,经销商,消费者);观众的需求(洽谈,采购,信息等);观众对展会的满意度等。

■ 参考案例 15

中国杭州文化创意产业博览会

在这里,文化真的活起来了,生活真的乐起来了。各具特色的创意内容获得了观众的好口碑,杭州观众的文明观展也给展商留下了美好印象。不管是媒体、展商还是观众,对本届文博会策展工作的满意度都进一步提升。据调查统计,专业展商整体满意度达 92％ 以上,其中国际及台港澳地区展商满意度达 96％ 以上,观众满意度达到 97％ 以上。

(材料来源:杭州日报——《第十一届(2017)杭州文博会圆满落幕》)

今年的文博会就像一个火焰熊熊的窑炉,来自全世界的文化创意相互碰撞,相互融合。各具特色的创意内容获得了观众的好口碑,杭州观众的文明观展也给展商留下了美好印象。不管是媒体、展商还是观众,对本届文博会策展工作的满意度都进一步提升。据调查统计,观众满意率达 98％,展商满意率达 96％。

(材料来源:杭州日报——《第十二届(2018)杭州文博会圆满落幕》)

今年文博会除了线下展览论坛活动一如既往地精彩以外,还特别在微博等网络平台推出了一系列线上活动。展会期间,仅微博、抖音的粉丝关注度就突破了 2.2 亿次。观众纷纷点赞,认为这次展会国际化程度高、文创产品档次高、学术论坛规格高、策展专业水平高。根据现场调查,参展机构满意率达 97％,观众满意率达 99％。文博会结束当天,有 73％ 的参展商已预定了下届展位。

(材料来源:杭州日报——《第十三届(2019)杭州文博会圆满落幕》)

中国杭州文化创意产业博览会组委会重视参展商和观众的评价,每一届都要进行参展商和观众的满意度调研,而且坚持做好这一工作。金杯银杯不如客户的口碑。由于重视调研,搜集相关信息,坚持好的,改进指出的问题,使展会的满意度越来越高,成为品牌展会。

3.针对展览供应商的调研:展览搭建供应商;展览物流供应商;展览餐饮供应商;展览广告供应商;展览安保供应商等。

4.针对媒体的调研:多少家媒体;媒体单位;记者数量;各类大众传媒的传播数量;媒体对展会的评价等。如2020(第十六届)北京国际汽车展览会非常重视媒体的宣传作用,专门设立了9月26、27日媒体日,共举办新闻发布会72场。

★因为展会组办方的工作非常重要,我们设计一些调研的题目,供学习参考:

1.展会是否服务地方社会经济的发展?

2.数字化对展览业的赋能使展览活动出现了哪些新变化?

3.实体展与虚拟展的结合给展会带来哪些效益?

4.线上线下融合办展会成为新常态吗?

5.跨界合作组织与开发虚拟展的调查。

6.展览行业与IT行业的协同合作调查。

7.××展会主办方运用云平台实现展商与观众的大规模化管理。

8.展会利用数字化赋能更好地为"上帝"服务。

9.产业数字化如何让单品领域形成自己的产业会展——××展会调查。

10.新冠肺炎疫情使会展暂停也使会展新生——后疫情时代会展业调查。

11.真实看得见的产品展示更容易产生兴趣和信任感——观众调研。

12.线上展会做好供采需求匹配能够提高对接效率吗?

13.构建线上展览的信任环境——参展商、采购商调研。

14.第127届广交会创新展会服务模式调研。

15.线上展览打造永不落幕的展会。

16.夜间展会回应观众的需求——××展览观众调研。

17.激活城市"夜经济"——展览新机遇调研。

18.云展厅助力展商自助直播——××展会调查。

19. 参展商、专业买家线上活动培训需求调研。

20. ××公司新冠肺炎病毒疫情下的客户管理调研。

21. 做好社群管理给展览带来的新价值调研。

22. 微信社群维护与营销——××会展公司客户管理调研。

23. 所在区域是否已有同类展会？

24. 展会主题是否具有时代性、现实性、新颖性？

25. 展会能否得到政府的大力支持？

26. 展会在什么时候举办最为合适？

27. 多大的展会规模是合理的？

28. 展会举办地的市场发育状况是否良好？

29. 展会是否需要赞助商的支持？

30. 展会的宣传推广渠道。

31. 展会运用的媒体调研。

32. 展会在全国与海外的合作伙伴。

33. 展会对哪些媒体会有吸引力？

34. 展馆的条件如何？

35. 招展组团的代理机构的区域分布。

36. 招展组团的代理机构的实力和影响力。

37. 展位的价格多少合理？

38. 展会在场馆与市区各主要交通节点之间是否需要设置免费巴士？

39. 参展商是否进行"绿色"展台搭建？

40. 展会是否举办开幕式？

41. 展会是否举办招待酒会？

42. 展会的专业活动是否受展商与观众的欢迎？

43. 参展商对展会的需求是什么？

44. 参展商的数量和质量。

45. 参展商是否实现了参展目标？

46. 参展商对展会的满意度。

47. 参展商是否愿意参加下一届展会？

48. 观众与展商的洽谈效果如何？

49. 观众的采购意愿是否强烈？

50.观众对展会的满意度？

51.展会的供应商合作是否良好？

52.展会服务人员的素质。

53.媒体的数量。

54.是否为记者朋友提供了便利舒适的采访报道环境？

55.展会宣传投入的成效。

56.展会的风险与危机管理能力。

57.展会对当地产业发展的作用。

58.展会对当地居民的影响。

59.展会的规模有否扩大？

60.展会的可持续性。

……

三、参展商调研的主要内容

(一)参展商选择展会与参展决策所需要的调研

参展商在参展之前，要根据企业的发展需要对展览会进行选择，通过深入的调研，慎重做出决定。

1.展会评估调研。本届展会基本情况。展会主题、办展时间、主办方、展会所在城市、主要参展产品、展会的主要活动,展会形式(线上、线下、线上线下融合)、主要服务内容(特别是参展商与专业观众的对接)、门票价格、办展场馆、场地面积、参展面积、展位价格、已报名的参展商数量、参展商产品行业分布、广告价格等。

历届展会情况:创办时间、展览面积、参展商数量、观众来源、观众分布统计、签约项目数、成交金额、展会届数、知名度、社会反响等。

同类展会:各地举办的同类展会规模,参展商数量,观众数量,媒体数量,成交额,影响力等。

如企业是否决定参加 2019 杭州马拉松博览会,需要进行调查,做出理性的决定。

了解杭州马拉松赛事:杭州马拉松始于 1987 年,是中国历史上第二悠久的马拉松赛事,是中国田协和国际马拉松及路跑协会(AIMS)备案的国际级

马拉松赛事,是中国最重要的马拉松之一;

了解 2018 年的杭州马拉松博览会(见图 1-2-6);

了解 2019 年杭马人数:报名人数 139899,参赛人数 36000。预计展会观众 4 万余人;

了解杭马主办方对博览会的宣传与组织情况,如"薅羊毛"活动;

了解杭马运动员的购物需求与购物倾向,等等。

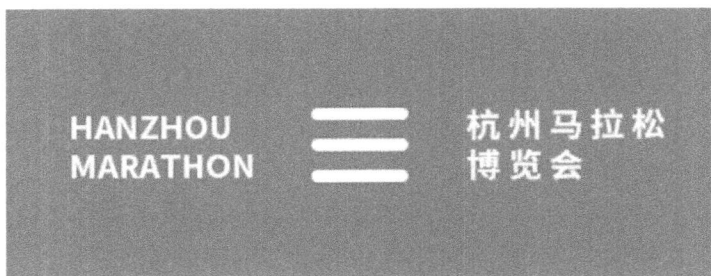

图 1-2-6 2018 年杭州马拉松博览会

(材料来源:广汽 Honda · 2019 杭州马拉松官网——《跑过风景跑过你,2019 杭州马拉松博览会展位招募中》,有节选、改编)

2.企业内部调研。企业发展状况:企业产品种类、产品在市场上的占有量、产品市场分布、新产品的研发、市场拓展、竞争对手、企业发展与行业趋势、进出口目标等。

企业参展需求与投入:拓展新市场、宣传新产品、获取市场信息、每年用于参展的资金、展会的推广效果等。

(二)参展商进行以展会为平台的调研

由于展会具有集聚性的特点,在展会中生产商、批发商、零售商、消费者、政府主管官员、行业主管人员、专业人士等大量聚集,大量同行参展商带来企业的新产品和有市场竞争力的优质产品,并为吸引客户公开产品的一些信息。因此,在展会的平台上,汇聚大量信息流,也展示企业的实力,所以参展商都非常重视展会上的调研。

1.产品调研:新产品的市场接受度、新产品的市场前景、新产品的科技含量、新产品的竞争力、产品包装、价格定位等。

2.消费调研:消费者价值观念、购买行为、使用习惯、态度以及品牌市场

第一编 基础

概念的定量分析和定性分析、消费者对品牌的忠诚度等。

3.销售与市场调研：市场份额、销售分析、分销渠道、促销手段研究等。

4.客户信息调研：老客户的变化、新客户的数量、客户的来源、数据库信息。

（三）参展商评估参展效果需要进行的调研

参展效果的评估，要围绕参展目标进行，系统、切实地考核与评价各项工作指标，要在深入调研的基础上进行。

1.客户的兴趣调研：到展位观展的观众数量、有洽谈意愿的观众数量、下订单的观众数量等。

2.整合营销效果：通过展台搭建、产品展示、广告投放、新闻宣传带来的整合营销效果。

3.经济与社会效益：交易额、订单数量、企业公众形象、科技贡献等。

★根据以上调研内容，我们设计一些参展商调研的题目，供学习、参考：

1.该展会能满足我们市场拓展的需要吗？

2.同类展会有哪些城市举办？

3.有多少观众是来自目标市场？

4.有多少观众是来自我们主要的服务地区？

5.组展机构怎样推广展会？

6.网红直播带货给展会带来的影响。

7.展商展品提供纯线上展示的实践调研。

8.参展商加强客户需求管理增强客户黏性调研。

9.展会已经举办过几届，过往的业绩如何？

10.哪些竞争对手将参展？

11.组展机构对参展商的推广提供什么协助？

12.组展机构可以提供参观买家专业性的保证吗？

13.展台的面积、位置、视觉效果和传播效应？

14.展会上的演示活动是否吸引人？

15.接待客户的数量和质量？

16.客户购买计划指数如何？

17.老客户是否继续青睐我们的产品？

18. 新客户结交了多少?

19. 我们的产品有哪些优势?

20. 我们产品的价格定位是否合理?

21. 参展的宣传效果(广告、资料发放、媒体报道等)是否良好?

22. 利用客户微信传播的展品推广的带动效应。

23. 竞争对手的展出情况,产品情况。

24. 展会的交流给我们带来了哪些新的信息(政策、科技、价格等)?

25. 获得多少订单,成交额多少?

26. 是否达到开拓新市场的目标?

27. 企业形象是否得到进一步的传播?

28. 参展是否带来需要调整企业发展战略的信息?

......

四、其他组织调研的内容

各类展会活动的供应商,共同促进展会的成功举办,也是展会利益的共享者。

(一)展览场馆

展览场馆是展览活动的主要场所,它的"硬件"设施如何,"软件"的服务怎么样,都需要调研。

参考案例 16

表 1-2-2　杭州国际博览中心 2019 年度展览主办者推荐意愿

(%)

	综合	企事业单位	社团组织	政府机构	省内客户	省外客户	新客户	老客户
肯定会	56.1	55.26	50.00	100	69.0	25.0	45.5	68.4
可能会	34.1	34.21	50.00	0.00	20.7	66.7	40.9	26.3
不确定	9.8	10.53	0.00	0.00	10.3	8.3	13.6	5.3

展览主办者中,企事业单位的推荐意愿最高。在分项调研中,老客户忠诚度明显高于新客户,省内客户高于省外客户。(见表 1-2-2)

(材料来源:杭州国际博览中心,《2019 可持续发展报告》,第 58 页)

（二）物流运营商

一年的展览会数量、开展时间、主办方和参展商需要的服务、物流的来源、展品的体量等。

（三）广告商

展会的数量、性质、广告的发展趋势、价格变化、主办方和参展商对广告的需求等。

（四）餐饮供应商

展会主办方的需求、价格、食品安全等。

（五）安保供应商

展会主办方或参展商需要的安保服务、哪些展会或者展品需要提供特别的安保服务等。

思考与练习

1.请阅读以下材料，回答问题。

第 127 届广交会圆满落幕（节选）

第 127 届广交会于 6 月 24 日在"云端"圆满落幕，广交会新闻发言人、中国对外贸易中心副主任徐兵介绍了本届广交会总体运行情况。

······

新产品新技术闪耀"云端"。众多全球首发、广交会首发新品集中亮相，让世界对中国制造、中国品牌有了新的认识。近 2.6 万家境内外参展企业通过图文、视频、3D 等形式上传海量展品，新产品、智能产品、"三自一高"产品持续增多。"云端"琳琅满目的产品吸引了全球采购商"冲浪"观展。

直播营销有人气有热度。本届广交会推出的网上直播间突破了时空限制，增强了交互体验，企业参与热情高涨。有的企业针对各个海外市场的实际情况，制定个性化直播方案，每天上线十几场直播。有的企业不仅以 VR 形式呈现产品展厅、企业全景等，还实时直播自动化生产线，全方位展现企业实力。有的企业根据客户分布特点，划分了美洲、欧洲、亚太、中东非四大直播时区,分时段、有针对性地进行直播推介,无缝对接来自全球的采购商。

线上贸易撮合智能高效。本届广交会以采购商需求为导向,以展商展品信息为基础,运用数字技术,搭建智能高效的供采对接推送与在线洽谈系统。境外采购商通过系统发起预约洽谈、开展即时沟通、达成意向订单。同时,在网上复制实体展双方互信的贸易洽谈环境,提升了双方沟通的信任度和采购洽谈效率,受到客商欢迎。

配套活动精彩纷呈。本届广交会高标准举办了形式多样的相关活动。举办了24场采购商"云推介"活动。集中举办5场贸易合同"云签约"。20个交易团(分团)的58家龙头企业,举办了64场新品发布活动。邀请京东、网易严选和苏宁易购联合举办线上采购需求说明会活动,为企业搭建内贸渠道。联合海关举办专场政策宣讲,为展客商提供权威专业的资讯分享。广交会产品设计与贸易促进中心(PDC)采用云讲座+云直播方式进行了13场主题分享,组织33个时尚品牌参与20场"云"上走秀活动。广交会出口产品设计奖(CF奖)首次推出获奖产品云展厅,为获奖企业和产品提供展示平台。

全面重塑整合服务。金融服务专区8家金融机构为参展企业定制专属金融产品,授信额度更高、结算费率更低、融资渠道更便捷。本届广交会建立线上线下相结合的投诉处理新模式,高标准筑牢知识产权保护之盾。全国105个跨境电商综试区首次集中向全球亮相,展示中国跨境电商蓬勃发展的实力。与广交会官网建立连接的6家跨境电商平台受到普遍关注,网站访问活跃。

举办成效符合预期。在疫情仍在全球蔓延、世界经济衰退风险大幅上升、全球贸易受到严重冲击的背景下,本届广交会成功吸引了来自217个国家和地区的境外采购商注册观展,采购商来源地分布创历史纪录,保持了多元化和全球化,持续助力优化国际市场布局。许多外贸企业通过本届广交会在网上全方位展示和直播,将所有产品、生产车间、样板间向客户做了全面推广,吸引了来自全球的客流,收获不少咨询和意向订单,取得了不错的参展效果。不少外贸企业表示,广交会的举办帮助他们维系了老客户、结识了新客户,为正需要订单的企业送来了一场"及时雨",会后还将与采购商进行更加深入的洽谈,力争达成更多贸易成果。

支持企业出口转内销。为了更好地服务构建国内国际双循环相互促进的新发展格局,贯彻落实国务院关于支持适销对路的出口商品开拓国内市场

的决策部署,本届广交会加大了境内采购商邀请力度,境内采购商注册观展较第 126 届大幅增长。

徐兵表示,本届广交会吸引境内外媒体的广泛关注。针对网上举办的创新之举,各大新闻媒体提前策划、精心谋划,从不同角度全景式展现、全媒体报道,为本届广交会顺利举办营造了积极正面的舆论氛围。期待第 128 届广交会再相聚。

(材料来源:广交会新闻中心)

由于受疫情的影响,第 127 届广交会积极创新,举办了一届云端的交易会。广交会新闻中心的这一报道,非常全面地总结了广交会的运行情况。如果我们要策划线上展会或线上线下相融合的展会,就需要进行调研。请思考,这份二手资料能给我们哪些启示?

2.你认为为什么要进行同类展会的调研?

3.请选择一个展览会的官网,了解该展会的历史,参展商数量、观众数量、商品交易额等,得出 3 点结论(300 字)。

第二节　会议调研的主要内容

举办会议,是一项并不简单的工作。会议在哪里开、什么样的主题议题、怎么找到会议演讲嘉宾、有多少人参会、有哪些会议公司可以帮助会议落地、会议效果如何等等,要回答这些问题,需要进行调研,使会议顺利举办。

一、政府调研的主要内容

会议产业对一个城市或国家的经济、社会发展起着重要的作用。一般认为,国际会议城市需要具备几大条件:国际著名旅游城市,历史文化名城,一国首都或者地区中心,国际性城市,国际化的会展场馆设施,便捷的交通网络和综合服务体系,较完备的接待能力,良好的气候环境和社会环境,政府支持,等等。政府是城市发展的管理主体,可以利用公共权力推进城市建设,发展会议产业。

1.针对城市形象的调研:城市的历史文化环境,城市的开放性程度、国际化程度,城市的人文与自然旅游资源,城市的安全性,城市的交通状况,城市的文明与洁净程度,等等。良好的城市形象能够吸引会议的举办。政府通过调研对各种影响城市形象的因素做出回答,从宏观上把握和推进会议产业。

2.针对支持政策的调研:政府要在政策和法规上支持会议产业。会议产业会给城市或国家带来直接或间接的社会效益、经济效益。政府要扶持会议产业的发展,如何给会议企业以税收优惠的政策,给在城市举办的大型的或国际性的会议如何补助,对会议的审批立项是否需要简化优化,是否应该给参会人员有优先证和入关的待遇,等等。调研的信息会让政府做出正确的判断和决策。

参考案例 17

3. 我国 23 个城市和地区的会展激励政策汇总

3.针对会议的规划调研:一是对会议产业的规划调研,把会议放在一个什么样的位置进行发展,如杭州提出打造"最具魅力的国际会议目的地"的目标;二是发展会议产业,在城市基础设施的规划上要重点考虑会议中心和大型宾馆交通的便捷性,通过调研,做出机场、地铁、公交车等合理规划,使城市有良好的可进出性。

4.住民意识调研:会议在一个城市举办,有时参会人数会达到成千上万,国际会议有外国人士的参加,特别是举办开幕式、闭幕式、主旨论坛时,有重要领导甚至国家元首出席,对交通有一定的要求,这可能会对当地住民的交通、生活等方面造成影响。当地住民的态度将在很大程度上影响会议的效果,热情好客就会给与会者留下美好的印象;乐意做志愿者就会提高会议的服务能力;冷漠反对则会给会议管理带来很大压力;等等。因此政府要做好调研,培养住民的文明习惯和配合意识,当然也要努力减少对住民工作、休息、出行带来的不便。

二、会议主办方调研的主要内容

(一)基于会议策划的调研

1.确定会议的主题、议题、形式的调研:会议主办方确定会议的主题与议题,常常需要在调研的基础上形成,使主题、议题能够关注现实,既体现主办方的思想,又反映与会者共同关心的问题。如大家熟悉的云栖大会,第一届的会议名称是"2009 中国地方网站发展论坛",聚集了全国各地的 200 家地方网站站长,当年的主要议题是中小地方站点的技术问题。2015 年,大会正式更名为"云栖大会",2 万多名用户参与。如今,云栖大会早已发展成为全球顶尖的科技盛会,堪称"数字经济的风向标"。云栖大会成为分享和洞察未来产业乃至社会发展趋势的舞台。云栖大会的主办方非常重视主题、议题等,经过调研、反复推敲而形成,体现了阿里云技术的突破、提升与应用,也体现了创客们的关注热点。

参考案例 18

杭州·云栖大会主题

杭州·云栖大会(2015 年)
大会主题:互联网 创新 创业

杭州·云栖大会(2016 年)
大会主题:飞天·进化 Apsara Evolution

杭州·云栖大会(2017 年)
大会主题:飞天·智能

杭州·云栖大会(2018 年)
大会主题:驱动数字中国

杭州·云栖大会(2019 年)

大会主题:数·智

杭州·云栖大会(2020 年)
大会主题:数智未来,全速重构

(材料来源:选自云栖大会官网)

  显然,这些主题不是随意确定的。时代飞速发展,技术的进步一日千里。从 2015 年的云栖大会主题看,是旨在打造一个支撑大众创业、万众创新的平台;2016 年的主题,与阿里云独立研发的飞天开放平台(Apsara)得到应用相关联,数万平方米创新展览体验区和国内外顶尖科技在云栖小镇亮相;2017 年的主题加入"智能"二字,突出表现了云计算数字化转型升级的大背景;2018 年的主题"驱动数字中国",体现前沿技术的应用,阿里生态数字化转型助推,绿色智慧交通,助推制造业转型,新零售,等等;2019 年的主题,体现了云技术在数字化、智能化时代的创新和应用;2020 年的主题,体现了"数智时代"加速到来的时代,大会展示"云"领域的新产品,全速重构,面向美好未来。议题是主题的具体化,主题是纲,议题是目。杭州云栖大会主题、议题、形式都非常新颖。如 2019 杭州云栖大会,以"数·智"为主题,以"数字经济"为核心议题,两天共设两场主论坛、110 余场峰会和分论坛,20000 平方米的展区呈现最前沿的科技,覆盖 5G、云原生数据库、生物识别、芯片、区块链、自动驾驶、异构计算等技术热点。的确,时代变了,策划会议要调研社会的变化,调研技术的变化,调研参会对象的变化,使主题、议题体现会议的目标、使命和任务。

参考案例 19

4.第十五届中国国际会展文化节主题投票启动

  2.选择会议地点的调研:大部分的会议都在城市举办。有些会议固定在一个城市举办,有些会议轮流在不同的城市举办。作为主办方,要为会议选

择合适的地点,通过调研考察各地举办会议的环境、条件(城市的国际化、安全性、旅游资源、交通条件、宾馆、会议中心等),提出几个备选方案优中选优,或者直接选定某一城市举办会议。

3.策划会议活动的调研:在前期已经做了深入的调研,确定会议主题、议题后,还要进一步调研会议人员的需求、会议的目标与任务、会议嘉宾的到达、会议场地的安排、会议的性质等等,做好会议的专业活动(大会演讲、分组演讲、讨论、论文张贴、参观活动、附设展览等)和会议的社会活动(开幕式、欢迎招待会、茶歇、游览活动、闭幕宴会等)策划,使会议的目标得以很好地实现。

4.会议人员预测调研:定多大会议的规模,需要调研,做出一个比较准确的估计。如果估计不准确,盲目追求大规模,可能会出现到会人数不足,影响会议气氛、造成会议收入不足等问题。所以要调研是否有同类会议、本次会议的吸引力、会议人员的来源等等,对各种情况进行充分的分析、预判。上届会议的人员数量也是一个参考。

5.经费预算调研:会议经费来源,会议经费的各项用途,需要精心地测算。足够的会议经费才能保证会议的各项开支。当然,会议主办方需要精打细算,控制经费的合理使用。

(二)基于会议评估的调研

1.调研会议的目标是否实现:会议主办方根据会议活动的开展情况,经费的收支是平衡是盈利或是亏空,会议各方面的反应等来评估会议的各项目标和总体目标是否实现,这些都要通过调研所获得的数据信息作定量和定性的分析来判断。

2.调研与会者是否满意:与会者的满意度调研是主办方常做的一个调研。与会者对会议的议题、会议主持人、演讲嘉宾、会议活动、会议信息、会议服务等是否满意,是会议成功与否的重要标志,也直接影响下一届会议的举办。

3.调研会议的亮点与不足:会议的亮点是让与会者经久难忘的地方,一两个亮点会让会议增色很多。调研会议的不足能够使主办方进行总结,找到不足的原因,以便今后弥补和改进,使会议做得更有品质。

三、专业会议组织者(会议公司)调研的主要内容

专业会议组织者(会议公司)是为会议主办方提供全方面服务的,因此,

调研的内容涉及面也比较广。

1. 会议举办地点和场所选择的调研：通过调研，掌握所在地、国内其他城市、国外城市举办各类会议的资源，为会议主办方提供举办会议（包括会奖旅游）合适的地点和场所。如调研杭州酒店资源，即酒店名称、地理位置、房间数、主会场与分会场的数量与容量等，这样就能够知道 500 人、1000 人、3000人的各类会议分别找哪个酒店最合适。

2. 会议宣传的调研：调研掌握会议促销宣传的资源、途径、方法；调研广告制作和其他印刷品的制作成本、厂家实力；调研会议促销宣传的效果；会议结束后，调研会议的宣传情况，了解会议的影响程度等。

如 2019 中国（杭州）会奖旅游教育与产业发展学术研讨会于 2019 年 12月 20 日在杭州科技职业技术学院召开。会议由浙江省会展学会、杭州市会议与奖励旅游业协会、杭州科技职业技术学院、杭州国际博览中心共同主办，吸引了来自北京、上海、天津、西藏、广东、山西、海南、江苏、江西、浙江等省市自治区的会奖旅游政产学研各界近 70 名嘉宾前来赴会，打造了一场学术前沿、内容丰富、精英汇聚的年度思想盛宴。承办方在会议结束后，重视宣传效果的调研，搜集各种媒体对会议的报道情况。

2019 中国（杭州）会奖旅游教育与产业发展学术研讨会

媒体报道：

中国经济网、杭州市会议与奖励旅游协会官网、杭州会奖旅游官方公众号、会链接官网等；前两届还有搜狐、新浪、网易等媒体报道。

3. 会议服务的调研：通过调研，掌握接待、餐饮、住宿、翻译、旅游等资源，从水平、安全、特色、价格等多个角度提供会议主办方所需要的信息，选择最优最合适的服务项目。另外，要在会议结束前调研各项服务的反响。如参会人员的注册（预先注册和现场注册）是否顺畅，餐饮的价格、特色、个性化服务状况如何。

4. 会议活动的调研：调研会议主办方的需求和各种可能利用的资源；协助主办方进行调研，策划会议活动；搜集各项活动（社会活动、学术活动）的组织落实情况，参会者、主办方的满意程度等。

参考案例 20

2019 年幼儿园课程与教学评价论坛

尊敬的用户：

此次大会为了带给您最好的体验，主办方特对已报名的参会人员进行调研。请您保持它的客观性和真实性，以帮助我们提高服务质量。谢谢支持！咨询人员　编号

1. 您的性别是？
□男　　　　　　　□女

2. 您的年龄层？
□18—25　　　□25—35　　　□35—50　　　□50 以上

3. 您是通过何种渠道了解到此次论坛？
□朋友推荐　　　□微信群　　　　□行业协会推荐　　□学校老师推荐
□展会宣传　　　□其他

4. 您对哪些主题比较感兴趣？
□政府部门的相关新政策　　　　　□育儿方法
□幼品行业交流展　　　　　　　　□具体产品的市场分析

5. 您希望本次论坛包含哪些环节？
□会议报告　　□自由提问　　□参展平台　　□幼品展示　　□育儿经验分享

6. 您希望本次论坛会议的时间安排在？
□周末　　□工作日

7. 对于此次论坛，您希望？
□丰富内容　　□精简内容　　□突出产业　　□突出创新产品　　□情感交流

8. 您对本次论坛的组织安排、步骤、形式有何建议？

非常感谢您的意见和建议，本次调研保证将您的信息严格保密。

图 1-2-7　幼儿园课程与教学评价大会需求调研

（材料来源：杭州伍方会议服务有限公司）

5.2019年幼儿园课程与教学评价论坛问卷调研(见图 1-2-7)(视频)

四、会议中心调研的主要内容

1.会议产品来源调研：每年会议的数量非常可观，但对会议举办的竞争也非常激烈，所以一定要摸清会议市场的情况，了解会议产品的来源，才能有的放矢地进行宣传促销。可以按照会议的主办者对社团会议市场、企业会议市场、政府会议市场、工会会议市场、教育会议市场等进行细分和调研，可以进行国内外会议产品市场的调研，可以通过会议管理机构、社团管理机构等进行调研。还应该调研会议市场的变化，譬如《中共中央政治局关于改进工作作风、密切联系群众的八项规定》出台后，会议市场发生了哪些变化；又如，新冠肺炎疫情造成会议市场的变化。举办国际会议，可以调研 ICCA 举办会议的情况。

2.会议场地和设施的竞争力调研：会议中心要争取本地会议和外地包括国际会议的举办，必须要有竞争力，因此要知己知彼，通过调研其他城市会议中心、宾馆的会议室（大、小）、会议设备、交通网络、停车场地、餐饮场地与品种、休闲娱乐场所的配套等，了解自己所处的水平与优劣，进行改进与提升。

3.会议服务的水平调研：既要进行内部的调研，也要向外进行调研，或者通过会议客户的评价来考察自身的会议服务水平。主要调研是否具有高水平的专业会议管理人员，是否具有训练有素的各类专业会议服务人员，是否具有接待国际会议的能力。如国家会议中心非常重视员工管理，他们调研考察国内外高星级的酒店和会展中心，提出自己员工管理的思想，即"员工最需要的福利是培训"。员工具备了良好的服务水平和外语水平，不是所有的会议中心都具有这样一支高素质的员工队伍，所以国家会议中心就具备了明显的人才优势。杭州国际博览中心也非常重视客户调研。只有好的服务，才能留住客户。

参考案例 21

表 1-2-3　杭州国际博览中心 2019 年度会议主办者推荐意愿

（%）

	综合	企事业单位	政府机构	社团组织	省内客户	省外客户	新客户	老客户
肯定会	60.66	61.80	87.50	48.00	61.96	56.67	65.00	52.38
可能会	31.15	30.34	12.50	40.00	31.52	30.00	27.50	38.10
不确定	6.56	5.62	0.00	12.00	5.43	10.00	6.25	7.14
不　会	1.64	2.25	0.00	0.00	1.09	3.33	1.25	2.38

从会展主办者忠诚度上分析,会展客户忠诚度明显上升,会议主办者中政府客户忠诚度高达 87.50%（见表 1-2-3）。

（材料来源:杭州国际博览中心,《2019 可持续发展报告》,第 58 页）

五、酒店宾馆的主要调研内容

1. 会议产品来源调研:目前,许多酒店宾馆成立了会议部,承接各类会议。饭店宾馆要对会议市场进行调研,寻找会议的组织机构,了解会议市场的细分,在会议主办方提供的社团会议、企业会议、政府会议等各类大中小型会议中,根据自己饭店宾馆的定位(商务型酒店、会议酒店、休闲酒店等)和接待能力,争取尽可能多的会议客户。

2. 会议设施与服务调研:当今会议市场规模很大,但对会议承接能力的要求也越来越高,所以要调研会议主办方的需求,调研会议设施的发展趋势,调研参会者的反映,调研同类宾馆的服务特色,以求自己在会议市场的竞争中能够胜出。如杭州黄龙饭店和浙江世贸君澜大饭店,同属商务型酒店,同在黄龙商务圈,都具有地域上的优势和品牌优势,要得到更好的发展,就要调研市场,还要相互调研,形成自己的特色。如浙江世贸君澜大饭店除了致力于打造品质、尊贵、高雅的具有艺术文化品位的酒店,把收藏四库全书的文渊阁、文澜阁、文汇阁等作为会议室的名称,还通过对会议市场需求的调研,投入资金,进行客房的改造,温馨、便捷、智能化,使饭店在富有历史文化品位的同时又具有现代化的设施,赢得客户的好评。黄龙饭店历来以高端的硬件设备和优质的软件服务著称,为了不断寻求创新和突破,饭店经过调研,与IBM合作开发全球第一家智慧酒店,度身设计了一整套"智慧酒店"方案,与会者无论是徜徉其中,还是置身其外,都能获得尊崇、体贴、智能的体验,提高了接待高端国际会议的竞争力。

■ 参考案例 22

第五届世界浙商大会酒店服务满意度调查表

尊敬的嘉宾:

欢迎您参加第五届世界浙商大会,我们将以优质的服务让您感受独特的关怀。

我们真诚地希望您能在百忙之中抽出少许时间留下宝贵意见及建议。我们将积极采纳您的建议,改进不足,提高服务,竭尽全力使您在本次大会享受到最优质的服务。

您是否住宿:*

○是

○否

请您评价我们的工作人员服务:*

○满意

○一般

○不满意

理由

☐

诚挚地邀请您表彰模范工作态度及殷勤服务表现的工作人员:

姓名:

☐

理由/优良事由:

☐

您认为我们在哪些地方需要改进?

其他意见:

（材料来源:第五届世界浙商大会公众号）

3.会议节候特征调研:一般来说,酒店宾馆的经营有旺季和淡季,这与旅游与节假日有关。作为营利性企业,要通过调研获取比较准确的数据,什么时候以接待会议的团体客人为主(有比较固定的客源,但要提供优惠价),什么时候以接待散客为主(价格高,但只有部分客人相对固定,大部分客人是临时的),会议团体客人与散客的比例是多少比较合适,等等。

4.会议数量调研:需要调研国际会议数量,国内会议数量,区域的会议数量。社团会议、企业会议、政府会议、教育会议等等各类会议所占的比例,各类会议数量的升降变化情况。

六、旅行社的主要调研内容

旅行社、会议中心、酒店宾馆都争取会议的举办,但因为各自的定位不同,因此具有各自不同的优势。旅行社在旅游资源、交通资源上非常丰富,也在争取会议的"大蛋糕"。

1.会议客户调研:一是要调研会议客户在哪里,这与会议中心、酒店宾馆一样;二是要调研会议客户的会议产品与旅行社的业务有哪些关联。譬如说旅行社在安排旅游活动(线路、车辆、费用)、参观活动以及与会人员(嘉宾、发言人、与会者)的接送、会奖旅游的策划与安排上都有相当的优势与能力,通过调研掌握会议客户的需求,为他们量身定制一些服务的项目。譬如说接待人员的用车,需要什么档次的,用车的数量是多少。

2.旅游资源调研:旅行社为会议客户提供服务最大的优势在"旅游"上,如会奖旅游、会议中的旅游、参观活动,其他如会议策划、会场布置是它的延伸服务。因此,对本地区的旅游资源和其他地区的旅游资源都要了如指掌,如人文景观还是自然景观,是传统旅游项目还是新开发的旅游项目,适合哪个年龄段、哪个文化层次的人群,价格,线路,等等。如在"2020 杭州文旅峰会·新经济会议目的地产业交易会"上,"杭州数字经济旅游十景"首次亮相。"杭州数字经济旅游十景"媲美家喻户晓的"西湖十景",成为优质的旅游新地标,彰显杭州创新活力之城的别样精彩。入选"杭州数字经济旅游十景"的企业、小镇、机构成为杭州数字经济参访考察点、旅游点,可以成为会议的体验活动,所以作为旅行社,也要调研这种新颖的旅游资源。

会展调研小知识

杭州数字经济旅游十景

阿里巴巴(中国)有限公司、杭州海康威视数字技术股份有限公司、云栖小镇 & 杭州城市大脑有限公司、萧山信息港小镇、图灵小镇、阿里云工业互联网有限公司、大创小镇、浙江大华智联有限公司、浙江萧山机器人小镇、华数数字电视传媒集团有限公司。

(材料来源:杭州日报 2020 年 9 月 17 日)

3. 相关的合作方调研:旅行社接受了会议客户的委托后,常常需要把会议产品的一些项目再分包给其他机构,譬如说开会住宿餐饮的酒店宾馆,用车的交通运输商,翻译需要找的翻译公司,特殊的会场布置需要找的搭建公司,因此也要通过调研,知道这些合作方在哪里,它们的品质如何,价格如何。

七、会议局(会展办、文旅局)的主要调研内容

1. 针对会议产业的规划进行调研:作为一个城市或国家的会议产业规划和管理的机构,会议局(会展办、文旅局)要对于会议相关的要素、资源、环境等进行调研,做出符合城市或国家实际与发展方向的会议产业规划,从定位上、条件上、途径上进行具体的规划。如杭州市经过多方面深入的调研,清楚发展会议产业的条件,杭州城市的禀赋与会议相关资源,听取国内外会议专家学者的意见等,做出了《杭州市"十三五"会展业发展规划》,提出打造"建设全球知名的国际会议目的地"的目标,并有具体的任务、布局、保障措施等规划。2020 年,杭州市商务局在牵头制订《杭州市"十四五"会展业发展规划》过程中,做了大量的调研工作。

2.城市举办会议的条件调研：吸引会议举办，首先要对城市举办会议的条件进行调研，创造良好的会议环境，如会议中心、酒店宾馆的数量、规模和水平，专门为会议服务的会议公司的数量和质量，这样，才能通过投入、培训等，提高举办会议的硬件和软件水平。另外，通过调研掌握情况，为外地（国）会议客户提供会议方面的咨询，争取大型的或者国际的会议落户所在城市或国家，把争取到的会议客户介绍给优质的会议供应商等。

3.宣传促销调研：要对国际会议组织、会议客户进行调研，了解举办会议的条件、标准，能够有针对性地对城市或国家的文化、经济、设施等进行整合营销，取得良好的效果。通过调研，寻找有影响力的会议大使，帮助吸引或推广会议。通过调研，掌握全球有较大影响的展会和专业会议，可以到会上作会议目的地城市形象的展示宣传，也可以作某一会议的营销宣传。

★根据上述会议调研的主要内容，设计会议调研题目，供学习参考。

会议活动

1.会议的主题及其议题是否具有现实意义？

2.线上会议是否能代替线下会议？

3.线上培训会议的优势和不足。

4.主旨演讲人及其演讲是否有吸引力？

5.会议演讲人的演讲信息量是否够大？

6.会议邀请的嘉宾是否具有代表性？

7.与会者在小组讨论中是否有较充足的发言机会？

8.会议议程的安排是否合理？

9.会议举办的时间是否合理？

10.会议举办的地点是否吸引人？

11.参观活动是否有亮点？

12.征文是否得到了较好的响应？

13.论文的质量是否好？

14.论文评奖是否合理？

15.论文集（电子光盘）是否满足与会者的需要？

16.旅游的地点、线路是否受欢迎？

17.与会者是否能顺利地到达会议场所？

18. 会议场所的音响是否适中悦耳？

19. 同声翻译的设备是否有质量保障？

20. 翻译的水平、语速如何？

21. 在线同步翻译能代替人工翻译吗？哪个更受欢迎？

22. 会场的布置是否与会议主题相吻合？

23. 会议中的展览能否满足您的需求？

24. 您是否达到了预期的参会目的？

会议住宿、餐饮

25. 宴会的设计是否具有特色？

26. 餐饮是否符合与会者的需求？

27. 茶/咖及点心的质量如何？

28. 把特色茶艺活动放入会议活动中能提高会议品位吗？

29. 会议指定宾馆离会议场所的距离是否够近？

30. 指定宾馆的硬件设施如何？

31. 指定宾馆的服务水平是否够高？

32. 餐饮体验活动融入地方文化特色是否能提升与会者的满意度？

会议接待

33. 会议的注册工作是否顺利高效？

34. 安排的车辆是否够用？

35. 车辆的质量如何？

36. 会议接待人员的服务水平如何？

37. 参会者对××会展中心智慧场馆会议接待的评价。

会议宣传促销

38. 会议宣传促销的投入。

39. 会议宣传促销所运用的方式。

40. 宣传促销的成效如何？

会议目的地

41. 是否需要运用会议大使发挥作用？

42. 会议目的地政府是否持支持的态度？

43. 当地居民对外地(国)人是否欢迎？

44. 会议目的地的公共交通是否方便？

45. 城市的气候是否舒适宜人？

46. 是否有吸引力的旅游景点？

47. 商业设施是否能满足购物的需求？

48. 城市的娱乐设施是否能满足需求？

49. 城市的空气质量如何？

50. 智慧城市的服务功能如何？

思考与练习

1. 国际大会及会议协会(International Congress & Convention Association,简称 ICCA)每年中期发布全球国际会议(主要统计国际协会会议)的统计数据。请查阅近几年的数据,了解我国及主要城市举办会议的情况。

2. 企业筹备年会,参加会议人员约 800 人,选择会议地点与酒店,请问他们需要做哪些调研。

3. 举例说明会议组办方对参会人员满意度调查的作用。

第三节 节事活动调研的主要内容

节事活动的调研内容是很宽阔的,既要做政策调研,又要做社会发展阶段(现实)调研;既要做历史文化的调研,又要做自然资源的调研,还要做科技资源的调研;既要做活动需求的调研,又要做活动效果的调研;既要做配套设施的调研,又要做宣传推广的调研等。

会展调研小知识

中国国际动漫节自 2005 年作为我国首个国家级国际性动漫节在杭州成

功举办以来,先后被国家"十一五""十二五"和"十三五"文化发展规划纲要列为重点文化会展之一。

(材料来源:学习强国 APP)

一、资源调研

(一)节庆资源调研

1.节日众多。节日是人们欢庆、休闲、团聚的日子,政府和公司(商家)、学校等可以利用节日制造节庆活动。如今,一年四季节日众多,我们有中国的传统节日,譬如春节、元宵节、清明节、端午节、中秋节、重阳节等。也有一些非常特殊的节日,"三八"妇女节、"五四"青年节、"五一"国际劳动节、"十一"国庆节等,节日里人们能够享受假期,乐于参加休闲与欢庆的活动。还有西方引进的节日,情人节、母亲节、父亲节、感恩节、圣诞节等等。另外,还有一些留存于民间的节日活动,需要调研、挖掘。如杭州的"西溪花朝节",就是一个传统的节日,花朝节最早在春秋的《陶朱公书》中已有记载。花朝节俗称"花神节""百花生日",大约于农历二月初二举行。花朝节盛行于唐朝,宋元明清都有延续活动,但后来这一传统节日消亡。主办方通过调研,挖掘其文化内涵与欢庆的因子,于 2011 年恢复举办西溪花朝节,经过设计与包装,就变成了颇有民俗内涵的民间狂欢活动,不仅当地的民众热闹欢腾尽享万紫千红,也吸引周边地区人们的参与。又如湖州"含山蚕花节",是根据善琏镇含山民间每年清明"轧蚕花"的蚕事风俗举办的活动,于 1993 年被正式定为"蚕花节"。随着社会的发展,人们也在创新着节日。如"双十一购物狂欢节",源于淘宝商城(天猫)2009 年 11 月 11 日举办的网络促销活动,如今"双 11"已经成为一个特殊的日子,这一天人们潇洒购物,并且演艺助兴,狂欢节演变成了中国电子商务行业的年度盛会。

2.庆典活动。国家的庆典、新年的庆典、周年的庆典、新人婚事庆典、工程庆典等,调研各种庆典的不同内涵,不同需求,庆典活动的效果。如商场的周年庆典,怎么样能够打动顾客,怎么样通过庆典活动更好地确立商家的定位和独特形象,盘点各种数据评估活动的成效。如举办 2019 第八届杭州国际婚恋文化旅游节,调研婚庆市场,调研新人购物需求,调研前几届的各种数据

和信息,再推出新一届的活动。庆典公司尤其需要调研庆典活动的发展趋势,鲜花、餐饮、车辆等市场的发展变化。

(二)旅游资源调研

1. 自然资源。奇山异水是人们观光览胜、休闲养生的好去处。利用自然资源创造节事活动吸引游客,形成旅游品牌。如杭州的自然资源非常丰富,西湖、西溪湿地、三江(钱塘江、富春江、新安江)、天目山、莫干山、千岛湖等。如国家体育总局水上运动管理中心、杭州市体育局,利用钱塘江潮水和人们观潮的习俗,表演冲浪的运动,在"观潮节"上不仅让人观看到天下伟观的钱塘江潮,还能观看惊心动魄的运动项目,吸引更多的人来到杭州钱塘江畔。作为活动主办方,需要调研当地有哪些自然资源可供利用,这些自然资源的知名度、依托自然资源开展的节庆活动的效益、举办活动如何做好保护自然生态等等。如举办音乐节,有诞生于杭州西子湖畔的"西湖音乐节"(西湖太子湾公园),有诞生于海洋之滨的"东海音乐节"(舟山朱家尖和温州楠溪江两地),有诞生于奇山秀水之间的"湖州莫干山奇幻音乐节",都是户外音乐节,利用极具人气的西湖、朱家尖海滨、楠溪江、莫干山打卡地,将音乐融入城市生态,融入自然山水,使观众与歌手一起狂欢,歌声与天籁之声相互交融,非常煽情。爱护自然,让自然资源为我所用,可以不断创造出新的节事活动。

2. 人文景观。人文景观也是吸引旅游的重要资源,依托人文景观创造节事活动既能够更好地聚集游客,又能够通过活动扩大人文景观的影响力。因此需要调研当地的人文景观,挖掘人文景观的文化内涵,寻找开展节事活动的契机。如杭州有西湖文化景观、京杭大运河、跨湖桥文化、良渚文化、龙井的茶文化等,可以开展节事活动传承文化,并续写新的篇章。"大运河文化节"就是依托京杭大运河来办节的。

▌参考案例 23

"首届中国国际(萧山)跨湖桥文化节",调研发掘跨湖桥文化深厚的历史内容:跨湖桥文化创造了"十个之最",即世界上最早的独木舟、世界上最早的漆弓、中国最早的"草药罐"、中国最早的慢轮制陶技术、中国最早的水平踞织机、中国最早的甑、长江下游地区最早的栽培稻、江南地区最早的席状编织物、南中国地区最早的彩陶、南中国地区最早的家猪,不仅使萧山拥有 8000 年人文历史底蕴,更让浙江的文明史整整提前了 1000 年。主办方运用跨湖桥文化,推出十大主体活动及二十项联动活动,使跨湖桥文化节成为一个文化的盛宴,也可以称得上是传承历史最悠久的文化节。

(资料来源:http://gov-hzrb.hangzhou.com.cn/system/2010/08/23/010887144.shtml)

参考案例 24

浙江财经大学调研团队走进良渚文化遗址

近日,浙江财经大学外国语学院"知行浙江"研究生社会调研团队来到良渚文化遗址开展"文化推介"调研活动,以良渚文化推广现状为基础,通过前期问卷调查、实地走访、深入采访等,为打造浙江文化新名片献计献策。

调研团员参观了良渚博物院、良渚文化古城遗址、良渚文化村,并对良渚文化宣介的商业化运行模式、运行成效及发展状况做了探究。

(资料来源:余杭热线网,2016 年 7 月 19 日)

调研良渚悠久的历史文化,不断挖掘其价值。目前杭州已经设立了"杭州良渚日",并举办"良渚文化周"活动。

(三)赛事资源调研

1. 体育赛事:调研当地已进行的体育赛事,这些赛事参加的人员、影响力、传播效果、接受或参与程度、问题与不足等;调研赛事的场馆,体育比赛对场馆有特殊的要求,场地是否符合马拉松、F1 赛事的要求,体育馆是否符合足球、网球、滑冰等赛事的要求,有没有举办国际比赛的场馆,它的设施是否足够先进,场馆的可进出性好不好,等等。

2. 文艺赛事:调研当地的文艺基础,如浙江是越剧的发祥地,厦门是钢琴之乡音乐之城,它是开展节事活动的基础,无论是比赛者的水平,还是观众的爱好;调研文学、绘画、戏剧、音乐等资源,如有影响力的作者、画家、乐团、美术院校等;调研艺术表演场馆、绘画展示场馆等,它们都有特殊的要求,如音响、灯光等。

3. 传统活动赛事:调研当地传统的活动赛事,如端午节龙舟比赛、舞龙比赛等,都是人们喜闻乐见并乐于参加的赛事,如杭州蒋村(西溪湿地)的端午

节龙舟比赛;有些活动随着时间的推移可能被淹没,通过调研可以挖掘、抢救,使之重新焕发艺术的光彩,如金华的斗牛比赛,曾经一度消失,现在又成为一个很有特色的赛事,"金华斗牛节"把人们吸引到金华观看比赛。

(四)保障资源调研

我们把吃、住、行和安全作为节事活动的保障性资源。

1. 住宿资源:活动主办方需要调研活动当地的宾馆资源,能否满足活动嘉宾的需求,能否满足活动观众不同的入住需求,客房数量是否足够。宾馆也需要调研,自身的硬件与服务是否能满足需求,是否有竞争力。通过调研摸清宾馆的接待能力,回答是否需要提升宾馆的接待能力,甚至增加一定数量或者星级的宾馆。北京举办奥运会,奥运村就是根据各国体育团队的人员数量、需求专门建设的;奥运会后,奥运村作为商品房出售或出租。

2. 运输与交通资源:节事活动需要运输部门的助力,这给运输部门带来契机,也带来压力。主办方需要调研交通公司的品质状况;航空、铁路、地铁、公交与节事活动场所的连接状况;车辆的数量、档次是否能够满足人员和物品的承载需要;活动场馆到市区的几个重要交通节点是否能够设置免费的巴士;道路的路况与安全状况;等等。交通运输部门也要调研当地的节事活动状况,提升运载能力与服务水平,在同行中提高竞争力。

3. 餐饮资源:由于节事活动有着强大的吸引力,参加活动和观看活动的人员众多,餐饮也是必须要考虑的问题,所谓"兵马未动,粮草先行"。主办方需要调研节事活动周边饭店、酒店、宾馆的数量;餐饮的质量,是否具有特色,能否为一些特殊人员提供个性化餐饮服务;是否能确保食品安全。餐饮机构也要调研节庆活动市场状况、主办方需求、大众需求,使自己能够成为活动的餐饮供应商,或者在大众餐饮上获得商机。如杭马组委会调研参加马拉松赛事的运动员对住宿和用餐的特别需求,发出"延迟退房和提前早餐服务"的倡议:

2017年第31届杭州马拉松,杭马组委会联合杭州市饭店行业协会发出倡议"延迟退房和提前早餐服务",有近50家酒店参与,其中部分酒店自发参与被跑友点赞,感谢你们!

致延迟退房 & 提前早餐酒店的感谢信   致自发参与《延迟退房 & 提前

早餐》酒店的感谢信｜你们的好,跑友都记在心里。

2018 年第 32 届杭州马拉松,杭马组委会和飞猪合作,参与酒店数量超过 100 家。

2019 年,杭马组委会将继续和飞猪合作,现已确定延迟退房酒店 100 家。

(材料来源:广汽 Honda·2019 杭州马拉松官网——2019 杭马酒店预定 & 酒店响应服务倡议)

4.安保资源:节事活动特别是大型的活动,会给当地政府和主办方带来压力,有必要在活动前对需要安保的现场、安保资源等进行调研,确保活动现场的安全、宾馆住宿的安全等。

二、需求情况调研

一方面,生活富足起来的人们,向往品质的生活,愿意花钱购买能够参与其间获得身心快乐的项目。另一方面,工作压力和精神紧张是现代人面临的普遍问题,人们需要置身大自然,享受阳光和清新的空气,舒展身体,或者通过刺激的活动,缓解压力和紧张的情绪。那么,提供什么样的节事活动项目才能满足现代人的需求,就要通过调研获得信息,帮助决策与设计,并能使活动针对不同的目标人群进行宣传推广。

不同的人群会有共同的趣尚,如对真、善、美、奇、新、特等东西的爱好与追求,但不同的年龄、职业、文化和区域的人们可能又呈现出不同的特点,开展活动就要调研。

1. 不同年龄人群:从年龄上分有老年人、中年人、青年人、儿童,处于不同的年龄阶段,生理与心理都有不同的特征,所以需要调研不同年龄群的人们有什么特别的爱好、要求。

2. 不同职业人群:从职业上可以把人们分成工人、农民、军人、教育工作者、自由职业者、学生等,由于职业性质不同,身上沉淀着不同的职业特点,工作与学习的作息时间也不同,所以调研不同职业人群的需求,能更好地定位与设计活动,包括对活动推广的人群进行细分。

3. 不同文化人群:从学历上分有小学、初中、高中、大学、研究生;从民族上分,我们有 56 个民族,就有 56 个民族的文化。策划活动需要调研不同文化人群的特点和需求,使活动与推广更有针对性。

4.不同区域人群:一方水土养一方人,水土、气候、民俗、历史、文化、经济等决定了一方人有不同于其他地方人群的特征。南北方不同,沿海与内地不同,少数民族地区与汉民族地区又有所不同,调研不同区域人群的需求,策划各种节事活动,能够更好地丰富人们的生活。

三、节事活动开展情况调研

(一)调研宣传推广情况

1.目标人群:活动的目标人群是谁?用什么样的方法进行宣传推广比较有效?活动的目标人群对于活动的知晓度如何?活动是否吸引目标人群?深入调研,才能使宣传推广有针对性,取得实效,也能对活动举办情况做出预测。

2.目标城市与地区(国内外):调研节事活动目标城市与区域人们的观念、消费水平;宣传推广活动是否已经到达目标城市与地区?目标城市与地区(国内外)的人们是通过哪些渠道了解活动的?宣传推广的效果如何?等等。通过调研,可以及时调整宣传的策略,为活动的现场组织、交通运输、宾馆酒店等方面的准备做出预案。如2013年都市快报社、"艺乐园"联合主办"第二届杭州'壹加艺'艺术节",在开幕之前就通过《都市快报》进行宣传,并对城市的美术爱好者、收藏者进行访谈,每天报纸上都有调研的数据、访谈的信息,不断地推进活动的进行。

(二)调研活动的开展效果

1.活动参与人群及数量:调研参与活动的具体人数;活动参与者主要来自当地还是其他目标城市与地区;活动参与者主要属于哪个年龄、职业等人群,有多少参加者。从这些调研数据上能够反映活动是否有吸引力,反响热烈还是冷淡,等等。如"截至8月1日上午8:00广汽Honda·2019杭州马拉松首日报名82221人刷新了历届杭马首日报名人数纪录"(图1-2-8)。

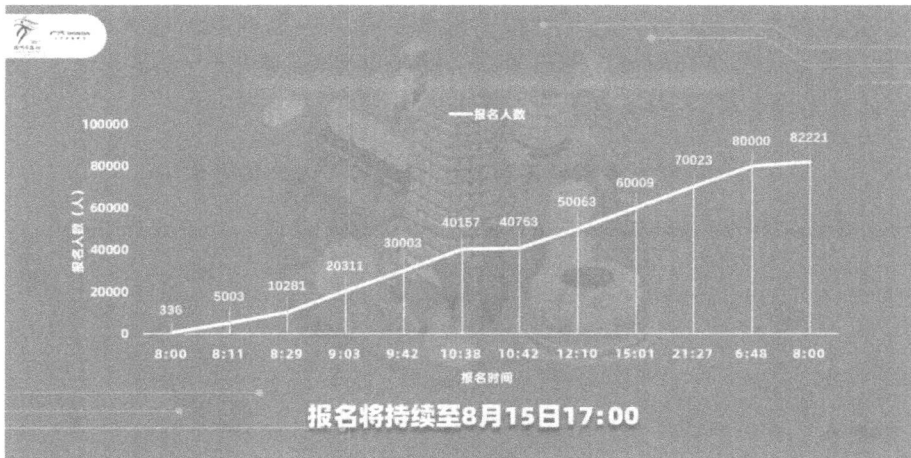

图 1-2-8　2019 杭州马拉松首日报名人数趋势

（材料来源：广汽 Honda·2019 杭州马拉松官网——首日报名广汽 Honda·2019 杭州马拉松报名人数破 80000 人）

2.活动现场的组织情况：调研嘉宾或参赛人员的调度与组织情况；活动的开展是否有序、顺利的情况；场馆的布置情况；对现场人流的引导情况；车辆运输情况；安全保障情况；等等。

3.参与者的满意度情况：一方面是针对参与节事活动的嘉宾或参赛（演）人员的调研，他们对于活动安排、接待、组织的满意程度；另一方面是针对参加活动的观众的调研，他们对于活动的精彩程度、现场的组织状况，还有交通、安全、餐饮、住宿等各方面的安排做出评价。如观众认为主办方安排的免费巴士站点是否合理？场馆现场的手机软件下载提供的各种信息引导和咨询服务是否及时方便？有没有存在管理上的盲点？参与者的满意程度是整个活动评估的重要指标，也是下一届活动的重要参考。

■ **参考案例 25**

2020 长三角阅读马拉松大赛选手满意度调查

比赛流程简易说明：扫码签到，签署《参赛安全告知书》→阅读区比赛开

始→阅读比赛用书→阅读完毕→进入答题区提交比赛用书→扫码进入答题系统→完成系统答题和读后感问答撰写→领取奖牌(若有)和比赛用书→填写《满意度调查表》→归还参赛手环→离场。

2020 长三角阅读马拉松大赛选手满意度调查表

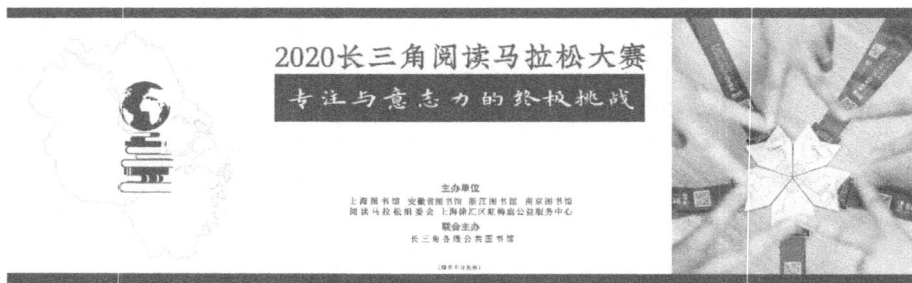

1.您所在的赛区名称：

2.您的性别

A.男　　　　　　　　B.女

3.您的年龄

A.12—24 岁　　　B.25—35 岁　　　C.36—50 岁　　　D.50 岁以上

4.您从以下哪种方式了解到的阅读马拉松赛事？(多选)

A.图书馆活动预告　　　　　　　B.传统媒体(报纸、电视)等

C.其他新媒体渠道　　　　　　　D.朋友介绍

5.本次是您第几次报名参与长三角阅读马拉松大赛？(单选)

A.第一次　　　B.第二次　　　C.第三次

6.您认为本次赛事用书的难度如何？(单选)

A.阅读难度较高　　　　　　　B.阅读难度可接受

C.简单易读

7.您认为本次赛事答题环节的难度如何？(单选)

A.题目难度较高　　　　　　　B.题目难度可接受

C.题目简单

8.您对本赛点以下哪方面工作最为满意？(单选)

A.赛场布置:赛事氛围浓厚,阅读环境适宜

B.赛事流程规范、流畅

C. 志愿者(工作人员)熟悉赛事规则

D. 后勤保障完善

9. 您认为本赛区还有哪些方面需要改进?（多选)

A. 赛场布置需要更完善,增强赛事氛围

B. 赛事流程需要更规范、流畅

C. 志愿者(工作人员)需要更熟悉赛事规则

D. 后勤保障需要完善

10. 在长三角阅读马拉松赛事中,您更希望阅读哪种类型的书籍?（单选)

A. 人文社科　　　　B. 科技科普　　　　C. 文学

D. 经济管理　　　　E. 计算机与互联网

11. 您是否认同定期举办的规模赛事(如长三角阅读马拉松大赛)会形成社会对于阅读的"共同记忆"?

　A. 认同,期待定期参与类似活动

　B. 不认同,只根据活动主题确定是否参与

(材料来源:浙江省图书馆)

　4. 活动报道情况:参与活动报道有多少家媒体;是当地的媒体还是有来自外地(包括国外)的媒体;在哪些媒体上进行了报道;媒体对活动的评价;有没有负面新闻;媒体报道所带来的效果;等等。调查媒体的关注程度,能够反映出这个活动的影响力和辐射面。

　★我们设计一些节事活动调研的题目,供学习参考:

1. 观众注重线下活动的体验感——××活动调查。

2. 非常时期的线上活动也能"嗨"起来吗?

3. 线上活动是否能够拓宽人际的交流。

4. 以需求为导向创新办节模式。

5. 节事活动对美丽乡村的推广效果调查。

6. 创新体验性活动是吸引参与者的"法宝"——××节事参加者调研。

7. 中国国际动漫节 cosplay 活动吸粉调查。

8. ××赛事活动孵化展览会带来多方共享了吗?

9. "大数据"管理促进赛事品牌升级——××赛事调研。

10. 节事活动对举办地（目的地）旅游业的影响调查。

11. 申办××节事活动对传播地方形象的作用。

12. 举办节事活动对塑造地方品牌的价值。

13. 举办节事活动是否会提升旅游目的地竞争力。

14. ××节事活动的实践评估。

15. ××音乐节的积极情感传递调查。

16. 文化资源与节事活动的创新。

17. "亚洲美食节"（杭州）的文化传播调查。

18. ××文化节成为具有强烈旅游导向的吸引物——××文化节调研。

19. 对国际著名的节事职业证书与培训需求的调查。

思考与练习

1. 某地拟策划"美丽茶乡休闲文化节"活动，你认为应该做哪些调研？

2. 举例说明节事活动主办方调研活动效果的作用。

第二编
实 务

项目一
会展调研方案设计

学习目标

【知识目标】

◆理解确定会展调研问题的重要性。

◆理解会展调研方案设计的原则。

◆了解会展调研方案的内容。

◆掌握会展调研方案的结构。

◆熟悉会展调研计划方案设计应注意的问题。

【技能目标】

◆将会展决策问题转化为会展调研问题。

◆能够根据调研目标确定调研范围、调研对象和调研方法。

◆能够编制会展调研方案。

◆能够对会展调研方案进行评析。

【训练路径】

◆以某一会展活动为对象,确定会展调研问题。

◆通过知识和案例,学习会展调研方案制作的内容、结构与方法。

◆学生以学习小组为单位编制一份会展调研方案。

◆运用 PPT 的形式进行会展调研方案的汇报。

◆对评析后的会展调研方案进行完善。

模块一　定义会展调研的问题

【工作任务】

　　会展产业或会展活动的相关组织,不是盲目地确定调研的问题,而是在工作的过程中,遇到了新情况,发现了新需求,或者产生了困惑,出现了疑点,由此提出调研的问题。

2018 杭州西博会主题展调研

　　第二十届中国杭州西湖国际博览会主题展,展示空间共 2 层,展示面积约 6 万平方米,旨在打造具有重要时间节点意义的会展示范案例,助推新兴产业,关注城市热点,扩大第二十届西博会的品牌效应。主要安排 4 个会展项目:

● 2018 中国(国际)时尚杭州展。

● 2018 中国(浙江)安全环保展。

● 2018 中国(杭州)艾生活国际体验展。

● 2018 国际数字教育展(IDEE)。

　　这 4 个展览会,是否能实现第二十届中国杭州西湖国际博览会主题展的办展目标呢?

　　请完成以下任务:

　　1.定义会展调研的问题;

2.写出调研目标；

3.确认所需信息内容。

【相关知识】

会展调研方案设计首先要定义会展调研的问题。我们的调研活动不是为了调研而调研，从形式到内容走一个过场，而是在发展会展产业和举办展览、会议、节事活动的过程中，出现许多未知的情况，也有很多存在的问题需要解决，通过调研，才能够明白情况，找到问题的症结，做出科学的决策。定义了调研问题，就能够在调研方案的设计中，明确调研内容、调研对象、调研方法等各项内容。

调研未知的问题，需要搜集必要的背景材料，寻找解决问题的初步方案和线索，定义调研题目，进行探索性的调研。

探索性调研常用的方法有：文献查询、专家调查、二手数据分析、定性调研等。

如创办"杭州国际健康生活节"，是以"Super Health Expo 2018 杭州超级健康展"为基础，打造中国首个健康类 IP 生活节，关注都市中青年人的健康生活方式，希望健康生活节立足健康行业，在内涵和形式上进行创新，构建独特的 ETEM 模式，为了找到答案，需要进行调研，先要定义调研的问题。为此，先期要进行探索性的调研。

1.文献查询：查阅有关保健、运动、音乐、时尚方面的学术期刊、行业杂志、报纸、卫生健康方面的政策。

2.专家调查：听取业内人士（医院、体育运动机构等专业人员）、社区管理人员，还有会展专家的意见和建议，得到一些初步的看法。

3.中青年人的生活方式和健康需求调查（可以通过调研问卷进行）。

4.二手数据分析：《中国卫生统计年鉴》《中国人口统计年鉴》都有许多统计数据，能从中获得信息。调查"Super Health Expo 2018 杭州超级健康展"的有关数据、总结报告等，了解哪些活动和展品是受到观众喜爱的。还可以调查同类展会的信息。

5.定性调研：可以通过小组专题座谈、个人深度访谈进行。定性调研有别于定量调研，因为是深度的考察和面对面的交流，往往能够获得比较理想的答案。

【实践操作】

定义会展调研问题,需要完成以下三个步骤。

（一）识别问题

会展管理部门、会展主办方、会展的参展商等会在会展产业的发展或者会展活动中碰到各种各样的问题。一种是碰到了问题,如一个展览会总是不温不火,症结在哪里？参展企业的市场在哪里,是否参展？还有一种是举办新的会展活动,是否有机遇,能否"开门红"？识别问题,是会展调研活动的开始。

（二）搜集背景信息

为了更好地把握调研问题,可以搜集一些背景材料,如通过文献查询、专家调查、二手数据分析、定性调研等。如某展会的二手数据(上几届展会的数据,同类展会的数据等)分析,能帮助我们初步找到问题,但这还是第一步,为什么存在这样的问题,还需要通过深入的调查找到答案。所以,定义调研问题要做一些前期的调研,即调研问题本身要从调研中得来。

（三）确认会展调研的问题

根据会展产业发展阶段、会展活动管理的实际情况,通过必要的背景信息的搜集,研究问题。如某展会的招商招展问题,可以列出很多个调研题目：展位费的价格是否合理？同期是否在国内有同类展会举办？宣传推广工作是否需要加强？展商的来源？参展商与观众的对接工作是否到位？我们不可能对所有的问题都一一展开调研,而是要有所选择,找到好的调查切入点。如果通过专家、二手数据等得到的信息是参展商和观众的态度,是影响招商招展的关键,那么,调研的问题就是参展商、观众对展会的满意度调研,因为这个调研问题囊括的内容比较多,可以包括参展商与观众的来源,他们对展会的展位价格、宣传推广、服务、活动的反映,展商与观众的质量等,抓住了招商招展的最关键的两部分人群。利用参展商和观众对展会的满意度调研结果,可以对展会的各项工作做出分析,为今后的招商招展工作的全面提升提供决策依据。如果"杭州国际健康生活节"通过先期的探索性调研,得到的信息是体验性强、时尚的活动比较受中青年特别是年轻人的欢迎,那么调研的问题是：健康生活节活动需求调研,深入了解中青年对体验活动的内容、项目、"潮"的形式、参与性等方面的倾向。

【注意事项】

定义会展调研问题在整个调研活动中有着十分重要的意义。因为从发现问题到定义调研问题，需要非常审慎和专业，它直接关系到后面的调研是否能为解决问题服务。所以定义调研问题要注意：

1.不能轻易定义调研问题。为了解决某一会展问题，没有经过前期的信息搜集，随意地定义一个调研的问题。这样做，虽然能够获得一定的信息，但可能针对性不够强，花费了调查的人力、财力，调查结果对于解决问题的效果确实非常有限。偏离中心的调研就是"白"调研。

2.不能为了走形式而定义调研问题。这种走形式的调研不是为了解决问题，而是为了有一个形式为己所用。如某项会展产业或决策的调子已经定下来，为了证明决策的正确性，定义一个有利于获得决策正确的信息的调研题目。这样，就会选取有利的问题来调研，使调研不可能全面，从而导致决策的失误。

3.不能定义不可操作的调研问题。如果调研的问题过大，或者过于繁复，难以在一定的范围和一定的时间内进行，那么这样的调研结果就容易流于浅显，大而无当。

模块二　撰写会展调研方案

会展调研方案是整个调研工作的文字书写。只有在着手工作前对每一个项目的环节、步骤、执行方法、时间进度做到胸有成竹，才能在执行的过程中有节有序，顺利完成调研任务。因此方案的撰写要科学、合理、周密，有很强的可操作性。

【工作任务】

以小组为单位，根据会展调研的问题，设计一份会展调研方案。要求调研目标清晰，内容具体，方法合理。

【相关知识】

一、会展调研方案设计的原则

会展调研方案设计是指实现调研目标需要实施的计划,它是调研工作的行动纲领,在整个调研活动中起统率和协调的作用。当调研者明确了为什么调研,如何开展调查,对调查数据和信息怎样分析处理,比较完整地考虑了调研活动的全过程以及资源的分配,才能具体、顺利地实施各项工作,并取得真实有效的调研结果。

会展调研的每一个项目都是不同的,但调研的可操作性、有效性的要求是一致的,所以调研方案设计一般应该遵循如下的原则:

1.可行性原则。会展调研方案的设计要有利于调研目标的实现,每一个环节都应该是可操作、可控制的。调查内容、调查对象、调查方法、调查时间和调查地点的选择要切合实际。

2.经济性原则。会展调研需要考虑成本,尽量节约费用。因此,调研方案设计时要注重经济性,从调研人员的选择与培训,到调查样本的选取、调查地区的选择等都要科学安排,合理分配费用,争取以较少的人力、物力、财力和时间取得令人满意的效果。

3.有效性原则。围绕调研目的进行调研以取得真实、准确的信息,是调研的出发点和归宿点,因此,在调研内容、调研方法、样本量确定、调研运作管理等方面要以调查结果的有效性为准则,确保信息的质量可靠、准确,为会展活动的开展提供有价值的调查结果。

二、会展调研方案撰写的内容

虽然展览、会议、节事活动需要调研的问题、内容、对象不一样,但调研方案的设计框架基本上是一样的。在学习的过程中,可以举一反三。

(一)调研题目

调研题目体现调研事件或揭示调研主题。

(二)会展调研的背景

在会展调研方案的设计中,首先要阐述调研的背景。因为调研不是随意进行的一项活动,它的开展一定具有特殊的背景。把背景阐述清楚,其实也就把调研的意义、价值表达出来了。调研背景通常包含调研问题的陈述和目的。

例如,杭州市人民政府、浙江省科学技术厅主办的第二届中国(杭州)国际智能产品博览会、2020 全球人工智能大会(简称智博会),聚焦新基建、新消费、新制造、新电商、新健康、新治理,推动人工智能、互联网、大数据与实体经济深入融合,设有"主论坛、高峰论坛、大赛活动、品牌展览"四大板块内容,共同围绕人工智能产业热点、最新政策、研发创新等进行交流与合作,促进项目对接,展示前沿技术,打造高水平、高层次、高质量的人工智能与数字经济领域政产学研金共聚的年度行业盛会、数字经济成果展、未来智能生活体验平台。人工智能是一个新兴的产业,智博会因产业而办,2020 年是第二届,是一个十分年轻的展会。人工智能是引领新一轮科技革命和产业变革的战略性技术,这个产业发展非常迅速。浙江省高度重视人工智能发展,加快推进云上浙江、数据强省和网络强省建设,形成了发展人工智能的良好产业生态。杭州正在建设国家新一代人工智能创新发展试验区,明确了到 2023 年杭州人工智能总体技术与产业发展水平全国领先的总体目标。智博会是否能展示人工智能的最新成果,是否吸引了头部企业参展,是否加强了信息的交流,推进了创新,促进了对社会管理、其他行业和产业的赋能?这就要对参展商、观众、演讲嘉宾、参会嘉宾等进行调研。

(三)会展调研的目的

会展调研方案设计必须首先明确调研目的,它贯穿整个调研活动的始终。目的不同,调研的内容、对象、方法、时间、地点等都会不同。在确定会展调研目的的时候,一般需要从三个角度来考虑:

1.为何要调研?

2.通过调研想要知道什么信息?

3.调研信息有何用处?

例如,第二届中国(杭州)国际智能产品博览会、2020 全球人工智能大会满意度调研。

调研目的:通过调研,了解参展商、观众、演讲嘉宾、参会嘉宾对展会的真实评价,肯定亮点、优点,寻找不足,把这个新型的展会培育成为众多展会中

的"品牌"展会,促进打造产业发展高地,推进产业的发展与应用。

确定了调研课题的目的后,应该形成调研目标。目标应尽可能具体和切实可行,这样可以避免许多不必要的麻烦。

确定调研目标:

1.参展商满意度调研,获得参展商对展会的评价信息,如展示效果、上下游企业对接、前沿信息的交流、获得投资等,留住优质的参展商,吸引更多的参展商参加下一届展会。

2.专业观众满意度调研,以获取专业观众对展商质量、展商与观众的对接、体验活动的评价。

3.演讲嘉宾、参会嘉宾满意度调研,以获取对主论坛、各个高峰论坛、体验活动的评价。

(四)会展调研的内容

在调研目标确定的基础上,就要明确具体的调研内容。调研内容是调查目的的细化,也是设计调查问卷和访谈提纲的依据,决定了本次调研所需要搜集的信息。因此,在确定调研内容时应注意以下几个问题:

1.调查内容的设计必须围绕调研目的。

2.调查内容之间具有一定相关性。

3.调查内容应该表述清楚。

4.调研内容应具有可操作性。

(五)会展调研对象和调研单位

确定会展的调查对象(个体)和调查单位(群体)的过程就是确定由谁来提供资料的过程。我们需要根据不同的会展调查目的确定不同的调查对象和调查单位。如对杭州市会议酒店举办会议情况的调查,其调查对象就是杭州市区(十个城区)的会议酒店,并对"会议酒店"进行定义,这样,在调查时就不会与其他类型的酒店混淆。

(六)会展调研样本量的确定

当在某一城市做某一节庆活动的观众人数预测调查时,调查范围应为整个城市,但由于范围太广,调查不可能遍及城市的每一个地方,调查对象也不可能涉及城市的每一个人,因此,要制定一个抽样方案,以保证抽取的样本能反映总体情况。一般来说,调查结果准确度要求愈高,抽取样本数量也愈多,但调查费用也会愈高。为此,尽量要做到经济性原则基础上保证有代表性。我们可以按人口比例抽取样本的数量,并考虑按照年龄、收入、文化程度等进行分类抽样。或者,在城市中划定若干个小范围调查区域,划分原则是使各区域内的综合情况与城市的总体情况分布一致,以此为样本进行调查。这样,可以缩小调查范围,减少工作量,但因为具有代表性,仍然能够以小窥大,比较准确地掌握情况。

如问卷调研,样本量一般是需要达到调研对象总体的 5%—20%。

样本怎么分配,或者说,样本量如何形成,可以采取抽样调查的方法。

1. 抽样调查的概念。

抽样调查是一种非全面调查,它是从全部调查研究对象中,抽选一部分单位进行调查,并据以对全部调查研究对象做出估计和推断的一种调查方法。

2. 抽样调查的方法。

(1)随机抽样——简单随机抽样法。

这是一种最简单的一步抽样法,它是从总体中选择出抽样单位,从总体中抽取的每个可能样本均有同等被抽中的概率。

(如读书节调查,选择 300 个样本量,在读书节现场,运用简单随机抽取的方法抽取样本)

(2)随机抽样——系统抽样法。

这种方法又称顺序抽样法,是从随机点开始在总体中按照一定的间隔(即"每隔第几"的方式)抽取样本。

(读书节调查:在读书节现场,按照一定的间隔,到的同学,按照第 5、10、15、20、25……进行抽样调查)

(3)随机抽样——分层抽样法。

它是根据某些特定的特征,将总体分为同质、不相互重叠的若干层,再从各层中独立抽取样本,是一种不等概率抽样。

(读书节调查:大一、大二、大三的学生)

(4)随机抽样——整群抽样法。

整群抽样是先将总体单元分群,可以按照自然分群或按照需要分群。

(读书节调查:根据专业来分群,机电学院、教育学院、城建学院、信息学院、工商学院、旅游学院等等)

(5)随机抽样——任意抽样。

随意抽取调查单位进行调查,不保证每个单位相等的入选机会。

(读书节调查:在校园里的路上拦人调查)

随机抽样应注意的问题:

1.要依照调查选题、调查目标的需要,确定样本和样本量。

2.样本的分布要科学合理(分类、分层)。

3.要注意调查对象的代表性。

参考案例 26

6.会展抽样调查方法(上、下)(视频)

(七)会展调研的方法

会展调研的方法受调查目的、调查内容、调查经费、调查时间等情况的影响。有搜集原始资料的各种方法:询问调查法(1)面谈调查法:问卷法,访谈法,座谈法;(2)邮寄调查法;(3)电话调查法;(4)计算机访问法、观察调查法、实验调查法。也有搜集二手资料的调研方法:查找法(纸质材料查找法,网络查找法)、索取法、购买法。但不是所有的方法都会在一次调研活动中使用,在会展现场调查中用得较多的方法有问卷法、访谈法。各种调查方法有各自的长处和局限,应根据调研需要选择一种或几种结合使用。

(八)调研数据的整理与分析

对会展调查得到的资料需要进行统计、整理,如为了问卷的统计方便,需要进行编码,可以进行事前编码,也可以进行事后编码。目前,较多的是运用SPSS进行统计分析。具体见项目六问卷数据的预处理,项目七利用SPSS进行数据分析。

调查资料可以根据其性质分为定性资料(文字资料)和定量资料(统计数据)。定性资料分析方法主要运用归纳分析法、演绎分析法、比较分析法和结构分析法;定量资料分析方法主要运用描述性统计分析法和解释性统计分析法。

（九）结果提交

调研结果以什么样的形式反映,需要在调研方案中明确。一般包括以下四方面的内容:

1.调研报告书递交的形式,如文本、电子文本等;

2.调研报告书份数;

3.报告书的基本内容;

4.报告书的图表、附录。

（十）调研经费预算

开展会展调研活动必然会有一定的费用支出,因此在调研方案设计过程中应该编制费用预算。一般可以通过两种分类方式预算调研活动的费用。

1.通过估算调研各阶段的支出来分别计算:一般的计算方法是,会展调研中实地调研阶段的费用占整个调研经费预算的 40％ 左右,实地调研前期的计划准备阶段占经费预算的 20％ 左右,后期统计分析、研究报告阶段占预算经费的 40％ 左右。

2.通过估算调研各活动所需费用来分别计算:方案设计费用,调查问卷制作与印刷费用,调查实施费用(包括调查咨询费、礼品费及访问员的培训费、劳务费、交通费、差旅费),资料整理费用(计算机处理、分析产生的费用),报告撰写费用等五方面的费用来预算总费用。当然,还有一块其他不可预见的费用。

3.虽然这两种方法计算费用的形式不同,但都应尽量做到:①全面性,将可能出现的会展调研费用都考虑进去;②节约性,保证实现会展调研目标的前提下,尽可能地节约调研费用;③合理性,预算的编制要求合理,每项支出尽可能准确预算。

（十一）调研运作管理

调研运作管理是调研活动顺利开展的保障,应该根据调研工作的特点和对调研人员的要求确定,一般包括以下四个内容:

1.调研组织领导、机构设置。大型的会展调研活动往往需要很多人员的共同参与,因此需要成立相应组织机构,如可以分为管理组、设计组、访问组、数据分析组、报告撰写组。管理组要对整个调研活动进行组织、协调,做到使各组的工作无缝对接,互相配合,保证调研活动的顺利开展。

2.人员的配备情况。要根据某一会展调研活动的工作性质、岗位需要，预先配备各类人员，做到岗位工作与人员能力相匹配，如安排访问人员、数据处理人员、调研报告执笔人员等。人员的配备要做到精干，职责清晰，运作高效。

3.人员的培训。调研人员的素质对调研活动的结果有直接的影响，因此需要对参与会展调研的人员进行培训。如访问员（访问礼仪、访谈技巧、问卷填写技巧）的培训，数据处理人员（数据统计、分析软件运用）的培训等。

4.调研的时间安排。要明确调研各个阶段的时间，特别是展会活动的现场调研，时间一定要清楚。调查的时间，整理、统计、分析的时间，撰写调查报告的时间等都要给出时间表（可用甘特图来表示），确保调查结果能够按照规定的时间送达使用者的手中。

调研方案的撰写一般包括以上提到的各项内容，但在格式上可以相对灵活。调研方案指导整个调研活动，需要进行集体讨论，由调研活动的负责人起草和撰写。

7.调研方案的设计（视频）

【实践操作】

调研人员在定义调研问题之后，就需要确定调研内容、调研对象、调研方法、调研进程、调研预算等，即通过设计调研的方案，描述某项会展调研的全部工作任务和工作过程。设计会展调研方案需要完成以下六个步骤：

（一）选定会展活动项目管理的问题

选择一个会展活动项目（一个展览、一个会议或者一个节庆活动），采用分析二手资料和定性研究的方法（专题组座谈、深度访谈等），了解该活动项目举办的现状，寻找活动项目最需要解决的问题，确定选题。

（二）会展活动项目背景的调研与分析

根据选定的某一会展活动项目问题，进行背景调查，并做背景分析。

（三）确认会展活动项目调研目的

根据确定的选题和所做的背景分析,确认某一会展活动项目的调研目的和目录。

（四）确定会展活动项目调研内容

了解影响某一会展活动项目调研目标的因素,确认所需信息。

（五）选择会展活动项目调研方法

根据所需的信息,选择适用的会展调研的方法。

（六）撰写会展活动项目调研方案

根据定义的某一会展活动项目的调研问题,设计一份完整可行的会展调研方案,内容完整,格式正确。

【注意事项】

设计会展调研方案是一项需要缜密的思维、丰富的经验的工作,关系到调研是否能顺利进行,关系到调研结果是否能解决实际问题,也关系到会展调研委托方(调研结果使用者)和会展调研实施方的利益与声誉。需要注意以下问题:

1.会展调研人员务必明确会展调研的意图、目的,使方案的设计围绕中心,避免偏离。

2.要明确调研人员的责任、义务和权利,并有专人或专门组织负责协调与落实。

3.经费预算和时间进度在安排上要留有余地,但也要注意节约成本,合理开支,杜绝浪费,有节有度。

参考案例 27

关于杭科院第八届读书节活动效果调研方案

一、调研背景

2020 年的阳春四月,阅读与抗"疫"同行,书中那阳光般的温暖和力量,将照亮我们的心路历程,丰富我们的生活,坚韧我们的内心。杭州科技职业技

术学院第八届读书节,以"书香战'疫',阅揽未来"为主题,共有"21 天人文艺术家"阅读打卡活动、"以图绘文"PLOG 阅读分享活动等六个项目,于 2020 年 4 月 23 日—5 月 29 日举办。本届读书节因为防控疫情的需要,首次采用"线上＋线下"相结合的形式,活动内容和活动形式都有创新。为了了解本届读书节的活动效果,为今后读书节活动提供借鉴,我们特进行此项调研。

二、调查目的与目标

(一)调研目的

通过调研,了解杭科院全体师生对读书节的真实评价,检验本次读书节的创新活动是否能得到大家的认可,肯定亮点优点,寻找不足,发现需求,促进杭科院读书节的长远发展。

(二)调研目标

1.了解师生对读书节活动的喜好程度及喜好的原因,以达到提升下届读书节活动的目的。

2.征集本次读书节中存在的问题及不足,以获得必要的改进信息,为下一届读书节的开展提出更好的建议。

3.通过调研,将本次读书节做一个全面的复盘,整合之前读书节没有的活动和形式,为今后创新性发展读书节提供思想基础。

三、调查内容

1.线上活动为主＋线下活动为辅的活动评价;

2.活动的宣传效果;

3.师生在本届读书节活动中的参与程度;

4.读书节活动是否能激发师生的阅读兴趣;

5.师生觉得本次读书节活动中哪些子活动富有特色;

6.师生认为本次读书节活动有哪些地方需要改进;

7.师生对下届读书节活动的期待和建议。

四、调研方法

1.调查的区域范围:杭州科技职业技术学院。

2.具体调查对象:杭科院全体师生。

3.调查形式:问卷法、访谈法、二手资料查阅法。

(1)问卷法:以问卷调查为主,问卷调查采用不记名的方式随机抽样,达到 300 个样本量。

（2）访谈法：访谈12位参加本次读书节活动的学生，3位老师，访谈师生分布于不同的学院。进行深度交流，获取信息。

（3）查阅往届读书节资料，进行比较。

4.调研日程安排（见表2-1-1）。

表 2-1-1　杭科院第八届读书节活动效果调研安排

杭科院第八届读书节活动效果调研安排

时间：2020 年 4 月 18 日—6 月 20 日

内容	时间	负责人
前期准备阶段		
调查策划	4 月 18—22 日	彭光玲
问卷设计	4 月 22—30 日	彭光玲
访谈设计	5 月 8—12 日	彭光玲
实施阶段		
问卷调查与收集	5 月 15—18 日	虞科乾
问卷调查与收集	5 月 19—22 日	班文刚
问卷调查与收集	5 月 23—26 日	施楠
问卷调查与收集	5 月 27—29 日	包浩杰
访谈调查	5 月 20—29 日	彭光玲
后期工作阶段		
数据预处理	5 月 30—6 月 1 日	包浩杰、施楠
数据统计分析	6 月 2—7 日	彭光玲、虞科乾、班文刚
报告撰写	6 月 8—20 日	彭光玲

五、调研数据的整理与分析

1.将调查问卷进行整理统计，利用问卷星后台提供的统计数据，制作图表。

2.根据统计出的数据、图表进行分析。

3.将访谈录音进行文字录入，对访谈内容进行整合、分析。

4.定量分析依据调查所得数据进行，定性分析依据访谈所得信息进行。

六、调研预期费用

1.参加问卷星调研的师生,进行抽奖。

(1)一等奖 1 名,100 元话费券一张(可折现)……100 元。

(2)二等奖 3 名,玩具熊一个(不可折现)……20 元×3 个=60 元。

(3)三等奖 40 名,"枣糕王"满 10 元减 2 元的券(不可折现)……免费(0元)。

2.赠送接受访谈的师生小礼物。

6 元礼品×15 人=90 元

总计:100 元+60 元+90 元=250 元

七、调查运作管理

1.对调查人员进行培训。

2.具体的调查内容依据《杭科院第八届读书节活动效果调研问卷》执行,访谈调查依据《杭科院第八届读书节活动访谈调查问卷》执行。

3.所有提交的问卷,按照筛选出有效卷与无效卷→对有效卷的审查→对有效卷的数据录入的顺序进行,确保分析的结果的相对准确性和科学性。

(材料来源:杭州科技职业技术学院旅游学院会展专业"会展调研"课程作业,1901 班彭光玲、虞科乾、班文刚、施楠、包浩杰完成,指导教师修改)

项目二
会展调研问卷设计

学习目标

【知识目标】

◆知晓调研问卷的基本格式和要素。

◆掌握调研问卷问题类型和问题内容的设计方法。

◆熟悉调研问卷的语言表述、问题顺序、问卷外观和样式的设计方法。

【技能目标】

◆结合具体会展活动,根据调研目标,针对会展活动的不同目标人群,设计具有一定科学性、可操作性的调研问卷。

◆能够分析调研问卷的优劣。

【训练路径】

◆根据调研目标,设计调研问题。

◆根据调研问卷格式要求,完善问卷各要素内容。

◆运用一定的文档处理技术,美化、完善调研问卷的版面设计。

模块一 会展问卷调研

【工作任务】

1.了解问卷调研法,思考问卷调研的作用及好处。

2.掌握问卷星的使用方法。

参考案例 28

8.使用问卷星设计并回收问卷(视频)

【相关知识】

本项目模块,着重介绍会展调研活动最常用的问卷调研法,设计调研问卷。

问卷调研的执行方式可以多种多样,最常见的有实地问卷调研和网上问卷调研等。

一、实地问卷调研

实地问卷调研,即在各类会展活动现场,如展会现场、会议活动现场、节事活动现场等,向调研对象发放书面问卷。此类调研,一般是将拟调查的事项,按照调查人员事先设计好的、有固定格式的标准化问卷或表格,由受访者书面填写回答,再回收问卷,做进一步的统计分析,得出调研结果,获取所需的信息。

在会展活动现场做问卷调研时,要注意调研时间、调研地点、调研对象的选择,以获得更佳的调研效果。

会议活动现场,一般不便在会议进行中进行调研,而是选择在茶歇时间或者会后进行。展会活动现场,对参展商、观众,应该设计不同的调研问卷。应在不影响观众和参展商交流洽谈的前提下进行调研。同时,由于受展会现场空间的影响,要选择便于交流书写的地点进行。

节事活动现场,氛围相对比较热烈,一般选择在节事活动结束后,并且适合在相对安静的活动一角进行调研。

二、网络问卷调研

互联网为人们的生活和工作提供了便利,开展网络调研快捷方便,因而也成为会展调研中常用的方法之一。进行网络调研主要有以下几种基本方法:E-mail 问卷调查、交互式 CATI 调查、交互式 CAPI 调查和互联网 CGI 调查。

E-mail 问卷调查,问卷就是一份简单的 E-mail 调查表,并按照已知的 E-mail 地址发出。被访者回答完毕将问卷回复给调研机构,有专门的程序进行问卷准备、编制 E-mail 地址和收集数据。E-mail 问卷制作方便,分发迅速。由于出现在被访者的私人信箱中,因此能够得到注意。

交互式 CATI 调查,又称电脑辅助电话调查,是利用一种软件语言程序在 CATI 上设计问卷结构并在网上进行传输,把电话拨号、调查记录、数据处理等借助于计算机来完成,通过电脑与电话相结合完成调查的全过程的一种调查方法。

交互式 CAPI 调查,又称电脑辅助人员访谈,是让调查对象坐在电脑终端前,用键盘、鼠标或触摸屏回答屏幕上显示的问卷内容。电脑辅助人员访谈具有可以利用用户友好的软件系统,设计受访者容易理解的问题,刺激受访者对项目的兴趣等优点。

互联网 CGI 调查,有专门为网络调查设计的问卷链接及传输软件。这种软件设计无须使用程序的方式,包括整体问卷设计、网络服务器、数据库和数据传输程序。一种典型的用法是:问卷由简易的可视问卷编辑器产生,自动传送到互联网服务器上,通过网站,使用者可以随时在屏幕上对调查数据进行整体统计或图表统计。

人们常常使用问卷星编辑调查问卷,并进行数据的统计和分析。

门户网站的会展频道因为备受专业人士的关注,自然也是开展会展调研的极佳途径。门户网站的会展频道搭载的调研,可辅助完成会展活动满意

度、需求等方面的调研课题。

网络调研具有组织简单、费用低廉、传播快速且具多媒体性、调查没有地域时空限制、调查结果客观性较高等优点;其不足之处在于调查对象的局限性,网络调查的对象只能是已联网的用户或者经常上网的网民,调查的回答率难以控制。

模块二　会展调研问卷的设计

【工作任务】

结合真实会展活动,以小组为单位,根据调研目标,设计会议、展览会或者节事活动调研问卷。

【相关知识】

会展调研问卷的设计,是根据调研目的,将所需调研的问题具体化,使调研者能顺利地获取必要的信息资料,并便于统计分析。调研问卷的设计是否科学合理,将直接影响问卷的回收率,影响信息资料的真实性、实用性。因此,在会展调研中,应对问卷设计给予足够的重视。

会展调研问卷设计要充分考虑各类不同的会展活动的特点,根据调研者期望获取的信息要求,以及调研目标人群的特点,事先预设问题,这些预设问题组合形成调研问卷。

会展调研问卷设计需要技巧,依赖于设计者的经验、智慧和创造力。做好这一工作,需要掌握问卷设计的格式,应用问卷设计的相关技术,包括:确定调研目的和所需要的信息、确定调研资料的搜集方法、确定设计问卷的格式、确定问题的内容和类型、确定设计语言表述和措辞、确定安排问题的顺序、确定设计问卷的外观和式样等等。

一、调研问卷设计的格式

由于调研对象、目的、方式的差异,各种会展调研问卷在形式、内容和长度方面都有一定的差别。

一份完整的调研问卷通常由标题、开头部分(包括问卷说明、填写指导等)、主体部分、被访者基本情况、结束语等要素构成。

(一)标题

问卷的标题既要简明扼要,又必须点明调研对象或调研主题,使被访者对所要回答的问题有一个大致的了解。

调研问卷标题,通常采用在会展活动名称之后加上"调查问卷""调查表"字样的格式。

例:《第十三届杭州艺术博览会调查表》《2020 中国会展活动新技术新设备新服务展览会暨会展跨界合作交流萧山峰会调研问卷》《2019 西湖情五粮液玫瑰婚典调查问卷》。

也可以针对调研者对会展活动调研后期望获取的信息主题,采用调研主题加"调查问卷"字样的格式。

例:《第十二届浙江·中国非物质文化遗产博览会"非遗十扶贫"效果数据统计表》《"杭博杯"第三届中国会展院校大学生辩论赛——博览未来·我是未来会展人(晋级赛)活动创新性评价调研问卷》。

有一些并非展览、会议、节庆、赛事等活动的调研,一般写明调研主题。

例:《杭州市会展企业疫情影响调查表》《2019 中国会展行业教育调查(学生版)》。

(二)开头部分

在调研问卷的开头,一般有一个简要的说明。一是对本次问卷调研的意义、内容及调研单位(人)等进行必要的说明,以消除被访者的紧张和顾虑,争取调研对象的积极配合和支持。二是对问卷填写进行简要的指导说明。

问卷的开头部分,要力求言简意赅,文笔亲切又不太随便,能激发被调查者的兴趣,同时也要注意礼貌用语。

例:"文化创意与设计人才需求及培养调查问卷(院校)"的开头部分:

尊敬的各位领导、老师:

为贯彻《教育部办公厅关于做好〈高等职业学校专业教学标准〉修(制)订工作的通知》精神,做好我校会展策划与管理(文化创意与设计方向)专业教学标准制订的相关工作,特开展调研活动。希望您能在百忙中抽出宝贵时

间,结合贵校(院)实际情况,填写此问卷,提出宝贵的意见和建议。我们承诺:本次调查获得的数据会严格保密,仅作《标准》研制使用,不会用于其他目的。非常感谢您的合作!

浙江旅游职业学院旅游规划与设计专业群

2020 年 8 月

（材料来源:浙江旅游职业学院旅游规划与设计专业群发布的调查[问卷星]）

这一开头部分,说明了调研的目的、用途,提出了填写的要求;做出承诺,打消了被调查者可能会出现的顾虑;用语礼貌、得体。

例:"第八届中国国际服务外包交易博览会调查问卷"的开头部分:

首先,感谢您代表贵机构出席第八届中国国际服务外包交易博览会! 在此,希望您拨冗填写以下问卷,您的意见将非常有助于我们对活动进行客观全面的评估,并进一步对会议整体设置进行优化改进,以便对您提供更舒适有效的服务。再次感谢您的支持! 对于有效问卷,我们将为您发送会议资料下载代码。

（材料来源:第八届中国国际服务外包交易博览会）

这一开头部分,首先对被调查者(出席中国国际服务外包交易博览会人员和机构)表示感谢,容易赢得被调查者的配合。接着说明调查的目的,是为了评估和改进工作,说到底调研将有利于主办方更有效地服务展商和观众,这样的调查,虽然给他们添麻烦,但会得到被调查者的积极配合。最后说明:"有效问卷,我们将为您发送会议资料下载代码。"也就是希望被调查者认真对待调研,调查的发出者给调研对象以资料作为回赠,诚意显见。

例:"2015 中国国际电子商务博览会——校企对接洽谈会与会人员调研问卷"的开头部分:

尊敬的来宾:

非常感谢您参加 2015 中国国际电子商务博览会——校企对接洽谈会,您的到来为本届会议的成功举办起到了重要的作用。为了优化会议服务的质量,更好地为院校与企业提供一个交流合作的平台,在此诚恳地邀请您花费几分钟宝贵的时间来完成这份调查问卷（请在所选答案的序号上划"√"，或将答案填写在相应的横线上）。您的意见与建议是我们前进的动力，感谢您的支持与配合！

（材料来源：杭州科技职业技术学院会展策划与管理专业"会展调研"课程实践活动，张苏豫组）

这一开头部分，调研的目的明确，尤其是具体地说明了在纸质问卷上答题的做法，这样便于今后的统计。说明的文字表述清楚，态度诚恳，将会赢得调查对象的配合。

例："关于企业复工的问题、要求及建议的问卷调查"的开头部分：

尊敬的企业界的朋友，您好！本问卷是浙江省委党校课题组开展的关于抗击新冠病毒性肺炎期间企业生产问题的社会调查，以便为相关部门决策提供参考。您的意见对我们很重要，希望得到您的配合和支持。谢谢！

本调查仅供调查研究之用，填答时希望提供企业具体名称和联系方式，以便以后跟踪调研；如不愿意，也可以不填企业名称，但其他问卷内容请如实放心填答。

本次问卷填写时间预计为 5 分钟。

（材料来源：浙江省委党校《关于企业复工的问题、要求及建议的问卷调查》）

这一开头部分的文字，除了说明调研目的，还做了两点特别说明：一是希望填写企业名称和联系方式，为了要做跟踪调研，希望能得到调研对象的理解和支持。调研往往不是一蹴而就，有一些事件需要进行系统的跟踪，看到事态的变化发展。二是填写的时间大约需要 5 分钟，让答题者有一定的心理准备，有一定的题量，但又不会占用调查对象太多的时间，希望得到支持。

例："2019 Google 开发者大会活动反馈表"的开头部分：

非常感谢你参加 2019 谷歌开发者大会，希望你收获良多。

如果感兴趣的演讲太多，很遗憾错过了某些精彩部分？没关系！活动结束后可以前往大会官网，所有的演讲视频都会陆续上传。

我们非常希望通过下面的反馈表来听取你对 GDD 的意见。提交反馈表后，你将可以凭胸卡和兑换码于签到处领取大会礼品一份。（Please click EN

versionif you need.）

再次感谢！

2019 谷歌开发者大会组委会

（材料来源：http://services.google.cn/fb/forms/gddsurvey2-new/）

这个开头，除了对被调查者的感谢，有两点值得我们关注：一是告知被调查者大会官网，会上传所有的演讲视频，给大家提供了学习的方便，说明他们很为这些接受培训的学员着想，让人感受到他们工作的周到、细致；二是提交反馈表后，将会得到一份礼品，说明他们对被调查者的感激。的确如此，被调查者的观点是改进培训的最直接的意见，是对培训的帮助与支持，被调查者也会更重视、更配合调研。

（三）主体部分

问卷的主体部分，是按照调研目的和内容设计，逐项列出调研的问题，是调研问卷中最重要的部分。这部分内容的好坏直接影响整个调研价值的高低。

问卷主体部分所设计的问题，量要适宜，不宜过多，也不能太少，问题的设计要紧扣调研主题和调研者所期望获取的信息的核心。

问卷主体部分的设计，有较高的技术要求，将在下一模块中重点讨论。

（四）被访者基本情况

被访者的基本情况，也称人口统计变量，是分类分析的基本控制变量，主要是填写调研对象的年龄、性别、民族、职业、单位、所在地区等要素，便于调研者在后续的数据统计分析中，做一些对比或差异分析。

该部分内容，一般适宜放在问卷的末尾。如果基本情况没有涉及过于隐私的信息，也可以放在问卷"开头部分"后面，"主体部分"前面。

例："中国会展经济研究会《新冠肺炎疫情期间地方扶持企业政策实施落实情况问卷调查》"基本信息搜集：

基本信息：

1. 企业名称

2. 公司所在地

3.企业所属会展行业类型

○ 会展主办企业（机构）

○ 展览场馆企业

○ 会展服务企业

4.企业展览行业类型

○ 境内展

○ 出境展

5.行业种类

○ 私营企业

○ 外商投资企业

○ 联营企业

○ 集体企业

○ 其他

6.企业规模

○微型企业（从业人员≤10人或资产总额≤100万元）

○小型企业（从业人员≥10人且资产总额≥100万元）

○中型企业（从业人员≥100人且资产总额≥8000万元）

○非中小微企业（从业人员超过300人或资产总额大于120000万元）

　　基本信息的搜集，是为了后面统计数据，做具体的分析。从序号看，基本信息搜集的各项内容与后面的具体问题连在一起，基本信息放在具体问题前面。收集哪些基本信息，要看调研的需要，如想要了解政策对中小微企业的支持情况、对大型企业的支持情况，那就要列写企业的规模，且要清楚地界定什么是"微型企业"，什么是"小型企业"等等，便于企业正确填报。

　　例："杭科院第八届读书节开幕式宣传效果调研问卷"基本信息搜集

请问您所在的学院是：

○A.城建学院

○B. 机电学院

○C. 信息学院

○D. 艺术学院

○E. 工商学院

○F. 旅游学院

○G. 教育学院

请问您的年级是：

○A. 大一

○B. 大二

○C. 大三

○D. 其他 _____

请问您的性别是：

○A. 男

○B. 女

（材料来源：杭州科技职业技术学院旅游学院会展专业"会展调研"课程作业，1901班万朗组）

这是一个针对以学生为主体的读书节开幕式宣传效果调研，想要了解不同学院、不同年级、不同性别的同学（和教职员工）的反响，以及他们的关注程度，所以就列了这样几项，以便做好分析，为后期各项子活动的推广提供信息和建议。这份问卷基本信息的搜集放在前面，不标注序号。序号从后面的问题开始标注。

（五）结束语

1.周密式结束语：对被访者的合作再次表示感谢，以及关于不要填漏与复核的请求。这种表达方式既显示访问者首尾一贯的礼貌，又督促被访者填好未回答的问题和改正有差错的答案。

例："为了保证资料的完整与翔实，请您再花一分钟，看一下自己填过的问卷，是否有填错、填漏的地方。谢谢！"

2.礼仪式结束语:表示再次感谢,或者表示欢迎再次参加活动,等等。

例:对于您所提供的协助,我们再次表示诚挚的感谢!

例:最后,衷心祝愿您在杭州度过愉快而美好的时光,留下深刻而美好的记忆! 杭州欢迎您!

(材料来源:《"文化:可持续发展的关键"国际会议调查问卷》)

(六)编码

问卷编码是问卷资料数码化,即将问卷中词语或句式回答转换成便于分析和计算机识别的代码的过程,即将调研问卷中的调查项目以及备选答案给予统一设计的代码。一般情况都是使用数字代号系统,便于进行计算机处理和统计分析。尤其在大规模问卷调研中,调查资料的统计汇总工作十分繁重,借助于编码技术和计算机,可以大大简化这一工作。

编码既可以在问卷设计的同时就设计好,也可以等调研工作完成以后再进行编码。前者称为前编码或预编码(precoding),后者称为后编码(postcoding)。在实际调研中,常采用预编码。当然,初学者也可采用后编码。

通常,问卷中的问题有两类,一类是封闭式问题,即在提出问题的同时,列出若干可能的答案供被调查者选择;另一类是开放式问题,即不向被调查者提供回答选项的问题,被调查者使用自己的语言来回答问题。封闭式问题,调研者事先是知道答案范围的,像性别、学历、所在地区等,事先就可以编码;还有如:

2020 年,贵公司会奖采购中,除常规项目如餐饮、住宿、交通外,其他需求最大可能的是哪一项?

A.会后旅游　　　B.会议技术及设备

C.团队建设　　　D.特色体验　　　E.演出　　　F.其他

除了 F 其他项,A、B、C、D、E 项事先就可以编码。

A 项,会后旅游……………1

B 项,会议技术及设备………2

C 项,团队建设……………3

以此类推。

或者可以：

2020 年,贵公司会奖采购中,除常规项目如餐饮、住宿、交通外,其他需求最大可能的是哪一项？

1.会后旅游　　2.会议技术及设备　　3.团队建设

4.特色体验　　5.演出　　　　　　　6.其他

"其他"项的具体内容,可能回答不尽一样,需要进行归类,进一步编码。

对于开放性问题,被访者需要用文字来叙述自己的回答。问卷回收后,这些答案不能马上录入电脑,需要后期人员对其进行"再编码",即后编码。

二、调研问卷设计的技术

调研问卷的主体部分由若干个问题构成,是问卷的核心部分,每个具体问题的答案,都是为了向调研者提供所需信息。在设计问题时,通常要考虑问题的内容、类型、格式、措辞和顺序等。

一些需要甄别调研对象的问卷,可以设计甄别的问题,如对杭科院读书节的调研,需要甄别是本校的学生,还是其他学校的学生。

有特别需要的调查问卷,在需要确认调研对象是否符合要求时,可以设计一些甄别问题充当开头的问题。甄别问题是先对被调查者进行过滤,筛选掉不需要的部分,然后针对特定的被调查者进行调查。

例:《×××学院会展专业学生毕业期望调查问卷》,调研者设计的一个甄别问题是:

1.毕业后你打算:

A.就业(包括自主创业)　　　　B.升学

C.在家等待　　　　　　　　　　D.没想过

回答该问题后,提出:"选择就业的,继续完成 2—8 题";" 不选择就业的,继续完成 9—15 题"。

(一)问题的内容

调研问卷中的问题一般涉及有关事实、看法、态度和知识等内容。通常依据其内容将问题分为事实性问题和主观性问题两大类。

事实性问题主要是为了搜集有关调研对象的环境、个人信息、经历、习惯和行为等客观信息而设。

例：您通过何种方式得知本次博览会信息？

☐ 会议官网　　　☐ 自媒体信息　　　☐ 电话通知
☐ 往届参会　　　☐ 业内介绍

例：贵公司过去一年会奖采购的主要渠道是？

A. 线上网络平台　　　　　　　B. 人工问询/线下采购
C. 合作伙伴推荐　　　　　　　D. 自有供应商数据库
E. 其他

主观性问题主要涉及调研对象的信念、态度、感觉和看法等主观体验。

例：您认为举办会奖旅游大讲堂活动合理的时间是：

A. 周二下午　　　B. 周五下午　　　C. 晚自修时间　　　D. 周末

(二)问题的类型

根据所设问题的结构和答案的形式，分为封闭式问题、开放式问题和量表应答式问题等种类。应该注意的是，在实际调查中，几种类型的问题往往是结合使用的。问卷设计者可以根据具体情况选择不同的提问方式。

1.封闭式问题。封闭式问题适合自填式问卷。调研者事先设计好的一组备选答案，可以是单选，也可以是多选，调研者对该问题是单选还是多选，应有所提示。这类问题由于答案标准化，不仅回答方便，而且易于进行各种统计处理和分析。

封闭式问题所设计的备选答案，应包括所有可能的答案供调研对象选择。因此，这类问题的设计，受设计者的知识水平、思维定式的影响和限制较多，采用这类问题无法发现鲜为人知或意想不到的看法，而且设计有效选项的工作量较大。

一份科学的封闭式问题设计，原则上应该通过试测，并且在试测后进行项目分析，剔除未达到显著水平的问题，构成一份新的问卷。但是，在实际会展活动的调研中，很少有人先试测，再正式施测。因此，调研人员在设计问题的过程中，要客观分析，深入思考，预设所需要获取的信息，力求问题设计的

科学性、有效性和代表性。

封闭式问题的答案设计方法主要有以下几种：

（1）单项选择题。单选题的答案是唯一的。其优点是答案分类明确，但排斥了其他答案可能存在的缘由。

例：2020年，贵公司拟举办的会议及奖励旅游活动的举办时间预计是几天？

A. 1天　　　　　B. 2天　　　　　C. 3天　　　　　D. 4天
E. 5天及以上

例：贵单位2019年实际举办会议活动数量？
A. 10次及以下　　B. 11—20次　　C. 21—50次　　D. 51次及以上

（2）多项选择题。多选题的答案是多项的。其优点是可以较多地了解调研对象的态度和对调研问题的全面理解，但统计会比较复杂。

例：2020年，贵单位拟在哪三个主要城市举行社团活动？
A. 北京　　B. 上海　　C. 广州　　D. 青岛　　E. 郑州　　F. 天津
G. 南京　　H. 苏州　　I. 杭州　　J. 三亚　　K. 宁波　　L. 其他

（3）是非题。是非题的答案简明清晰，但只适用于不需要反映被调查者态度的问题。

例：您在参加本次读书节开幕式之前是否了解过本次读书节？[单选题]。
A. 是　　　　　B. 否

例：请问您会参加下一届培训活动吗？
A. 会　　　　　B. 不会

（4）混合式选择题。即将封闭式问题与开放式问题结合起来设计提问的一种形式。

1. 例：本届展会设立"放飞梦想"大学生电商创业大赛，有利于：（多选题）
□学生的创业　　□学校人才培养工程的实施
□发现人才　　　□发现好的项目

□其他_____

(5)排序式选择题。要求被调查者把列出的各个选项按其重要性或时间性标准的顺序排列出来。

例：影响贵公司会议目的地选择的因素？请按照重要的程度列出顺序。

A. 交通便利性　　　　B. 场馆与会议设施条件　　　C. 服务水平

D. 场馆及酒店价格水平　E. 旅游资源的丰富程度　　F. 气候特点

G. 城市形象与环境　　　H. 会奖政策　　　　　　　I. 其他

这种题目，在众多选项中，能够看出被调查者对选项的看重程度，但统计相对麻烦一点。

2. 开放式问题。不提供事先设计好的答案供被调查者选择，而是让被调查者用自己的语言自由回答。开放式问题有以下两类：

(1)开放式文字题。

开放式文字题使被调查者能够用自己的语言自由地表达任何观点，可以提供对某一现象、行为、态度的丰富认识，因此在探索性调研中非常有用。

例：您希望下届行业专题研讨会增加哪些主题？

例：请您谈一谈目前贵校"会展策划与管理"专业存在的问题与解决方案。

例：您认为"云"上会议会取代线下会议吗，为什么？

例：本次大会有哪些体验活动让您印象深刻？

它的优点是，能获得较有质量的信息，甚至超出调查者的设想。它的主要缺点是：填写、编码和录入较费事；所获答案受被调查者表达能力的影响很大；由于被调查者往往不愿意花费力气将自己的观点写完整，有时甚至跳过去，所以，你要是写太空泛的题目，如"您对本次活动还有其他建议"，大多数读者不会去填写。

(2)开放式数值题。

这类题目要求被调查者自己填入数值，或者打分。

例如：请问您每年旅行的具体次数？

它的主要优点是：所得答案能够详细地描述数据，便于调研人员根据不同标准对被调查者进行分类，为进一步的研究提供详细的数据支持。

3. 量表应答式问题。这类问题是以量表形式设置的问题。量表是用来对主观的、有时是抽象的态度和概念进行定量化测量的程序，是由一组相关

的描述语组成的测量工具。最常用的量表有：

（1）李克特量表。

李克特量表是由美国心理学家 R. A. Likert 设计的，通过被调查者在同意和不同意之间选择答案来设计提问的一种量表。

例：您对本次展会工作人员组织管理水平是否满意？

A. 非常不满意　　　B. 不满意　　　　　C. 基本满意　　　　D. 满意

E. 非常满意

例：本次培训，从收获和对自身工作的价值而言，对您最有帮助的排序是

毫无价值　　无价值　　　一般　　　有价值　　很有价值

会议策划案技能提升与撰写

○　　　　　　○　　　　　　○　　　　　　○　　　　　　○

云上会议技术，"×××"案例分享

○　　　　　　○　　　　　　○　　　　　　○　　　　　　○

会展调研的方案设计

○　　　　　　○　　　　　　○　　　　　　○　　　　　　○

疫情下，如何营造会展生态

○　　　　　　○　　　　　　○　　　　　　○　　　　　　○

需要注意的是，这类问题的选项，每一项之间是等量，不能出现跳跃，如果"A. 非常不满意　B. 不满意　C. 基本满意　D. 非常满意"就不合理，缺少了"满意"一项。

（2）语义差异量表。

语义差异量表是由双极描述词和一条带刻度的线组成，上面标有数字，表示对二端描述词的接近程度，通过调研对象对事物的属性分等选择来设计提问的一种形式。

例：毕业后我愿意做会展营销的工作。

$$\begin{array}{ccccc} 1 & 2 & 3 & 4 & 5 \end{array}$$

完全不是 ├────┼────┼────┼────┤ 完全是

例:×××会展有限公司服务水平

低水平(0)   高水平(100)

0	20	40	60	80	100

开放式数值题和量表应答式问题不需要编码,录入被调查者实际填入的数值即可。

(三)问题内容的设计

1.确定问题的内容。在确定问题的内容时,需要考虑以下三方面情况。

(1)每个问题对所需的信息均应有贡献。

调研问卷需要被调查者花费时间填写,为了得到被调查者的配合,不要太多地影响被调查者,往往会控制答题的时间,所以一份问卷,一般题目不会太多,10—20 个之间,除非有特殊的用途,题量会大一些。所以,调研的每一个问题都要围绕调研目的,使它对所需的信息有所贡献,而不是偏离调研目的。如调研读书节的效果,问题:"读书节子活动的各项通知是否及时?"它看似与活动效果有关,但不是直接指向活动效果的,因为通知及时了,可能参与人能准时到达,但准时到达活动现场,未必活动效果就好。当然,连通知都不及时,活动就无从谈起。一般这种题目不适宜。

(2)每个问题被调查者都应拥有必要的信息。

许多看似简单的问题其实并不容易回答。因为这些问题经常超出被调查者的记忆能力。例:"您最喜欢 2020 中国国际动漫节活动的哪个项目?"这时,适当的提示有助于被调查者对活动事件的回忆。比如可以列出有关动漫节主要活动项目名称,这些项目名称可以作为问题的选项,让被调研者填写。这类问题,由于选项会较多,在列出主要选项后,往往要结合开放式问题的设计,增加一个"其他"选项。

(3)每个问题调研对象都应是愿意提供的信息。

要尽量为调研对象着想,使问题容易回答,避免回答尴尬问题或过于隐私的问题。例:"贵公司参加本次展会预计会有多少订单或交易额?"此类问题,参展商一般不是很愿意透露,而且也的确不容易估计,要到展会结束时,才会有数据。

2.注意问题的措辞。确定问题的措辞是一项非常关键,也是存在困难最

多的工作。如果用词不当,调研对象可能拒绝回答或由于对问题的理解错误而给出有严重偏差甚至是误导的结果。因此,要采用六要素明确法来准确定义问题,即何人(who)、何地(where)、何时(when)、做什么(what)、为何做(why)、如何做(how)这六个要素。如果问卷设计者在提问题时考虑了这六个要素,那么问题的明确性就会提高很多。

同时,在设计问卷措辞时,尤其要注意以下几点事项。

(1)问题和选项的选择要具有唯一性,应避免在同一个问题或问题的选项中混杂着两个甚至多个变量,避免调研对象难以做出准确回答。

例:您觉得会展产品的分类?

A.会议　　　　　B.展览　　　　　C.特殊活动　　　　　C.赛事

问题答案选项 C 和 D,是一种包含关系,"特殊活动"已经包含了"赛事"活动,所以,就不合适。

(2)措辞要意义明确,不使用含糊不清的词,避免用词不当,同时应避免使用专业术语、俗语和缩写词等。

例:"请问您家庭的恩格尔系数是多少?"

这个问题过于专业化了。

例:"您认为此次云上会议的质量如何?"

该问题中的"质量",太笼统,太宽泛,是指会议内容质量、播放的画面的清晰度,还是指声音效果?会让受访者无从下笔。即便填写了"好"或者"不好"一类的答案,所给的信息也是不明确的。所以,题目的指向一定要清楚、明确。

(3)避免诱导性提问。这类提问会人为地增加某些回答的概率,从而产生偏误。因为带有诱导性的提问容易使无主见的回答者依循调研人员的倾向性回答问题。最好采用中性的提问。

例:"您是否同意普遍认为本次大会的附设展览办得很好的观点?"

"普遍""很好"这个词就给调研对象以暗示。这样的问题将容易使调研对象因引导性提问得出肯定性的结论或因反感此种问法简单得出结论,这样不能反映展会观众对展会上的商品的真实态度和看法,所以产生的结论也缺乏客观性,可信度较低。

(4)避免抽象性提问。抽象概念的提问一般较难回答。问卷如果必须涉及抽象概念的提问,最好给出一些具体的看法,让回答者仅回答赞成与否。

例：在回答"您喜欢什么样风格的开幕式活动？"时，许多调研对象可能无法找到合适的措辞，是民族风格？庄重的风格？热烈的风格？雅致的风格？时尚的风格？乡村的风格？……或者无从回答，或者回答非常分散。

因此，应当向调研对象提供必要的帮助，比如图片、文字描述等，帮助他们准确地理解问题的含义和清楚地表述其答案。再如，让调研对象自己列出所喜欢的风格，不如提供一组上面打钩方便的选择答案，让调查对象明白调查者的意图。

(5)避免敏感问题。对于敏感问题，如涉及政治、社会规范、伦理、个人隐私等敏感信息的问题，调研对象可能会拒绝回答或者提供不真实的答案。对于敏感问题，可以采用以下技巧：

一是将敏感问题放在问卷的最后。这时调研对象已经答完了大多数问题，更愿意做最后的能力题，完成整个问卷。即使调研对象拒绝回答敏感问题，也不会影响他对其他问题的回答。

二是用第三人称方法提问。例如："你觉得参会者会考虑旅游活动的价格吗？"而不是直接问"你会考虑旅游活动的价格吗？"这样比较婉转。

三是将问题隐藏在一组调研对象愿意回答的问题中。

四是提供答案的类目而不是直接问具体的数字。例如，请调研对象在适当的月收入档上选择：5000元以下，5000—9999元，10000—19999元，20000—29999元，30000元及以上，等等。

另外，对敏感问题，应充分强调保密性，并多用假定法来提问，以提高问卷的回答率。

(6)避免问题与答案选项不一致或匹配度不高。

例：您因何种原因到××艺术博览会观展？

A. 地理位置　　　B. 时间空闲　　　C. 展品价格　　　D. 体验活动

E. 名人作品　　　F. 友人推荐　　　G. 轻松自在　　　H. 喜欢艺术

该答案选项的设计，有几个(如A、B、G)与问题的匹配度不是很高。调研对象的回答，较难达到调研者所需要获取的信息的期望值。

(7)问题的设计，尤其是答案选项的设计，要讲究一定的艺术性，避免对调研对象产生刺激而使其不能很好地合作。

例：下面两组问句：

您没有参加培训会的原因是什么？

A. 没有名人   B. 没有钱

C. 没有时间   D. 其他,请填写:

您没有参加培训会的主要原因是什么?

A. 培训内容不够实用   B. 培训费用偏高

C. 时间冲突   D. 其他,请填写:

显然,后一组的问题和选项的设计比较有艺术性,能够促使调研对象愉快地合作。

3.确定问题的顺序。问题的排序通常遵照由浅入深、由易而难、从简到繁的原则进行,同时考虑问卷的格式、问题的类型、难易程度、逻辑性及调研对象的思维习惯。

(1)符合问卷的格式要求。

一般来讲,应该先安排主体部分的问题,即先问与调研问题直接相关的基本信息,这部分信息最为重要,应该优先获取;其次是安排背景部分的问题,即用于对调研对象分类的信息和标识信息。当然,在实际操作中,为了统计数据的需要,背景部分的调研对象的基本信息也很重要,因此,也不乏将此部分内容置于问卷前面的做法。

问卷的开头对于营造一个良好的气氛、赢得调研对象的信任与合作至关重要,开头的问题应该有趣、简单。在需要确认调研对象是否符合要求时,可以设计一些甄别问题充当开头的问题。

例:1.贵机构是第几次参加中国国际服务外包交易博览会? _____

2.您通过何种方式得知本次博览会信息?

□会议官网   □自媒体信息   □电话通知   □往届参会

□业内介绍

(2)考虑问题的类型和难易程度。

客观事实方面的问题应该放在前面,困难、敏感、复杂、枯燥的问题以及主观方面的问题应放在靠后的位置,在调研对象开始认真参与之后,他们对这些问题的抵触较小。应该先封闭式问题,后开放式问题。开放式问题因要被调查者手写,既费时又费力,若安排在最前面,那么调研对象容易放弃。

(3)考虑问题之间的逻辑关系和相互影响。

调研者要考虑被调查者的思考习惯和思维逻辑,应将问题按时间顺序、性质或类别来排列。

例:1.您参加了哪几个行业论坛?

2.请您选出您最喜欢的三个行业论坛。

3.您希望下届行业论坛主题如何设置?

这几个问题显然是有逻辑顺序的,先回答第一个,再紧接着回答第二个、第三个。

同时,诸多问题中间的过渡和衔接要连贯和自然。比如,与同一主题相关的所有问题应当放在一起,避免大幅度地跳跃。

例:假设有关千岛湖秀水节的一份调研问卷,几个问题的排序如下:

1.您知道千岛湖秀水节吗?

2.您获知有关千岛湖秀水节的途径是什么?

3.您喜欢秀水节的什么项目?

4.您会选择哪种旅游方式来千岛湖秀水节?

5.您希望千岛湖秀水节在哪些方面需做得更好?

6.您希望千岛湖秀水节应再举办一些什么项目的活动?

上述6个问题的内容没有进行主题归类,前后顺序有所跳跃。问题1、2、4是有关如何获取秀水节的信息、如何参加秀水节,可以归为一类;问题3、6是有关秀水节的项目活动,可以归为一类;问题5是一个开放式问题,可以放在最后。因此,上述6个问题的顺序可以调整为:1—2—4—3—6—5。

例:假设一份会议活动的调研问卷几个问题的顺序:

1.您对本次大会的总体评价是否满意?

2.您对本次大会举办的环境满意吗?

3.您对本次大会的现场管理满意吗?

4.您对本次大会演讲嘉宾的演讲内容是否满意?

5.您认为本次大会最让您感到满意的是哪方面?

6.您对本次大会的体验活动安排满意吗?

问题1是对大会总体满意度的评估,问题2、3、4、6是具体项目的满意度评估,而问题5是举出"最满意"的方面,也就是本次令参会者记忆最深刻或者是感觉最有亮点的方面。这样的话,一般先放具体方面的满意度评价问题,

在此基础上放评价"最满意"方面的问题,最后以总体问题结束。具体方面的问题有四个,要考虑先后顺序:作为会议,演讲内容最为重要,这是内容为王的时代;体验活动是会议的有机组成部分;会议的现场管理较重要,它直接服务于大会,为大会做保障;当然,环境也是与会者参会的因素之一。因此,建议顺序:4—6—3—2—5—1。

(四)设计问卷的外观

问卷的外观设计,对于吸引调研对象的注意和引起其重视有一定影响,这对于自填式问卷尤为重要。一份好的问卷不仅内容上要清楚地体现调研目的,有一定的逻辑性,同时外观也要美观整齐大方,让人看起来舒服,从而提高调研对象的支持和配合效果。

1.问卷的布局。问题的格式、间隔和位置、字体、颜色都会对调研结果产生影响,因此需注意以下几个问题:

(1)一般每个问题都要有序号。

(2)尽量对每个问题的答案进行预编码。

(3)问卷中所有问题的选项排列方式要一致,所有序号类型要统一。

(4)每一问题和问题的备选答案应该放置在同一页面上,不要将问题和答案选项分开。如果分开,通过行间距设置等方式来调整页面。

(5)问卷的字体应该大而且清晰,建议将题干的字体加粗。页面的排版应相对宽松,不能显得拥挤,同时留足答题空间,不能让调研对象产生读题的视觉疲劳。

(6)问卷的背景颜色、文字颜色应不影响问卷的清晰度。

2.问卷纸张和印刷质量。问卷所使用的纸张应该质量上好、美观、专业,并易于书写,不宜使用过于光滑或厚重的纸张。质量上好易于书写的问卷,能突显出调研项目的重要性,从而使调研对象更愿意认真配合。

3.问卷的式样。普通问卷,一般用A4纸(所以,题量不能太多,以10—15题比较适宜)。

较长的问卷应该采用小册子的形式,而不是简单地将多页问卷订在一起,这样不仅美观,还易于携带、填写、回收和汇总。

(五)问卷定稿和实施

问卷的草稿完成后,一般要进行预先测试。对问卷中存在的错误解释、不连贯的地方等不完善之处进行修改,然后定稿并组织实地调研。

【实践操作】

以小组为单位,进行调研问卷的设计(任选一题):

1.结合校内的会议活动,设计一份会议调研问卷(前期信息调研和后期评估调研均可)。

2.结合本市所举办的某次展览会,设计一份适用于实地调研的问卷。

3.结合校园某节事活动,设计一份调研问卷。

【注意事项】

1.调研问卷的要素要齐全。标题、开头部分、问题部分、结束语等,都应该是完整的,并注意礼貌用语。

2.调研问卷问题的设计,针对性要强,紧紧围绕调研目标,体现调研者所想获取的信息取向。

3.调研问卷的问题数量一般不宜过多,10—15 题。

4.注意排版,做到布局合理。

参考案例 29

会展企业采购情况调查(一)

为了有效推动行业内采购部门建立及完善,特通过一系列调查来完成相关分析,以便精准施策。感谢您协助,烦劳抽1—3分钟时间,完成下列调查题目,不胜感激。

此次调查问卷仅限会展行业内人士,感谢您理解与支持!

1.您所在企业所在地

请选择 ✓

2.您所在企业性质

请选择 ✓

3.您目前工作岗位

请选择 ✓

4.您所在企业是否设专职采购人员？

○是

○否

5.您对所在企业专职采购人员专业程度评价

很不满意 　　　　　　　　　　　　　　　　　很满意

○　　　○　　　○　　　○　　　○

6.您所在企业是否设独立采购部门？

○是

○否

7.您所在企业专职采购人员是否参与会展项目采购？

○是

○否

8.您所在企业专职采购人员是否拥有采购决策权？

○有

○无

9.您所在企业采购决策权归属谁？

○ 总经理

○ 分管领导

○ 业务(项目)部门领导

○ 业务(项目)经理

○ 其他

10.会展企业设置专职采购人员您认为有无必要?

○有

○无

提 交

（材料来源:杭州市会议与奖励旅游业协会举办的 2019"MICE 英才计划",罗泽润"行业发展下的会展采购"课程）

参考案例 30

2019 中国会展行业教育调查（学生版）

中外会展杂志社现对全国会展行业人才情况进行抽样调查,以反映行业真实业态,用于编写《2018—2019 中国会展教育调查报告》。报告将于 2019 年 7 月 4 日第九届中外会展项目合作洽谈会之会展教育论坛发布。填写者可免费获赠纸质版报告一本。

1.机构名称（可不填）:

2.所在城市

3.就读类别（博士、研究生、重点本科、一般本科、大专等）

4.选择会展专业的原因是什么?

5.您认为学校会展教育中比较有用的课程包括:

6.您认为学校会展教育中缺失的板块包括:

7. 是否参加过或计划参加会展实习?

8. 实习的工作内容是什么? 时长大约为多久?

9. 通过实习,发现比较欠缺的能力或素质是什么?

10. 未来打算从事会展业吗?

○是

○否

○不知道

11. 原因是什么?

12. 比较希望在哪些单位工作?【多选题】

□会展主办方

□场馆

□设计搭建等服务领域

□都可以

□看谁录取我

13. 就业 3 年后的期望薪资和第一年的期望薪资分别是多少?

14. 如果暂时找不到会展相关工作,还会优先考虑哪些行业?

15. 你觉得会展业的发展前景如何?

○大有前途

○不佳

○一般

○不知道

16.原因是：

提交

（材料来源：https://www.wjx.top/jq/40970432.aspx）

■ **参考案例 31**

9.2019 杭州"mice 英才计划"调查问卷

■ **参考案例 32**

10.新冠肺炎疫情期间地方扶持企业政策实施落实情况问卷调查

■ **参考案例 33**

11.2015 中国国际电子商务博览会——校企对接洽谈会与会人员调研问卷

■ **参考案例 34**

12. 2015 中国国际电子商务博览会参展商调查问卷

項 目 三
会展调研访谈提纲设计

学习目标

【知识目标】

◆理解访谈提纲的作用。

◆认识访谈调查与问卷调查的联系与区别。

◆掌握访谈提纲的设计要素。

【技能目标】

◆掌握调研访谈提纲设计的基本格式。

◆能够设计调研访谈问题。

◆合理分配访谈样本量。

【训练路径】

以小组为单位,设计一份会展调研项目的访谈提纲。

【工作任务】

结合真实会展活动,以小组为单位,根据调研目标,设计会议、展览会或

第二编 实务

者节事活动调研访谈提纲。

参考案例 35

13. 访谈提纲的设计（视频）

【相关知识】

一、撰写访谈提纲的作用

（一）确定访谈的必要性

在撰写访谈提纲前，首先确定访谈的必要性。一般需要从三个角度来考虑：

1. 为何要进行调研访谈？

2. 如果已经有问卷调研和其他调研，调研访谈和它们是什么关系？

3. 通过调研访谈想要获取什么信息？

需要获得深度、准确的意见时，我们需要进行调研访谈。通过对少量的专家、参展商、观众、参会者等人员进行调查和分析，来保证我们的调研具有深度，做出的决策更加科学、合理。

问卷调研，便于数据统计，往往要进行定量的分析。如果我们了解读书节的几个子活动，问卷统计，我们知道各个活动参加人数的多少（定量分析），但是我们不知道为什么这个活动参加人数多，为什么那个活动参加人数少。选择读书节活动的参加者，对他们进行采访，询问他们为什么参加这个活动，为什么不参加那个活动，或者为什么不继续参加某个活动，找到原因（定性分析）。也就是说，定量的调研分析能够帮我们知道怎么了（定量），但是不知道为什么（定性）。

获取什么样的深度信息：其他调研所不能及的信息，如深层原因、趋势判断、宏观和微观预测、专业意见、可以与其他信息进行交叉验证的信息等等。

（二）撰写访谈提纲的作用

撰写访谈提纲，是使访谈调研更具有操作性，使访谈获得应有的效果：

    1.明确访谈调研的目的。只有目的性明确，访谈的问题才不会走偏。

    2.围绕目的，设计有指向性、有深度的访谈问题，针对性强。

    3.找到合适的访谈对象。

    4.做好访谈的充分准备。

二、访谈提纲的要素

1.调研项目的概况。

简要介绍访谈调研项目的概况。

（如：杭科院第八届读书节活动期待调研）

2.访谈的目的。

访谈的目的一定要明确，它是访谈的出发点和归宿点。如果与其他的调研方式相配合，更需要说明访谈要达到的目的。

（如：通过访谈，了解主办方、活动参与者对活动的需求、期望，为承办方的策划提供有价值的信息。深入了解主办方对活动主题、活动形式、活动效果的期待；深入了解师生对活动主题、活动形式、活动时间的期待。）

3.访谈对象。

（1）应考虑受访者的代表性；受访者所知晓信息的独特性，全面性；受访者的见识；受访者需要同质化，还是差异化。如意见领袖，专家、会议演讲人、重点客户、赞助商、活动参与者（活动的潜在参与者）等。

（如：主办方：图书馆负责人；参与者：教师，不同学院的学生代表）

（2）确定访问对象人数。

（3）确定对访谈对象进行约定访谈还是随机访谈。

4.访谈问题的设计。

这是整个访谈提纲的核心，问题设计关系到采集信息价值的高低。

（如：在疫情防控期间，读书节的主题在继承的基础上，期待有什么样的创新？

为了防控疫情，读书节采用线上＋线下的模式，是否接受？

请你谈谈对读书节活动趣味性、体验性的希望等等。对图书馆负责人、

图书馆读书节活动负责人、老师的采访最好预约。)

5.访谈的方式、时间、地点。

访谈的方式有面谈、电话访谈、视频访谈等。能够面谈的,尽量采用面谈的形式,比较亲切,取得相互信任。访谈比较自由、放松,能将访谈不断推进。

选择合适的时间和地点,保证访谈双方能敞开心扉,有充裕的时间,不受干扰。

(如图书馆负责人办公室,教师办公室,比较安静的地方。)

6.访谈需要的工具。

笔记本、笔、录音笔等。

采用录音笔记录,应该事先征得受访者的同意。

三、访谈问题的设计

一般性问题和深入性问题。

1.一般性问题就是了解对会展项目与活动的一般的观点、态度、感受、评价。

- 活动举办的时间是否合理?
- 活动举办的地点是否有特色?
- 活动是否具有创新性、趣味性?

2.深入性问题往往是我们每次调研需要解决的问题。

- 读书节活动已经举办七届,保留了哪些传统项目? 创新了哪些项目? 创新这些项目的依据是什么?

- 本届创新的活动项目有什么特点?
(体验性、时尚性、趣味性、文化性等)

- 您认为××项目参与度低的原因是什么? 设计时是否设想到了? 下一届如果还有这个项目,可以做哪些完善?

参考案例 36

访谈、走访 Interview/Conversation/Talk

互联网十外贸论坛客户拜访访谈问题列表

1.宏观篇。

(1)请问您觉得2017—2018年的一般外贸进口形式如何？跨境电商进出口又如何？

(2)人民币美元汇率预期如何？对外贸会有哪些影响？

(3)川普政府对中美外贸是否有短期和长期的不利影响？

(4)去产能、产业转移、美国制造业回流、地产泡沫是否会带来产业空心化？对外贸产生何种影响？

(5)一般贸易和跨境电商的看法:并行,或者合流,还是竞争下互补？

(6)在您的行业,外贸面临的最大问题是什么？

(7)在您的行业,积极谋变的过程之中,有哪些标杆企业做得比较好？

(8)马云所说的五个新,新零售、新制造、新金融、新技术、新资源是否对外贸行业有吸引力？

(9)珠三角和长三角哪些其他城市在外贸环境方面走在大胆试验的前列,值得学习？

访谈、走访 Interview/Conversation/Talk

2.实践篇。

(1)请问新生代外贸人才的培养是不是一个问题？如果有,是什么问题？人才断档、不愿入行、技能迭代缺乏,还是人才管理难？

(2)在互联网时代,传统外贸代理企业是逐渐消失还是转型？转型哪里转？(拥抱平台还是自建平台还是自己建站,还是转行,还是寻求新市场、新产品)

(3)网红和直播是否能够为跨境电商带来借鉴和新意？

(4)大宗商品B2B电商究竟行不行？究竟是纯渠道问题还是技术问题？

(5)2017年跨境电商行业最大的问题是什么？

(6)阿里提出的"智慧外贸""新外贸",有新意吗？还是"新瓶装旧酒"？如果有新意,是什么呢？

(7)您如何看待人工智能技术的线下零售商店 Amazon Go 的零售购物场景,这是未来的发展方向吗？业内是否关注？

(8)亚马逊制造对行业有何启示和借鉴？还是一个噱头？

访谈、走访 Interview/Conversation/Taik

3.论坛篇。

(1)您觉得互联网＋外贸论坛举办两年以来,下一步的发展方向是什么？有哪些需要提高的地方？

(2)您觉得论坛是否要结合一个培训？ 如果结合培训,针对您所在的行业,您觉得哪些领域是企业愿意参加的培训？

(3)您觉得论坛是否收取注册费,还是少量注册费？

(4)您觉得论坛是1天还是2天？ 是以实操,还是案例、趋势为主？

(5)您觉得论坛的话题是:以行业、品类为板块？ 还是以区域、市场为板块？ 还是以业务流程为板块分？ 以进出口分板块？ 一般贸易、电商分板块？

(6)您的企业希望以何种方式参与2017年的论坛？ (参会、赞助、演讲、合作、支持?)

访谈、走访 Interview/Conversation/Talk

4.推荐篇。

(1)您觉得外贸领域普遍关心的问题是什么？ 企业最大的痛点和难点是什么？

(2)您觉得今年的行业热点话题是什么？ 风口是什么？

(3)除了阿里、亚马逊等超级企业之外,您觉得本行业有哪些企业是潜力型、成长型标杆企业？ 可否推荐3个代表企业？

(4)如果请您推荐3个论坛演讲人,您愿意推荐谁,TA的专长是什么？

(5)我们论坛招募专家顾问,您觉得哪些人具备专家顾问的资格(资深、有一定的研究、热心公益活动和社交),可否推荐、引荐？

(6)如果请您为论坛设计3个话题,您觉得是哪三个？

(材料来源:中国(上海)互联网＋外贸高峰论坛组委会提供)

【实践操作】

1.以小组为单位,任选一个会议、展览、节事活动的项目,进行访谈提纲的设计。

2.小组进行汇报交流。

3.修改访谈提纲。

4.访谈提纲实际运用于调查活动中。

【注意事项】

1.访谈提纲各要素必须完整,具有可操作性。

2.访谈问题的设计,要注意问题的深度。

参考案例 37

14.杭科院第八届读书节活动效果访谈提纲

参考案例 38

15.一手数字技术,一手集团战略:励展博览全球运营展望

项 目 四
会展调研的方法

学习目标

【知识目标】

◆认识获取一手资料的调研方法。

◆认识获取二手资料的调研方法。

◆认识不同的调研方法的优点与不足。

【技能目标】

◆掌握问卷法,能够运用于实际的调查。

◆掌握访谈法,能够运用于实际的调查。

◆掌握座谈法,能够运用于实际的调查。

◆掌握观察法,能够运用于实际的调查。

◆掌握二手资料查找法,能够运用于实际的调查。

【训练路径】

◆以某一会展活动为对象,确定会展调研的方法。

◆运用 2 种或 2 种以上调研方法开展调研。

◆调研结束后,评析几种调研方法使用的效果。

调研就是要掌握信息,围绕调研目的和调研内容,运用有效的调研方法,提高调查的回应率,获得真实、有价值的信息,提升调查的信度和效度。有一手资料(原始信息)搜集的方法,有二手资料搜集的方法。

模块一 原始信息搜集的方法

【工作任务】

掌握面谈调查法:问卷法、访谈法、座谈法、观察法。

能够选择合适的调查方法,开展调研活动。

【相关知识】

调查人员到现场进行调查或通过电话、邮寄、网络等手段向调查对象进行调查获取的信息,称为原始信息(第一手的资料)。

一、询问调查法

询问调查法又称直接调查法,一般是调查人员以询问为手段,直接从调查对象的回答中获取信息的方法。询问调查法是会展调查运用最多的调查方法。

(一)面谈调查法

1.面谈调查法的分类。

(1)问卷法:这种方法是调查人员按事先拟好的调查表,向被调查者发放问卷,被调查者根据所提的问题,一一做出回答。这种询问方式,内容明确,调查表回收率高,调查结果容易统计处理,如《××市 2019—2020 年展会项目参展企业调查问卷》《××届会议与奖励旅游交易会买家满意度调查表》。这种调查,对问卷的设计要求比较高。

参考案例 39

文化：可持续发展的关键国际会议调查问卷
Culture：Key to sustainable development International Congress Survey Questionnaire

亲爱的嘉宾朋友：

Distinguished guests and friends，

您好！

Good evening！

首先热情欢迎您来到素有"人间天堂"美誉的历史文化名城杭州！我们在美丽的世界文化遗产地西子湖畔，共话"文化：可持续发展的关键"这一主题，并亲身感受了杭州的美丽风光和独特文化。在此，我们真诚地期待您能接受我们的访问，感谢您为杭州的可持续发展奉献真知灼见。

Warmly welcome to Hangzhou, a historical and cultural city renowned as the paradise on earth！We are meeting here by the West Lake, a world heritage，todiscuss the topic of Culture：Key to Sustainable Development，and to enjoy the beautiful landscape and featured culture of Hangzhou. We hereby expect you to take the survey，and thanks very much in advance for your advice on the sustainable development of Hangzhou.

一、您是第一次来到杭州吗？您对杭州的自然环境、人文历史、遗产保护、文化特色等方面留下了哪些深刻而美好的印象？

Is it your first time to Hangzhou？What do you think about the natural environment，historical humanism，heritage protection，and cultural features of Hangzhou？

_____

_____

_____

二、您对本次文化大会的组织服务，印象最深刻的是什么？

Regarding to the organization and services of the Congress，what is the mostimpressive on you?

_____

_____

_____

_____

最后,衷心祝愿您在杭州度过愉快而美好的时光,留下深刻而美好的记忆!

The last but not least，we sincerely hope you would have a very good time during the stay in Hangzhou，and the Hangzhou trip would leave you a sweet and impressive memory!

杭州欢迎您!

Welcome to Hangzhou!

世界文化大会杭州方组委会

Hangzhou Organizing Committee

Culture：Key to Sustainable Development International Congress

2013 年 5 月 15 日

May15,2013

(材料来源:2013 年世界文化大会——文化:可持续发展的关键)

参考案例 40

××市年度展会项目参展企业调查问卷(节选)

1.您认为展会对参展企业拓展国内、国外市场,促进产品内销或出口的效果如何(   )

(1)效果很果较大   (3)效果一般   (4)效果较差

(5)效果很差

2.您认为参加展会的具体成果主要是以下哪些方面? (可多选)(   )

(1)实现销售增和新设备引进

(3)了解展多行业或惑糟悲象

(5)其他：_____

3.展会对提升我市相关行业和产品的整体形象、提高企业品牌知名度（　　）

(1)作用很大　(2)作用较大　(3)作用一般　(4)作用较差

(5)作用很差

4.政府部门支持展会,在调整和优化产业机构、培育我市的支柱产业方面（　　）

(1)作用很大　(2)作用较大　(3)作用一般　(4)作用较小

(5)作用很小

以上两个调查问卷,《"文化:可持续发展的关键"国际会议调查问卷》,主要采用开放式问题,问卷调查的对象是参加世界文化大会的各国和地区、组织的嘉宾,没有采用封闭式的题目,是给嘉宾较大的回答的空间,让他们的识见、观点能够得到灵活、充分地呈现,主办方也能获取更多的信息,但在统计上比较有难度。《××市年度展会项目参展企业调查问卷》以封闭式问题为主,问题的设计围绕参展企业的参展效果、作用等展开,题目角度多样,备选答案完全。这一类的题型,便于回答,也便于统计。

(2)访谈法:是一种个别访问的方式,它不是简单的问询,而是深度访谈。调查者根据访问提纲,选取一部分人员,有重点、有目标地进行访谈,它的询问面相对较窄。这种方式能使被调查者清楚问题的来由,有充分发表看法的机会,有利于双方深入地交流思想,进行广泛或者深入的探讨。有时,调查者还能了解到未被列入调查提纲的重要信息。运用这种调查方式,要求调查人员有较高的沟通技巧,使被访问者愿意在百忙中接受访问,善于启发和引导,访问的问题让被调查者觉得有话要讲,有话可说。

如新冠肺炎疫情下,杭州市会议展览业协会重视调研,举办白马会客厅——中国会展人西湖沙龙专题活动,这是一种非常独特的嘉宾访谈形式,即"云"上访谈。设立一个话题,主持人对嘉宾一一地进行访问(见图2-4-1)。

白马会春厅——第23期中国会展人西湖沙龙专题活动由杭州市会议展览业协会、白马湖国际会展产业联盟发起，从2月2日起每天以线上直播的方式举行，*创新探索会议交流的新形式，在国内率先推出疫情下讨论会展业发展的线上沙龙活动。*

昨日，是西湖沙龙专题活动的线上首秀，邀请了四位行业嘉宾——商务部特聘专家、杭州市会议展览业协会会长郭牧，中国会展经济研究会统计委员会副主任、湖北省会展业商会副会长张凡，杭州城市会展研究发展中心主任郁全胜，中国会展经济研究会副会长、杭州市会议展览业协会常务副会长兼秘书长沈杨根做客白马会客厅，分析交流了在当前形势下，杭州会展业的未来趋势。

首日的直播收获了较高的热度，据统计，本次直播活动观看量(PV) 达到3940人次，观众数(UV) 1,577人，观众来自全国29个省区市，其中浙江观众人数最多有761人，山东、湖北、江苏、上海、广东的观众人数都在50人以上，安徽、北京、河南、江西的观众人数在30人以上。直播观众中，来自微信的访问量占98.5%，评论弹幕数量410条，下面小编为大家梳理了首日直播中嘉宾发言的干货。

图 2-4-1　白马会客厅第一期

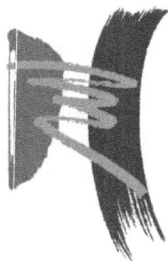

杭州市会议展览业协会标识　　　　杭州会展标识

图 2-4-2　各类会展标识

（3）座谈法：是一种集体访问的方式，也就是开调查会。调查者根据调查的目的，邀请一部分人员进行座谈，大家围绕调查的意图、问题，回答自己所知道的情况，或者发表自己的见解，甚至能够做到相互启发。这种方法，比较集约，能够在较短的时间里获得较多的信息。选择被调查者人数要适当，人员要有代表性。调查者（主持人）身份要合适，善于启发、总结，能够控制会场的气氛。最好事先通知座谈会参加人员，使他们知道座谈的目的要求，相应做一些准备。如杭州西博办趁亚洲展览会议协会联盟（AFECA）2011 年会在杭州千岛湖举办之机，专门召开座谈会，邀请来自 13 个国家和地区的业界专家为"杭州打造国际会议目的地"献计献策，寻找良方。

参考案例 41

协会助力会展企业复工复"展"
（召开工作座谈会）

目前，我市疫情得到有效控制，统筹经济发展和疫情防控是摆在当前的重要任务。为积极推动我市会展企业复工复产，近期，杭州市会议展览业协会组织 10 余家会展企业召开工作座谈会。杭州市会议展览业协会执行会长叶敏出席会议。

会上，叶敏会长听取了杭州市特色展览项目推进的情况及当前面临的现实困难，并提出了合理的解决方案供企业家们借鉴参考。

叶敏会长表示，协会要积极为会员单位服务，疫情下充分考虑会员单位面临的生存发展问题,实实在在为会员单位做实事。他表示,在座的几位企业家反映的情况,代表的是背后一大批会展企业所面临的问题,大家统一思想,既站在会展企业的角度,也站在重振杭州会展经济的角度,协会有信心、想办法帮助会展业积极应对当前面临的困难,会员单位需要协会参与解决的事情,协会定当尽力去做。

(材料来源:杭州市会议展览业协会 2020 年 8 月 25 日)

这一工作座谈会,实际上是一个调研座谈会。协会领导开门问询听取意见,通过座谈了解企业的困难,帮助受疫情影响的会展企业在危机中寻找契机。

会展调研小知识

焦点小组 Focus Group

适用什么情况:就某一特定的问题,需要高效地获得多样化、深度的专业意见之时(一定要聚焦)。

获取什么样的深度信息:意见、预判、评审等。

什么时候:成本比较高,国外都是请第三方完成的。

多大容量:6—12 人,一般 6 人比较合适,有一个主持人,如果可能每个会议做 1—2 场为好。

对谁进行:差异化的组成,以便获得交叉意见。

难点:对策划准备的压力大,无异于一次小型活动的准备。

类似的方法:举办专家小组咨询会。

结论:要形成正式的报告。

(材料来源:31 会议研究院副院长杨正)

会展调研小知识

头脑风暴法

头脑风暴法(Brain storming),由美国 BBDO 广告公司的奥斯本首创。该方法主要由价值工程工作小组人员在正常融洽和不受任何限制的气氛中以

会议形式进行讨论、座谈,打破常规,积极思考,畅所欲言,充分发表看法。(王学文:《工程导论》,电子工业出版社,2012)(百度百科)

采用头脑风暴法:组织群体决策时,要集中有关专家召开专题会议,主持者以明确的方式向所有参与者阐明问题,说明会议的规则,尽力创造融洽轻松的会议气氛。一般不发表意见,以免影响会议的自由气氛。由专家们"自由"提出尽可能多的方案。

(材料来源:百度百科)

不足之处:思维容易受到他人影响。

头脑风暴法非常适用于会展的有创意性的事项、活动,如会展目的地的创建、项目活动创意、主题设计等,都可以运用这一方法进行调研。不足之处是思维容易受到他人影响。

会展调研小知识

德尔菲法

德尔菲是 Delphi 的中文译名。美国兰德公司在 20 世纪 50 年代与道格拉斯公司合作研究出有效、可靠地搜集专家意见的方法,以"Delphi"命名。

德尔菲法本质上是一种反馈匿名函询法。其大致流程是:在对所要预测的问题征得专家的意见之后,进行整理、归纳、统计,再匿名反馈给各专家,再次征求意见,再集中,再反馈,直至得到一致的意见。其过程可简单表示如下:

匿名征求专家意见—归纳、统计—匿名反馈—归纳、统计……若干轮后停止。

(材料来源:百度百科)

德尔菲法调查精准度高,成本也高,适合未来写专业报告的调研。不足之处是因为几次征求专家意见,调查时间长,效率较低。

2.面谈调查法的优点与不足。

(1)优点。

◆真实性强。由于是对被调查者做直接的访问,尤其是在现场,被调查者把最直观的感受表达出来。调查者还可以根据被调查者的表情、语气、肢体语言,进一步了解到被调查者的心理,掌握其真实的想法。

◆效率高。直接面对被调查者,从发出信息到反馈信息,效率很高。问卷调查现场填写,回收率高;面对面的访问,事先约定或趁着访问者的会展工作空隙进行,避免了拒绝回答的情况,有利于及时记录访谈的内容。

◆偏差小。问卷调查与面谈调查相结合,对情况的掌握有面有点,因此,情况掌握会比较全面,不太可能出现偏差。在问卷调查的过程中,被访问者对问题有不清楚的地方,调查者能够当面做出解释。访问或座谈中,调查者与被调查者双方的沟通较多,能够控制理解上出现的误差。

(2)不足。

◆费用高。要安排相当数量的调查者到会展的现场进行调查,调查人员的培训费、报酬、交通费用等,都是一笔不小的开支。

◆易受调查人员的影响。调查者的引导、启发,一方面能诱导被调查者顺着调查者的问题回答,并逐步深入,但另一方面,也会受到调查者思想的牵引。另外,被调查者有时会碍于面子,说成绩、说好处、说亮点多,容易掩盖一些问题。

(二)邮寄调查法

1.邮寄调查法。

邮寄调查法就是会展调查人员,将事先设计好的会展调查问题打印出来,通过邮局寄给被调查者,请被调查者填写后在规定的时间内寄回;或者将问题以电子版调查表的形式,用电子邮箱寄发给被调查者,请他们回答后通过网络发送回来。会展调查的组织方,运用各种途径搜集到的被调查者的通信信息,或者储存在数据库当中的已参加会展活动的人员的通信地址、名称等邮寄调查表。

在邮寄调查中,要注意称谓的运用,使被调查者觉得受到了尊重。要把调查的目的写清楚,使被调查者乐意配合。如果是需要通过邮局寄回的调查表,为了提高回收率,在发出的信件中要附有贴好邮资的信封。对积极配合填写表格的,应该给予一定的报酬或者纪念品。

2.邮寄调查法的优点与不足。

(1)优点。

◆调查时间灵活。因为是邮寄,不需要在现场进行调研,所以不受展览、会议、节庆活动举办时间的约束,会展组织方可以根据需要在任何时间展开调查。

◆调查面广。采用邮寄的调查方式,不受区域的限制,样本选择面较大。调查数量可以多一些,它不像面对面的访谈,数量总是有限的。

◆调查费用低。只需要印刷费用、邮寄费用和少量的报酬或纪念品费用。通过电子邮箱的邮寄更加节约费用。

◆结果客观、充分。因为被调查者不在现场,所以不受调查人员态度、观点的影响。而且因为有充裕的时间回答问题,在认真思考或者统计数据的基础上作答,比较具体、充分。

(2)不足。

◆回收率低。或者觉得问卷对自己没有多少意义,或者觉得没有特别的义务回答,所以回收率较低。如果能达到25%的回收率,已经是相当高了。

◆回收时间比较长。被调查者因为工作繁忙没有及时作答,再加上邮寄的投递时间,所以往往需要一定时间的等待。

◆容易产生理解的误差。缺少双方面对面的沟通,有时信息所传递的符号会因为地域、文化背景等不同,产生一定的误解或偏差。

(三)电话调查法

1.电话调查法。

电话调查法是指通过电话与被调查者进行交流,搜集所需要的资料。这种方法也是调查活动的常用方法。

电话访问要求调查者在打电话前做一些准备,尽可能掌握对方的基本情况,以免拿起电话无话可说。访问者语气要亲切,语音标准,传达信息准确、精炼。特别要注意对电话内容的记录,能够及时捕捉有价值的信息。

2.电话调查法的优点与不足。

(1)优点。

◆反应迅速。具有即时性的特点,马上能够得到对方的反应。

◆便于沟通。双方虽然不能见面,但可以通过电话及时地传达意图,沟通问题,通过语气判断话外的声音。

◆真实。因为双方不见面,说话没有或少有顾虑,所以能够在电话的一端大胆、真实地说出自己的感受、想法。

(2)不足。

◆费用较高。打电话以分钟来计算费用,调查数量多,累积的成本就较高。

◆不适宜复杂的调查。电话调查的时间有限,不可能很长,所以难以进行深入细致的调查。如果"打破砂锅问到底",容易引起被调查者的反感。电话访谈适合做一些简单的调查。

◆接访率较低。因为目前运用电话进行调查的组织太多,容易遭到被访问者的拒绝。

(四)计算机访问法

1.计算机调查法。

计算机访问调查是指通过计算机网络终端向被调查者了解搜集有关信息资料。

组织普遍拥有计算机,个人计算机的拥有量也相当高,而且现代技术发展迅速,依托网络进行访问的手段也多种多样。如设计调查问卷,挂在公司的网站上,或者挂在专业调研网站(付费),通过 IM 即时聊天工具(QQ、阿里旺旺、网易泡泡和国外的 ICQ、MSN 等)将问卷或者网址告知被调查者,请被调查者进行回答然后上传。这种方法,适合于探索性的调查,最大的优点是便于统计,能直接在电脑上生成数据。有些调研公司建立了交互式计算机网络终端,接受采访的被调查者(客户)坐在一个终端旁,阅读计算机显示屏幕上的问题,并按要求键入他的回答。又如,电脑屏幕上出现两人交谈的画面,互相能看到对方,听到对方的声音,调查可以很亲切,对被调查者的情况能够清楚地掌握。这种方式往往用于深入地调查,而且被调查者一般是已经建立了关系的客户。

一些数据的掌握,如参会人数的报到率、商品的订单数据、销售地区等调研,都可以运用电脑已有的数据进行统计,做出准确回答。

运用计算机调查,对技术的要求比较高。

2.计算机调查法的优点与不足。

(1)优点。

◆实时。用计算机调研,只要提交调查答案,调研公司的计算机网络终端就能及时收到信息。或者通过影像、声音,非常直观,都能同步掌握信息。

◆私密性强。如果不是客户,不设置影像,完全可以不用暴露个人的信息。

◆费用低,甚至不产生费用。

(2)不足。

◆真实性有时不强。因为调查者有时不知道对方的真实身份,所以有些被调查者就利用电脑发布信息的私密性、隐蔽性特点,重复地递交答案,或者传递虚假的信息,调查者难以辨别,降低了数据资料的可靠程度。

◆调查对象必须具有电脑操作使用能力。一些年纪较大、文化水平较低的公众,可能不会操作电脑,影响了被调查人员的广泛性、层次性。

会展调研小知识

中国会议酒店联盟

中国会议酒店联盟是于 2008 年在中国旅游饭店业协会的积极倡导和推动下,由中国会议酒店联盟网、北京会联天下商务咨询有限公司联合国内各大会议中心、会议酒店共同发起成立,以提升会员社会影响力、提高管理服务水平、嫁接与会议组织者的联系、实现信息和业务共享为目标的行业组织。

(材料来源:百度百科)

(五)询问调查法的比较

询问调查法中的面谈调查法、邮寄调查法、电话调查法、计算机调查法,各有特点。现从回收率、准确性、速度、费用、资料范围这五个方面做一个比较,见表 2-4-1。

表 2-4-1　四种询问调查法的比较

项目方法	面谈调查法	电话调查法	邮寄调查法	计算机调查法
回收率	高	一般	低	较高
准确性	很好	好	较好	还好
速度	一般	快	较慢	较快
费用	高	较高	一般	低
资料范围	一般	面较广 (但数量有限)	面最广	面较广 (视人群而异)

运用何种调研方法，或者运用哪几种调研方法，要看调研的目的、调研的对象、调研的时间、调研的范围等等情况来确定。

如果预测参加会议的人数及其他情况，运用邮寄调查法比较好。通过邮局或电子邮箱发出会议通知，并附有参加会议的回执，规定在一定的时间内发回信息，这样，了解的面就会比较广，它不受地域的限制，国内的会议、国际性的会议都能够到达潜在性的会议人员的手中，费用较低。虽然邮寄调查的回收率比较低，但有意愿参加会议的人一般都会发回信息，准确率较强，而且会在规定的时间内。运用其他的调查法就不合适，面谈调查法显然不能进行；电话调查法费用高，尤其是国外的通话费更高，信息量不可能很充分，无法详尽描述会议通知的各项内容。另外，被调查者也不可能及时做出是否参会的决定。计算机调查虽然回收率较高，资料范围广，但因为被调查者具有隐蔽性，有时所给的信息会给分析参会者的具体情况带来一定的困难。

如果一个会议举办之后，要调查与会人员对参加这次会议的反响，则最好用面谈调查法，可以进行大面积的问卷调查，也可以进行约谈访问，能够非常高效地反馈信息。当然在会议闭会之后进行电话访谈也可以，能够得到参会者对参加会议全程情况的评价，比较适合对会议嘉宾的电话访谈，或者抽取一定的样本对人员进行访谈，但数量会受限制，且被调查者对会议的印象是回忆性的，准确性还是现场的调查更强。

在具体运用各种询问调研方法的时候，要根据调研内容的简单和复杂，调研时间的紧急与缓慢，调研面的广泛与狭窄，调研费用的多与少，调研方法的各种利弊优劣，做出合适的选择。

参考案例 42

开展 2020 上半年中国会议酒店经营数据统计工作的通知

栏目：重要通知 发布时间：2020-08-07

各会议酒店及会议中心：

2020 年上半年受疫情影响，中国会议酒店市场遭遇了巨大冲击。会议业务大幅减少，营收严重下滑，行业面临着生存危机。

为了真实反映行业困局，有效探讨应对之策，现联盟秘书处启动 2020 上半年度中国会议酒店经营数据调查工作。

该统计工作自 2019 年启动,每半年一次。通过会议酒店经营数据统计分析,能够帮助会议酒店及会议中心了解和应对经营困局。所出具的半年度《中国会议酒店经营数据统计分析报告》广受好评。

本次统计数据为 2020 年 1 月 1 日至 2020 年 6 月 30 日。请于 2020 年 8 月 15 日前上报数据,秘书处会尽快组织专业委员会完成分析报告,并及时呈现给参与单位,为会议酒店经营策略的制定和调整提供有价值的借鉴。

此外,如需其他年度报告的电子版,请直接与联盟秘书处联系。

具体填报表请点击下载"中国会议酒店经营数据统计表",完成后请发送至:confhotel@126.com。

填报工作联系人:副秘书长×××(联系方式)

填报疑问解答人:常务副秘书长×××(联系方式)

特 此 通 知

中国会议酒店联盟秘书处

(材料来源:中国会议酒店联盟 http://www.confhotel.cn/)

中国会议酒店联盟面向全国会议酒店及会议中心进行调查,选择运用计算机网络调查的方法,下载《中国会议酒店经营数据统计表》,做到格式统一,统计规范,数据准确。运用这样的方法反应快、费用低。

二、观察调查法

人类最早认识自然规律使用的研究方法是观察法,体现了古人的智慧。观——看;察——分析研究。

(一)观察调查法的概念与使用

观察调查法是指会展调查人员在调查现场,对调查对象的情况进行直接的观察和记录,以搜集有关信息资料的方法。考察,就是观察研究,到实地进行观察调查。

既然是观察调查,就不是随意的观察,而是在一定的思想指导下有目的的主动观察。譬如调查人员观察某个会议的智能化应用:签到、引导、连线国内外演讲嘉宾、云数据统计、直播、附设展体验活动的智能化等等;通过某个展览会了解竞争对手的情况,观察了解他们产品的性能、外观,价格定位,包装款式,广告策略,推广形式等。又譬如,要了解一个展会的水平和影响力,可以通过观察参展商数量,观众的人流量,展会的规模,展览现场的布置,展会的活动项目,展会工作人员的素质,展会的广告宣传等得出印象。一个节庆活动的管理者通过观察,了解到活动参与人员的数量,他们是自驾车、旅行社的车辆还是通过公共交通工具前来参加的,可以安排好活动结束以后公共交通车的数量,以免造成用车紧张或人员滞留的情况。

观察主要是用眼睛看,形成对周围现象与事物的印象。观察时注意不要被表面的现象所迷惑,还要观察各种现象之间的关系。譬如,某个展会观众数量很多,据此就得出这个展览会宣传做得好,影响力大,这个结论不一定准确。可能个别展会的主办方为了应付参展商,搬来了许多人员,是来救场的。所以调查人员在调查时要细致、深入,仔细观察这些“观众”是否对展品感兴趣,他们是否会去展位上洽谈,有没有下订单。通过细致的观察,认真的甄别,使观察的结果符合客观实际。

在运用观察调查法时,必须事先做一些准备,如做好观察记录表格,把观察到的各组数据及时记录下来;准备照相机等其他现代化的记录设备,间接地进行观察,而且使记录的材料更形象、生动,便于储存和进一步研究。

观察调查可以单独使用,也可以作为询问调查的补充,以使材料搜集更加立体,更加多元,努力达到全面丰富。

如2020年9月2日,杭州举办“数字杭州”会展合作大会,通过搭乘数字化时代的破浪方舟,打造了一场别具特色的会展行业盛会。分三大区块,分别为高峰论坛、数字会展抗疫专题展区和数字艺术展区。那么,附设展览办得怎么样,受欢迎吗?我们可以通过观察调研。

展示数字化会展新技术

数字会展抗疫专题展区聚焦智慧城市大脑、数字化会展新技术、国家数字服务平台建设,通过“数字会展展示”“数字化抗疫平台展示”以及“智能科技产品展示”,综合展示数字会展及数字抗疫内容。

为了让大众更加直观了解数字化会展新技术,大会在每个区域都安排了相关企业进行展示和介绍。如在数字化抗疫平台展示区域,大会通过检测平台展示、实时动态平台展示、远程医疗展示等内容,邀请城市大脑、阿里巴巴等进行平台功能展示。

（材料来源：会展 BEN 公众号《杭州会展业创下两个全国"首次"》2020 年 9 月 3 日）

（二）观察调查法的分类

1.结构性观察与非结构性观察。根据观察程序严密度、观察方式的结构化程度，可以分为结构式观察和非结构式观察。

结构性观察是一种计划严密、操作标准化、可控制的观察。在实施观察前规定观察对象和记录标准，制定有一定分类体系的观察提纲；在实施观察时记录预先设置的分类行为。结构式观察是比较程式化的观察活动，观察程序标准化和观察内容结构化，便于操作；观察结果可以量化，便于统计分析。

如根据会展调研目标，制定观察调研提纲，明确观察范围、观察对象、观察地点等，并做好观察记录表，进行实时、实地的观察。

非结构性观察结构松散，观察前没有严格的观察计划，也不必制定结构性的观察提纲，观察的实施比较灵活。非结构式观察方法灵活，观察者可以发挥自己的主动性和创造性，但是获取的资料不系统不完整，多用于探索性研究，用于对观察对象不甚了解的情况下。

如调研者在某个展会现场进行观察调研，被展会上的一些新情况、新事物吸引，并进一步观察，获得一些独特的信息，或者说，获得一些意想不到的信息，很有价值。

2.直接观察与间接观察。根据观察的对象，可以分为直接观察法和间接观察法。

直接观察法是指对所发生的事或人的行为的直接观察和记录。直接观察是观察者凭借自身的感觉器官在现场直接进行观察以搜集有关资料。如调查人员在展会现场边听、边看、边记录。直接观察法实施比较简单,能够得到具体、生动的印象,但人的感官接受和保存信息的能力有限,难以形成对被观察现象完整、精确的认识。

间接观察法是通过对实物的观察,来追索和了解过去所发生过的事情,故又称为"实物观察法"。如对过去会展活动的录音、录像资料进行观察。主要优点是观察的时间、空间极大地扩展,缺点是没有现场实感,缺乏亲身感受。

3.公开观察与非公开观察。根据调研者公开还是隐匿调查身份,分为公开观察法和非公开观察法。

公开观察是指被观察者知道自己正在被观察。如在展会上观察,调查人员佩戴调查员身份的胸牌,开展调查工作。通常情况下,调查人员公开出现将影响被观察者的行为,他们可能会表现出与平常有所偏差的特征。

非公开观察是在不为被观察的人或事件所知的情况下观察他们行动的过程。能够更加客观、真实地获取信息。

4.人工观察与仪器观察。根据观察方法,可以分为人工观察法与仪器观察法。(见表 2-4-2)

表 2-4-2　观察方法

人员观察法	人员观察人
	人员观察现象
仪器观察法	仪器观察人
	仪器观察现象

人员观察具有思想性、灵活性。在一些特定的环境中,仪器观察可能比人员更便宜、更精确和更容易完成工作。如在展会现场,在入口、出口、各个展区,分别用仪器进行观察。录音机、摄像机等仪器或其他技术手段,对展会环境、人员流动、交通方式等进行观察。可以不间断地观察,也可以分时段观察。观察到的信息,因为有仪器的记录,日后可以重复观测和反复分析。

在现实的观察调研中,可以人员观察为主,辅以仪器观察。

5.自然环境观察和设计环境观察。根据观察的情景条件可分为自然环境观察法和设计环境观察法。

自然环境观察法包括自然行为的系统现象观察以及偶然现象的观察,如在一个自然的环境(会议、展览、节事活动现场)中进行观察,搜集到的材料较为客观真实,但对观察对象本质上的东西把握不够。

设计观察法是指调查机构事先设计模拟一种场景,调查员在一个已经设计好的并接近自然的环境中观察被调查者的行为和举止。这种观察能捕捉到较为深层次的东西,有利探讨事物内在的因果关系,或者做一些比较研究。如产品的营销等可以用这一方法进行观察。

观察调研,主办方可以用来观察展会的人流、现场气氛、体验活动的参与度、人群对物品的倾向性等。

参展商观察展览会现场的展品,了解同行产品的性能、外观,价格定位,包装款式,广告策略,推广形式等 。

观众观展,首先是观察,观察人流、展位的设计、展品等等。

(三)观察法的记录技术

●观察卡片

或叫观察表,其结构、设计与问卷基本相同。

●符号

指用符号代表在观察中出现的各种情况,不需再用文字叙述。

●速记

用一套简便易写的线段、圈点等符号系统来代表文字,进行记录的方法。

●记忆

这是在观察调查中采用事后追忆的方式或进行的记录。

●机械记录

在观察调查中运用录音、录像、照相等各种专用的仪器进行的纪录。

(四)观察调查的优点与不足

1.优点。

◆真实性高。会展调查者用自己的所见所闻获得调查的数据资料。由于不直接向调查对象提问,被调查者并未意识到自己正在被人调查,一切都进行得比较自然,调查的客观性相对较强。对会展环境、对相关物像的反映是直观的,不会受到被调查者夸大其词等不实情况的干扰。

◆受调查人员的观点态度影响小。在面对面的访谈中,调查人员的观点会不由自主地流露出来,如"我们的产品是否价廉物美啊",从而影响被调查者的回答。观察调查不直接向被调查者提问题提要求,就不会影响到对方。而且,通过设备做出的记录,人为因素的影响更小。

◆利用现代设备记录情况精确、迅速。

2.不足。

◆能观察到现象,很难观察到动机。观察法能够看到发生了什么,但难以了解到发生这种现象的原因。如某一位观众到一个展位上看了看,离开了。为什么离开?是对产品感兴趣但要货比三家再做决定,觉得产品不合适他,觉得产品价格太贵,还是别的原因?需要通过面谈进一步深入了解。

◆费用较大。调查人员到现场进行观察,需要一定的人力、物力投入。

◆对调查人员的素质要求高。要求调查人员有敏锐的观察力,良好的判断力,使用各种设备的能力。

(五)观察法的注意事项

1.观察调研之前,应该做好观察设计。

2.为了使观察结果具有代表性,应设计好抽样方案。

3.观察员必须实事求是,客观公正,不带有主观偏见。

4.事物是动态发展的,需要进行长期反复的观察。

5.不能泛泛地观察,否则,价值不大。

6.观察调研要及时做好记录,在此基础上形成一个观察报告或观察小结。

三、实验调查法

实验调查法是指调研人员根据调查的目的,在给定的实验条件下,在一定范围内,通过寻找和控制一个或数个自变量来发现这些自变量与所要研究的因变量之间的因果关系,做出正确的分析判断,为营销和生产决策提供依据。

实验调查,一般是商品需要改变结构、样式、颜色、规格、价格、包装和广告策略时使用。而且适合于在小范围内进行对比试验,然后通过实验结果,来确定是否采取新的营销策略。譬如一辆汽车的车灯的款式和位置发生变化,选择的人是否有所增加?又如一个手机,外观色彩变化,选择不同颜色的各有几人,原因是什么?实验法是利用各种手段人为地干预或控制调查对

象,排除干扰,突出主要因素,通过变量间的因果关系来描述和揭示市场某一现象变化和发展的客观规律。

因为会展调研的观众是随机的、流动的,所以比较难以展开实验。在会展调研中很少运用,对观众的性别、年龄、文化背景、收入水平等都难以选择、控制,所以就不具体展开介绍。

【实践操作】

1.以小组为单位,确定一个会展活动项目的调研选题,明确调查方法。要求运用 2 种或 2 种以上的调研方法,并说明为什么要运用这几种调查方法。

2.运用调查方法进行会展项目的调查。

3.谈谈运用几种调查方法进行调研后的效果。

【注意事项】

1.调查方法多种多样,一定要选择合适的调查方法,既能够实现调查的目的、目标,又能够有可操作性。如新冠肺炎疫情期间,采取线下的问卷调研、线下座谈会就不太现实,可以考虑电话访谈,或者线上进行。又如,会议结束后,要对会议嘉宾进行访谈,也应该考虑电话访谈和计算机访谈。

2.在一个项目的调查中,可以使用一种调查方法,也可以使用几种调查方法,看实际需要和调查的现实可能性。

3.采用问卷调查,如果结合访谈,应该各有侧重。问卷调查了解普遍性的问题,面上的问题;访问,是在问卷调查基础上的深入。采用观察调研,最好能够结合访问调查,以避免观察者的主观推测和臆断的片面性。而且,通过访问,能更深入地掌握调查对象采取行动的心理原因。

模块二　二手资料搜集的方法

【工作任务】

1.了解二手资料对于会展调研的作用。

2.了解二手资料来源的渠道。

3.能够运用二手资料来辅助确定调研问题。

4.运用二手资料研究新问题。

【相关知识】

二手资料搜集的方法又叫案头调研法,是调研人员通过搜集已有的资料(报端、网络、出版物)的数据、报告、文章,并加以整理、分析、研究和利用的一种调研方法。它与当前调查的问题不完全相关,但有一定的联系。通过广泛的二手资料搜集,可以满足用于或辅助用于预测和决策。

如《2019 杭州文旅消费报告》《中国展览经济发展报告 2019(中文)》等。

一、二手资料的特点与作用

(一)二手资料的特点

速度快。

费用相对较省。

不受时空限制。

——时间上,不仅可以掌握现实资料,还可以获得实地调查所无法取得的历史资料。

——空间上,既可搜集企业内部资料,还可掌握大量会展环境资料。

具有较强的机动性、灵活性。

——可随时根据需要搜集信息,且来源途径多。

(二)二手资料的作用

二手资料虽然是间接的资料,但会展项目是否实施,效益预测,或者正式

第二编　实务

开始实地调查之前,都要做一些先期的调研和资料搜集工作。二手资料常常具有许多重要的参考价值。

1.有助于调研主题的形成。在搜集、整理一些现成数据资料的过程中,会发现一些值得探索、认识、研究的问题,因此产生调研的愿望和目的,明确调研主题。例如,健康协会在调研社区老人健康保障时,通过搜集二手资料,发现"健康体检公司"和"休闲生活馆"或者"运动馆"增加的数量非常快,它们更多地关注白领的生活状况、工作压力、健康投入,因此,产生了"企事业管理者健康状况与关注程度"的调研问题。

2.为一手资料调查提供重要的背景材料。调研方案的设计,或者在正式启动实施一手资料的调查前,需要对调查问题的整个宏观经济背景有一个充分的认识和把握,它主要依赖于对二手资料的搜集。如某市投洽会的组织方,调研本年度投资方与需求方的变化,首先通过二手资料掌握国家的宏观经济政策,对环保、新能源、文化创意、电子信息服务等产业的扶持,对调查对象的选择、调查问题的设计更加明确了。

3.提供一些直接解决问题的途径。在某些情况下,二手资料可以为解决问题、确立方案提供充足的信息资料。比如,某一城市要建立新的展览场馆,多大的面积?太大是一种浪费,太小不能满足需求。运用二手资料,原有多少场馆,面积多大,现在每年展览的场数,规模,城市对展览的定位与规划,国内外其他城市展览场馆的建设情况,这些,通过网络、《中国会展年鉴》、所在城市会展管理部门的统计数据就能得出比较充分的信息,提出建立合适场馆面积的建议。而实地调查,则难以准确地获取所需的资料。

4.提供情况预测的信息。二手资料能够对连续的时间序列资料进行搜集,例如节事活动的主办方通过前面几届活动的人数,是递增的,还是下降的,有哪些动态的变化,就能预测今年的人数,虽然不准确,但这种推断是有历史依据的。又如,参展商通过前几年不同区域参展的不同商品的订单数据,预测 A 区域、B 区域、C 区域的不同情况,由此做出进一步拓展市场的决定。

5.可以作为检验一手资料可靠性的依据。一手资料一般采用抽样的方法进行调查,样本的选择很有讲究,无论如何,与真实的情况会存在一定的差距,只能得出近似值。所以,二手资料可以帮助检验一手资料的准确性。另外,在访谈中,有些被调查者出现夸张的情况,如报喜不报忧,也需要通过二手资料的数据检验材料的真实性。

二、二手资料的来源

二手资料一般可以分为来自组织内部的信息资料和来自组织外部的信息资料。

(一)组织内部信息资料

内部的资料具有搜集方便、内容可靠、费用节省的特点。主要有以下几个方面的内容。

1.业务资料。如会展管理组织的发展规划,会展场馆的资料,各相关协会的活动资料,来自展览、会议、节事活动各子系统的资料、业务培训资料等等。又如参展商,订单、产品销售记录、广告等。通过对这些资料的搜集分析,可以评估组织的管理、业务开展状况。

2.统计资料。譬如一年的展会的数量;某一展览会的展商数量、观众数量;同一会议的参会人员的餐饮消费数据;等等。能够据此分析会展产业的发展状况,预测某一项目的成本和利润。

3.客户资料。是指组织内部搜集的客户的姓名(组织名称)、性别、年龄、职业、文化程度、收入水平、兴趣爱好、工作内容(经营内容)、区域范围等等。他们的信息一般都会保存在数据库中。如会议公司对会议主办方的信息的收录:单位名称,性质,主要负责人,联系方式,会议类别,会议费用,需要哪些个性化的服务等等。能够分析各类会议组织方的服务需求,帮助策划会议方案,提高会议组织方的满意度;知晓重大客户并做好维护,保证公司的稳定发展;分析各类会议的数量,确定公司的主营业务;寻找业务的增长点。

4.竞争对手资料。竞争对手给组织发展带来压力,也给组织发展带来动力,一定要知己知彼。竞争对手的资料是指组织现已搜集到的竞争对手的经营特色、竞争策略、市场占有率、员工素质、企业文化、社会评价等。如会展公司、宾馆、旅行社、会议中心、物流公司、翻译公司等与会展相关的机构,都要根据这些现有的资料,确定自己的差异化发展战略,提升服务水平,抢占市场,或者联合竞争对手壮大力量。

(二)组织外部信息资料

1.出版物。一般能够在图书馆、档案馆和其他相关机构查找到。

（1）报纸、杂志。这些大众媒体，刊登了一些国家经济运行的信息、会议信息、政策信息等，也能找到自组织和竞争对手见诸报端等公开出版物的信息。

参考案例 43

《哪吒》观众满意度创纪录 国产动漫创作立新标杆（节选）
中国电影资料馆 2019-08-03

《哪吒》获得动画片满意度冠军，传播度两年来首攀 90 分高点

《哪吒之魔童降世》改编自中国神话故事，讲述了哪吒虽"生而为魔"却"逆天改命"的成长经历的故事。影片用现代视角重构经典故事，得到了观众的高度赞誉，观众满意度获得的 87.5 分不但是迄今为止调查的 26 部动画影片的最高分，也是历史调查所有影片中的第四高分（见表 2-4-3）。

表 2-4-3　中国电影观众满意度调查

历史调查影片满意度 TOPS			历史调查动画影片满意度 TOPS		
影片	档期	满意度	影片	档期	满意度
战狼 2	2017 年暑期档	89.2	哪吒之魔童降世	2019 年暑期档	87.5
建军大业	2017 年暑期档	88.7	白蛇：缘起	2019 年春节档	84.6
我不是药神	2018 年暑期档	88.0	功夫熊猫 3	2016 年春节档	84.2
哪吒之魔童降世	2019 年暑期档	87.5	大护法	2017 年暑期档	84.0
红海行动	2018 年春节档	86.9	西游记之大圣归来	2015 年暑期档	83.9

Source：中国电影观众满意度调查

满意度三大指数细分显示，《哪吒》思想性得分 86.8 分，影片对于人性善恶的立体刻画和敢与天命抗争的精神表达都获得了观众的高度认可。（见图 2-4-3）观赏性得分 86.9 分，影片中山河社稷图、邪魅地下龙宫、冰压陈塘关、师徒决斗等场景无不凸显出高超的动画制作水准。特别是《哪吒》的优异表现激发了观众分享和传播的热情，提振了市场信心，传播度高达 90 分，而上一个出现影片传播度超过 90 分的档期是 2017 年暑期档。

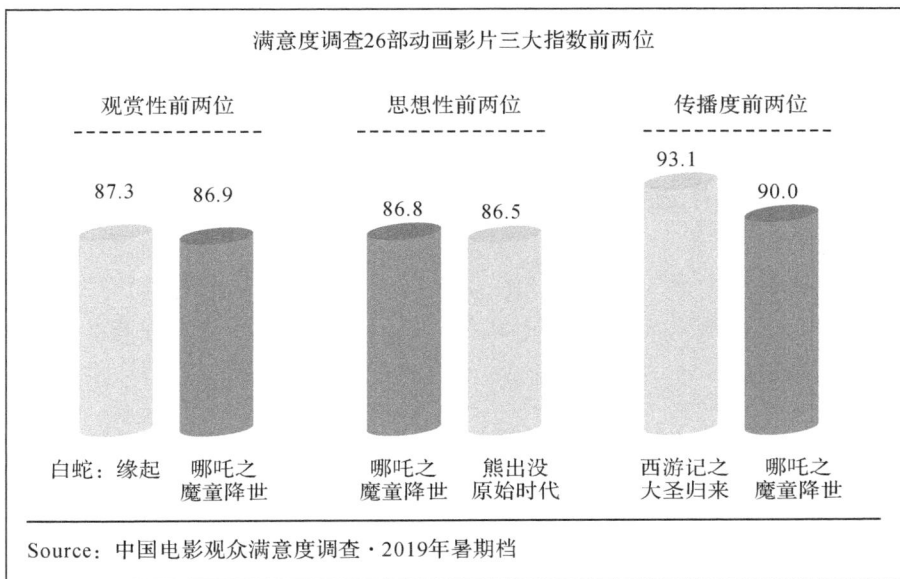

满意度调查26部动画影片三大指数前两位

观赏性前两位　　　　思想性前两位　　　　传播度前两位

87.3　　86.9　　　　86.8　　86.5　　　　93.1　　90.0

白蛇：缘起　哪吒之　　　哪吒之　熊出没　　西游记之　哪吒之
　　　　魔童降世　　魔童降世　原始时代　　大圣归来　魔童降世

Source：中国电影观众满意度调查·2019年暑期档

图 2-4-3　中国电影观众满意度调查（2019 年暑期档）

　　综合历史调查的 26 部动画影片来看，《哪吒》三大指数均名列前茅，其中，思想性居第一位，观赏性、传播度居第二位。观赏性居第一位的动画电影是今年年初上映的《白蛇：缘起》，传播度居第一位的是 2015 年暑期档上映的《西游记之大圣归来》，另外 2019 年春节档上映的《熊出没·原始时代》思想性上表现优异，这些影片均彰显了中国动画电影创作的长足进步。

（材料来源：sohu.com）

　　这是一个关于动画影片《哪吒》的满意度调查，不是展会的调查，但信息可以为我所用。假设举办中国国际动漫节，查阅有关信息资料，像这份来自中国电影资料馆的调查材料，就值得关注或采纳，它体现了国产动画影片的质量的提高，体现了市场的人气。举办动漫展，《哪吒》的满意度信息可以成为确立展会背景数据信息，可以作为邀请展商的信息来源之一，可以纳入动漫节体验活动，等等。

　　（2）蓝皮书、会展年鉴及权威机构关于展览、会议的统计数据，如 UFI、ICCA 的每年统计数据。中华人民共和国商务部、中国贸促会研究院、中国会展经济研究会等组织机构有相关的数据统计、发展报告等，例如中国国际贸易

促进委员会官网,http://www.ccpit.org/,其中有很多与会展相关的信息,有《中国博览会和展览会 2020》(双语版)、《2019 年度中国营商环境研究报告》、《中国展览经济发展报告 2019》等出版物。

会展调研小知识

中国会展经济研究会官网,http://www.cces2006.org/,有一个"中国展览数据统计及发展报告发布"的专栏,从 2011 年开始,每年发布中国展览数据统计报告。

参考案例 44

《2019 中国会展产业年度报告》,郭牧主编,华中科技大学出版社 2019 年版。(见图 2-4-4)

2019
中国会展产业
年度报告

2019 ANNUAL REPORT OF
CHINA'S CONVENTION
& EXHIBITION INDUSTRY

主编 ◎ 郭牧

华中科技大学出版社
http://www.hustp.com

图 2-4-4 《2019 中国会展产业年度报告》封面

第二编 实务

179

【内容简介】

《2019 中国会展产业年度报告》比对中国贸促会 2018 年发布的《中国展览经济发展报告(2017)》与中国会展经济研究会 4 月发布的《2017 年中国展览数据统计报告》和亚太会展研究评估中心的定向省市统计数据,综合了前十年的数据分析。因北京市会展业数据于每年的 8 月份才由北京市统计局正式发布,该报告也等到每年的这个时候才综合数据整理。从数据收集上来说,是全国最全的。报告全面分析了我国会议、展览、场馆等总体发展情况,客观综合地反映 2018 年我国会展业发展的特点和走势,并对中国会展业发展中存在的问题进行较为深刻的分析,并提出了促进中国会展业发展的务实建议。

(材料来源:读书网 http://www.dushu.com/book/13672569)

会展调研小知识

《会议》杂志简介

《会议》是中国第一本专注会议与奖励旅游行业的专业经济类刊物,2007 年元月创刊,每逢双月 28 日出版。本刊关注中国及国际会议与奖励旅游行业发展,发布权威数据,分享成功案例与经验,成为中国最受欢迎的会议与奖励旅游专业刊物之一。

《会议》杂志的主要读者群包括:

◆会议采购群体。

包括企业会议采购、会奖旅游公司采购、公关公司采购、社团会议采购等;

◆会议供应商群体。

包括会议酒店、会议中心、旅行社、技术及服务等;

◆政府机构。

包括文化与旅游局、商务局、会展办、会展局等。

◆研究机构及院校。

(3)电话黄页。

(4)专业性刊物等,如《中国会展》《浙江会展之声》《杭州会展资讯》等(见图 2-4-5)。

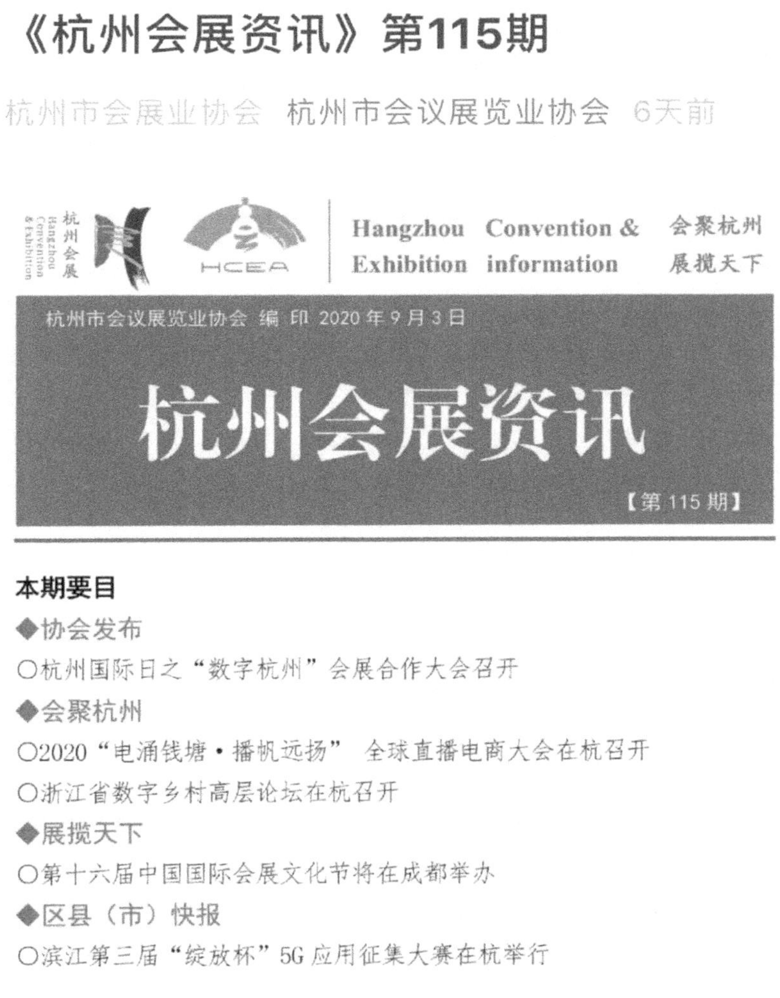

《杭州会展资讯》第115期

杭州市会展业协会 杭州市会议展览业协会 6天前

杭州会展 Hangzhou Convention & Exhibition

HCEA

Hangzhou Convention & Exhibition information

会聚杭州 展揽天下

杭州市会议展览业协会 编 印 2020年9月3日

杭州会展资讯

【第115期】

本期要目

◆协会发布

○杭州国际日之“数字杭州”会展合作大会召开

◆会聚杭州

○2020“电涌钱塘·播帆远扬” 全球直播电商大会在杭召开

○浙江省数字乡村高层论坛在杭召开

◆展揽天下

○第十六届中国国际会展文化节将在成都举办

◆区县（市）快报

○滨江第三届“绽放杯”5G应用征集大赛在杭举行

图 2-4-5 《杭州会展资讯》封面

如《浙江会展之声》是由浙江省国际会议展览业协会主办的，截至2020年8月23日，已经出刊617期，有特别关注、省内资讯、国内资讯、新会员风采、会展研究等栏目，如2018杭州·云栖大会落幕，有关的资料在很多报刊上可以查阅。

2018 杭州·云栖大会落幕

9月22日,为期4天的2018杭州·云栖大会落下帷幕。来自全球6个大洲81个国家及地区共12万人次现场参会,其中27%为企业CEO及高管,超1000万国内外用户在线观看大会直播。在3万平方米的互动展览区内,200多家全球企业齐上阵,为观众打造浸入式体验,感受前沿科技。超170场峰会和分论坛,向技术开发者分享了最新、最热的前沿技术,从无服务器计算到高性能计算,从IoT、区块链到人工智能、8K,无所不包。演讲嘉宾超1500人,其中社会各界知名专家和院士有近50人。

除此之外,云栖大会上还宣布了阿里升级汽车战略,从车向路延伸,用车路协同技术打造"智能高速公路"。(文章来源:杭州网)

(材料来源:2018年第36期[总第520期])

2. 网络。现在,党和国家发布的报告、统计数据都会见诸网络,许多企业也会利用网络发布信息。如会展网、中国经济等网络。特别可以通过网络搜集一个展览或者一个会议的网页,里面有历届展会的回顾,有上一届展会的评估报告;本届展会已邀请到的参展商和专业观众;等等。通过网络查找的二手资料一般是免费的。如,企业要参加2021莫斯科国际航空航天展览会,就可以通过网络了解展会的历史:第一届的举办时间,举办方,每一届参加的国家数量,参展企业数量,各参展商以实物样品、模型、宣传资料等形式展示世界各种现代化飞机、航空武器和航天设备的状况,有哪些新产品新技术,展会上的飞行表演等活动情况。可以说,网络为人们搜集资料提供了相当大的便利。

会展调研小知识

会展产业资讯浏览网址(部分):

中国会展网 http://www.expo-china.com/

中国会展经济研究会 http://www.cces2006.org/

中国会展产业协作联盟 http://union.hfk99.com/

中国会议酒店联盟 http://www.confhotel.cn/cch/main/realIndex.go

中国会展门户 http://www.cnena.com/

中国行业会展网 http://www.31expo.com/

会展在线 http://www.cce.net.cn/

香港会议展览中心 http://www.hkcec.com/front-page

第一会务网 http://www.diyihuiwu.com/

国家会议中心 http://www.cnccchina.com/

上海国际会议中心 http://www.shicchotel.com/

浙江会议在线 http://www.china-meeting.cn/

杭州市文化广电旅游局 http://wgly.hangzhou.gov.cn/

中国杭州西湖国际博览会 http://www.xh-expo.com/

杭州会展网 http://www.mehz.cn/

杭州国际博览中心 http://www.hiechangzhou.com

中国义乌国际小商品(标准)博览会 www.yiwufair.com

3.向商业机构购买的信息。有些机构专门做信息的搜集、编辑、整理和分析的工作。他们把从各个渠道搜集来的信息(报纸、杂志、政府文献、市场调研报告、企业信息等)进行分类整理。他们搜集的信息范围广,资料全,质量较高。它是需要付费购买的,但节省了许多组织自己调查所需要花费的时间和人力。一般来说,这些购买的外部资料,具有信息量大的特点,但费用较高。

三、二手资料的搜集方法

在信息化社会,二手资料分布广,信息分散。面对海量的信息,如何搜集信息便捷、有效、准确性高,需要具备必要的方法和技术。

(一)资料搜集前的准备

1.列出所需资料的关键词。根据此次会展调研的目的,调查的基本内容,列出关键词,这样,搜索资料就能够紧扣需要,资料之间的关联度密切。不至于漫无目的地寻找,找到什么算什么。

2.明确所需资料的范围和时间。搜查资料是为了有用,不一定是越多越好。所以要根据需要确定搜集的范围,是某一地区的,全国的,还是国外的;时间是需要哪几年的,如搜集最近三年"中国国际航空航天博览会"的信息。一般来说,时间越近,信息的价值越大。

3.了解可能获得信息的渠道。是专业期刊,企业网站,还是某一相关的咨询机构等等,抑或需要多渠道的了解,都需要在调查之前,做到心中基本有数。

(二)资料的搜集和获取

1.查找法。

(1)纸质材料查找法。这种方法大多运用于已知材料存在于什么地方。首先查找组织内部的信息,这是最容易获得,也是最准确的数据。如:企业要确定参展,国内各地区同类的展会有好几个,要到哪里?首先根据企业内部所搜集保存的大量信息资料,包括企业今年的营销数据,市场分布与变化,供应商、客户的材料。然后,查找同类展会的资料,确定做合适自己企业参展的几个展会。其次是可以到企业外部的图书馆、档案馆、政府信息中心去查找,如报纸、杂志、会展年鉴、研究报告、文献资料、统计数据等。譬如,可以通过某某专业研究期刊,通过出版的论文,查找与会展主题相关的研究者、研究机构,他们往往会成为某一展会的新成果信息发布者,或者展会的专业观众(了解市场);或者成为某一专业会议的嘉宾、参会人员。

(2)网络查找法。主要有两种方法:①直接使用网址。如果已知所需要的二手资料从哪个网站上可以获得,可以直接在IE地址栏里输入中文或英文网址,如会议主办方想要了解杭州黄龙饭店的情况,它的会议室面积、设施,住宿,交通特色服务等,就可以将"杭州黄龙饭店"或它的英文网址输入,全面地了解情况。也可以通过中国会议酒店联盟、浙江会议在线等查找。如"中国—东盟博览会"网址,直接了解博览会的时间、地点、历届展览的盛况和本届展会的信息。②使用搜索引擎。通过百度(baidu)、谷歌(google)、雅虎(yahoo)、搜狗(sogou)、360等搜索引擎提供的服务,搜索需要的内容。如在百度输入"杭州""酒店"等关键字,就能出现许多相关的条目,选择进入相关网址,就能掌握有关信息。

2.索取法。

索取资料是向拥有资料的单位或个人无偿索要信息资料。可以向政府部门索要信息,譬如,向政府有关部门索取有关支持会展发展的政策信息;酒店可以向旅游局索要最近几年境外到杭州旅游人数的统计数据。可以向兄弟单位索要数据信息,如旅行社向酒店宾馆索取信息;会展公司向展会主办方索要信息。也可以向下属的单位索要信息。如杭州市会议展览业协会设立会议产业专业委员会、展览产业专业委员会、节庆活动专业委员会、会展教育专业委员会、会展衍生服务与产品专业委员会,因此,杭州市会议展览业协会就可以向这五个专业委员会索要所需的相关信息。向系统内的下属单位索要资料比较方便,向一些平行而不相隶属的单位、上级主管部门、政府机构索要资料,特别要注意找对部门,且尊重对方,毕竟这是有求于人。尽管政府有关部门有信息公开、服务组织与个人的义务,但在任何时候,尊重对方,礼貌用语,都是基本的办事方式。

3.购买法。

购买法是通过付出一定的资金,向有关单位购买信息资料的方式。一是向行业协会、信息中心等单位购买定期和不定期出版的市场信息数据、市场分析报告等;二是直接付费委托专业咨询机构、调研公司等搜集会展市场数据。现在,提供有偿服务的专业机构很多。

四、二手资料的质量判别

搜集的二手资料质量如何,需要进行甄别。有时候眼见也不一定为实,更何况是间接获得的信息材料,所以可从以下几个方面去保障二手资料的真实性与可靠性:

1.政府的信息公信力强。政府或政府有关部门发布的市场信息,可靠性强,因为它代表政府向企业、公民个人发布信息,是向社会发布负责任的信息。

2.来自组织内部的信息真实性强。企业的市场销售数据、客户数据、市场占有率数据等等,都是一手材料。

3.信誉好、实力强的组织机构、调研机构提供的信息质量高。好的专业调查机构注重调查人员的能力,注重维护公司信誉品牌,发布信息注重真实性。

如,ICCA发布国际会议统计报告。

《斯坦福 2019 全球 AI 报告》。由斯坦福大学主导，聚集来自 MIT、OpenAI、哈佛、麦肯锡等机构的多位专家教授，每年发布 AI index 年度报告，全面追踪人工智能的发展现状和趋势。

4.近年的信息利用价值高。太早的信息材料往往因为市场瞬息万变，没有太多的参考价值。而近年的数据比较鲜活，比较接近现状。如食品安全研讨会，就要关注最近几年食品安全部门发布的报告，以及食品标准。有些较早的部分信息现在已经不适用了。

5.组织自己对外发布的信息需要"慎重"。如，一个展览会结束之后，展览主办方会发布报告，这个报告是否客观地反映了展会的情况，就需要我们抱审慎的态度，不可不信，也不可全信，可以采取存疑的办法。因为主办方既是运动员又是裁判员，没有第三方的校验，可能选择有利于自己的评价方法和评价指标。所以在搜集这一类资料时，应该通过向曾经参加展会的参展商和观众进一步了解情况。

参考案例 46

2019 年度中国展览数据统计报告

统计样本说明：

自 2011 年中国展览数据统计报告面世以来，工作委员会就一直在不断地丰富调研的样本，以求用最完整的数据去解释中国展览行业的真实发展情况。2019 年初，中国会展经济研究会统计工作委员会继续按照直辖市、计划单列市、省会城市、地级市、县级市五个层面的城市进行覆盖统计，在直辖市、计划单列市、省会城市三级保持 100% 覆盖基础上，继续提升地级市、县级市两个层面的统计范围。在 2018 年调研 629 个城市的基础上，新增统计地级市 2 个，覆盖率提升 0.7%；县市级 7 个，覆盖率提升 2.1%；2019 年全国统计 638 个城市，新增 9 个城市，总覆盖率提升 1.4%。（见图 2-4-6）经过和各地商务系统、会展办等会展相关机构沟通，并通过网络调查复核，其中有举办展览的为 187 个城市，同比增长 3.3%。

具体城市覆盖率如下：

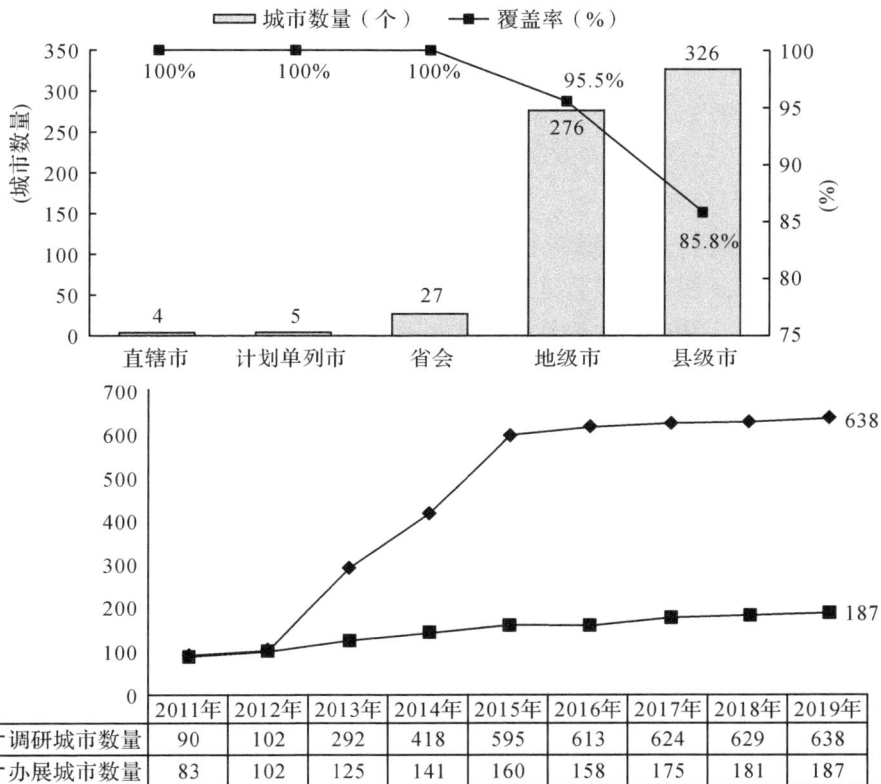

	2011年	2012年	2013年	2014年	2015年	2016年	2017年	2018年	2019年
◆ 调研城市数量	90	102	292	418	595	613	624	629	638
■ 办展城市数量	83	102	125	141	160	158	175	181	187

图 2-4-6　2019 年度中国城市展览数据

（材料来源：中国会展经济研究会官网　http://www.cces2006.org/

《2019 年中国展览数据统计报告》）

【实践操作】

1.某地拟举办第二届"东海美食节"，当地宾馆需要了解客源的情况，你认为可以通过什么方法进行调研？

2.举办"国际智能网联汽车产业高峰论坛"，策划活动，请思考可以通过什么方法和渠道进行调研？

3.请结合某一会展调研项目，搜集二手资料，与一手资料相结合，完成调研的比较分析。

【注意事项】

1.要注意二手资料的权威性。

2.策划一个项目或者调研会展活动的举办地,二手资料的搜集尽量要做到丰富、实用、具体。

3.二手资料一般起到辅助的作用,如从二手资料中发现问题,进行调研选题的确立;运用二手资料进行对比分析。

4.运用二手资料,一般是新近几年的,也可以是历年的,或者是有记载的第一届(第一年)的资料与当下的资料进行比较分析,得出的结论。

项 目 五

会展调研的组织实施

学习目标

【知识目标】

◆了解调研人员的职责。

◆熟悉会展调研活动组织实施的各环节工作过程。

◆理解实地调研的各项前期准备工作要求,组织实施过程的保障因素。

◆掌握实地调研的访谈技巧、提问技巧以及完成问卷发放回收的技巧。

【技能目标】

◆能够实施有效的实地会展调研活动,并保障调研活动各个环节的组织实施。

◆训练实地调研过程中与人有效沟通的技巧,提升调研人员的综合素质和访谈有效性。

◆通过问卷、访谈、观察等调研,能够获取所需要的展会信息。

【训练路径】

◆以真实会展活动为载体,设计实地调研方案,确定实地调研计划。
◆根据调研目标,以真实会展活动现场为平台,开展实地调研活动。
◆以小组为单位,展示实地调研的成果,交流实地调研的体会。

模块一 实地调研前的准备工作

【工作任务】

在教师的统一组织和安排下,以小组为单位(小组人数根据调研活动实际需要而定),针对某一真实会展活动(会议、展览、节事活动),展开调查,获取信息。

【相关知识】

一、材料及设施的前期准备

实地调研前做好充分的前期准备工作十分重要,一般是材料的准备、物品的准备和场地的准备。

1. 材料准备。通常指需要事先打印或印刷好的材料,以及所需工具。主要包括以下几种:

(1)问卷。在问卷印刷前需要重新确认问卷的准确性,包括字体的清晰度、页码顺序等。一般情况下,问卷的大小通常采用 A4 纸双面印刷,并且印刷问卷的数量要比实际的样本量多出 10%—20%,以作扩大样本及备用。为方便调研者的使用,条件允许时可以用不同颜色的纸张区别问卷的不同部分。

(2)调研工作指南。任何调研者都不可能记住培训会上的所有内容,所以提供一个调研指南会对整个实施操作过程起到提醒和指导的作用。指南的内容可以包括调研背景、抽样方法、问卷结构、每道问题的详细解释、相关表格的填写、交递问卷时间等。

(3)地址表/抽样图。地址表和抽样图是调查的具体场所,要事先了解、进行调查小组的调查区块划分,明确每个区块的调研样本(见表 2-4-4)。

表 2-4-4　动漫节场馆分布

A1 馆 广电集团与城市基地馆	实力传媒集团、国家级动漫产业基地、教学基地、国内各城市组团
A2 馆 ACG(动漫与游戏)产业馆	ACG 融合成功案例展示、ACG 运营平台、国内外品牌游戏厂商、游戏主机厂商、软硬件技术提供厂商
B0 馆	Cosplay 超级盛典
B1 馆 境外原创品牌动漫馆	国际品牌动漫企业、境外国家和城市组团、国内著名动画企业、主题日活动、企业推广舞台
B2 馆 "动漫＋X"产业馆	国内知名品牌动漫企业、婴童类产品企业、文具行业企业、动漫主题公园等,动漫产业交易会推介会场
B3 馆 动漫嘉年华	动漫衍生品开发授权企业、各类创意潮玩商品、校园社团交易区、行业展示区
B4 馆 漫画馆	漫画展示、中日韩漫画家对抗赛

展区分布

本届茶博会展区涵盖了杭州国际博览中心一楼和三楼,展馆有 1A、1B、1C、1D、3B、3C、3D。(见图 2-4-7)

＊3B 馆为国茶成就展区、扶贫展区、农垦展区、浙江和杭州展区、茶科技与创意展区。

＊3C、3D 馆为国际展区与省级综合展区。

＊1A—1D 馆为优质茶叶销售区、创意展区、机械包装展区。

＊3B 馆内及 1A、1D、3B 馆前厅为品牌推介区。

＊3D 馆前厅为天猫品牌馆。

(展销总面积约 7 万平方米)

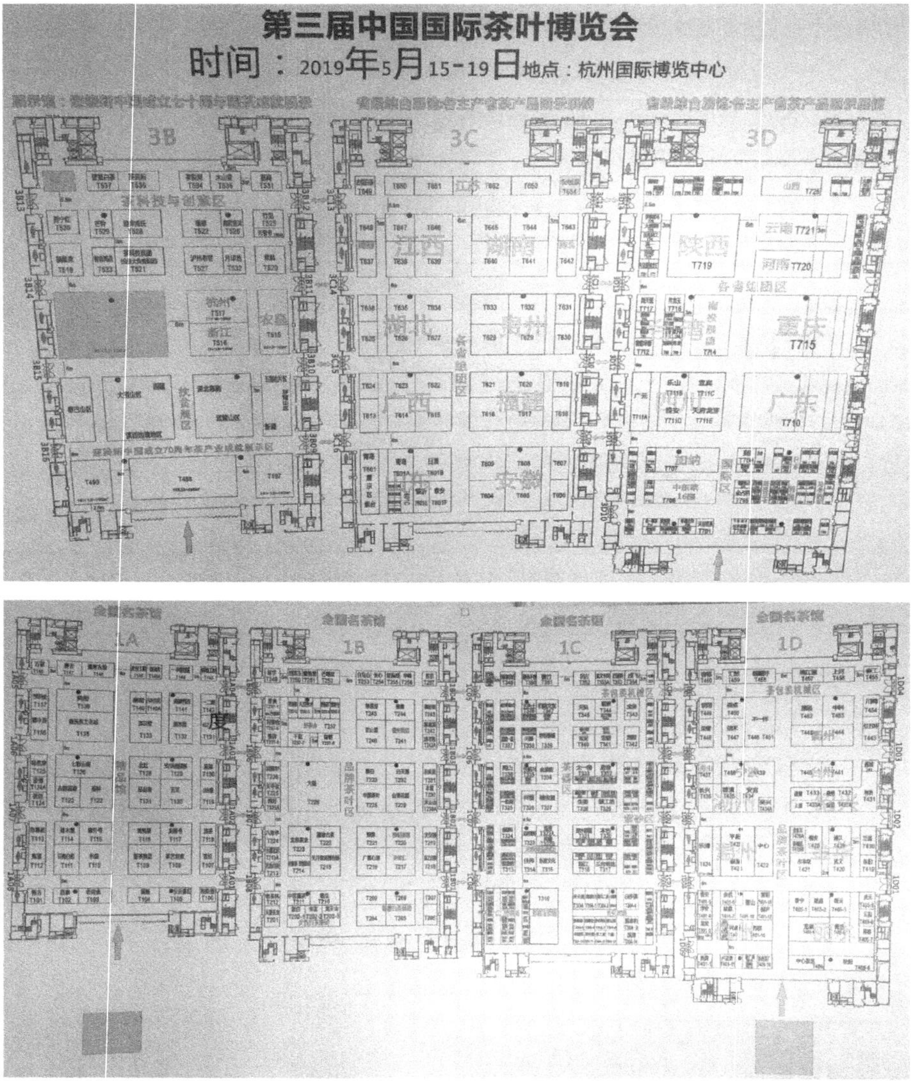

图 2-4-7　第三届中国国际茶叶博览会展区分布

（材料来源：第三届中国国际茶叶博览会官网）

　　根据调研目的，对参展商或观众进行调研，如何抽样，要在调查前进行科学合理的分配。如调查第三届中国国际茶叶博览会国际展区多少样本，省级展区多少样本;或者专门针对扶贫展区进行调研,调研所有参展的展商,调研专业买家(60位)和普通观众(50位)。

(4)相关表格。运用表格详细记录实施过程中各环节的相关指标,不但可以随时了解和控制质量,还能在事后作为参考进行查阅。

可以根据不同的项目设计不同的表格,如培训出席情况表、调研人员电话联系表、调研小组任务分工表、项目安排表、问卷收发表、访问记录表、复核记录表、复核报告表等。

(5)证件、介绍信等证明文件。调研人员的身份证及调研单位的介绍信是调研者在实地调研过程中的证明材料,它可以帮助调研者向调研对象证明身份,树立调研工作的诚信与信心。

2.物品准备。物品准备指的是准备好现场执行用的各种物品。

(1)礼品。礼品通常是在调研结束后,为表示对调研对象的感谢而准备的。一般会根据调研时间的长短或复杂程度不同,准备不同价值的礼品。同时,要注意根据调研对象或调研内容的不同准备不同种类的礼品,如访问对象是男士就要准备男士喜欢的礼品。总之,礼品应是消费者普遍乐于接受的。另外,为方便访问员的携带,切忌购买易碎或体积相对较大的礼品。一般来说,赠送礼品,容易赢得调研对象的支持配合。

如果调查方希望向接受调查的对象传播或分享更多的信息,可以在礼物上放上二维码,用微信扫一扫,也是很受调查对象欢迎的。

同时,礼品不是所有调研活动都要准备的,要根据调研单位的实际财力而定,有的调研活动可以不提供礼品。

(2)调研工作使用的工具。为方便调研,在项目开始之前督导员(或组长)要提醒访问员自己准备好如下用品,包括笔(记录用)、访问夹(方便记录)、手表(记录时间)、大手提袋(装问卷及礼品)等。

如果要用仪器进行调研,事先要准备和调试好手机、录音笔、摄像机等等,有些要提前做好充电。

3.场地准备及安排。在实施操作过程中,经常用到的场地是培训场地、座谈交流场地。

一是用于实地调研前对调研人员进行培训,该场地主要由调研单位提供。有一些培训工作在调研人员来现场调查前,已经基本完成。

二是用于调研过程中,在调研现场座谈、交流需要的场地。该场地往往

需要会展活动的组织方提供。

场地准备的同时,不能忽视场地内必要设施的准备,比如白板和白板笔、圆桌或长桌及配套椅子、投影机、摄像机、需用到的问卷或相关资料、签到表及领用资料登记表。场地布置应简洁、明快并保证安静不受干扰。

调研组织方还应该在调研前对实地进行考察,便于调研的执行和组织。

二、调研人员的岗前培训

调研人员的个人素质、沟通能力、对调研项目的熟悉程度、调研的态度、对调研结果的期望值等,都会影响调研的效率和质量。调研人员应该具备良好的个人素质,包括诚实、有责任心、吃苦耐劳、耐心细致等,此外,还要具备胜任特定工作必须具备的能力。例如,专题组座谈的主持人除了上述要求外,必须具备很强的表达能力、组织协调能力,还要比较风趣幽默,能够调节座谈的氛围,避免冷场和个别人主导座谈。

在实地调研前,对所有调研人员要组织岗前培训。岗前培训是一个项目实施的重要阶段,它关系到调研人员是否能按照正确的要求及理解去搜集该项目的资料。岗前培训主要包括以下方面。

1.调研项目培训。调研项目培训的目的在于调研人员了解项目的有关要求和正确的操作方式,使所有调研人员都能按规范的要求和程序进行调研,保证调研结果的准确性和一致性。项目培训的主要内容是让调研者了解、熟悉调研项目的背景材料和知识。

每个调研项目,都有其各自所涉及的行业背景,以及开展该会展活动的背景。在实地调研前做好充分的培训,有利于调研活动的有效开展。

例,假设在"第三届中国国际茶叶博览会"的调研活动中,对所有调研人员培训的背景知识包括:

第一,了解展会活动主办方、承办方等组办单位的基本信息和准备情况;

第二,了解前两届"中国国际茶叶博览会"的规模、参展商、销售额等;

第三,学习本届"中国国际茶叶博览会"的主题,会议、活动的安排情况;

第四,学习茶叶的相关知识,如十大名茶,茶叶的主要产区,茶叶的分类等;

第五,了解"中国国际茶叶博览会"特邀嘉宾、发言嘉宾等基本情况;

第六,了解参加展会的参展商情况和预期,观众情况与预期。

又如,假设在"2020杭州电子商务博览会"调研活动中,对所有调研人员培训的背景知识包括:

第一,杭州对电子商务的支持;

第二,前几届电子商务博览会的举办情况;

第三,本届电子商务博览会的主题、配套会议、体验活动;

第四,电子商务新技术的发展;

第五,电子商务的头部企业;

第六,电子商务的主要观众,以及他们对展会的期望;

第七,电子商务的一些专业术语、专业技术。

再如,假设进行"中国国际西湖情五粮液玫瑰婚典"活动的调研,对调研人员进行培训的活动背景:

第一,"爱情之都"杭州的文化底蕴;

第二,中国国际西湖情玫瑰婚典的历史;

第三,本届"中国国际西湖情五粮液玫瑰婚典"的主题、活动地点、活动内容;

第四,了解本届活动有哪些变化;

第五,了解活动对展示杭州城市形象的价值。

西子湖畔、大运河畔、钱塘江畔,杭州这几处风景如画、具有传统历史文化和极具代表性的地方,每年金秋十月都会准时奏响喜庆的乐曲。20年来,已连续7年上央视新闻联播的"中国国际西湖情五粮液玫瑰婚典"聚集了美国、法国、德国、意大利、加拿大、英国、波兰、俄罗斯、巴西、印度、肯尼亚、南非、西班牙等25个国家的新人,在这里步入婚姻的殿堂。至今,已见证了6000多对国内外新人缔结百年之好的玫瑰婚典,早已成为杭州这座"东方品质之城,幸福爱情之都"的一张金名片。

(材料来源:《第21届新版西湖情五粮液玫瑰婚典金秋上演》,杭州网,2019年6月12日)

中国国际西湖情五粮液玫瑰婚典报名启动(节选)

10月6日,第22届中国国际西湖情五粮液玫瑰婚典将在爱情之都杭州浪漫上演。

今年的五粮液玫瑰婚典由团省委、省青年联合会、市委宣传部(市文明办)、四川省宜宾五粮液集团有限公司、团市委以及青少年活动中心主办。婚礼以"缘定晶生、幸福一生"为主题,将结合中国传统婚礼的习俗、西式婚礼的形式,通过幸福启程、花车巡游、红毯风采、彩船畅游、西湖迎亲、盛世华典、五粮液喜宴七大经典篇章,在西子湖畔、大运河畔和钱塘江畔为新人们打造一场喜庆欢乐的婚典。

(材料来源:《杭州日报》2020年5月14日)

2020年4月22日,第22届(2020)中国国际西湖情五粮液玫瑰婚典湖上云直播发布会,在杭州西湖G20专用游船宝石舫景观台上举行。

本届婚典将为医务人员、公安、交警、军人、记者、志愿者、科研人员、园林工作者、城市管理员、公务员、社区工作人员等为社会做出贡献的"最美"新人举办一场浪漫婚礼。

(材料来源:《第22届中国国际西湖情五粮液玫瑰婚典湖上云直播发布会》杭州网,2019年4月22日)

2020年是非常不平凡的一年,我们万众一心,共克时艰,所以,第22届(2020)中国国际西湖情五粮液玫瑰婚典既有对往届的继承,又有变化,把最美的婚礼献给为社会做出贡献的"最美"新人。因此,在培训的时候要把内涵和形式向调研者进行交代,便于在问卷和访谈等调研中,与调研对象进行交流,获得充分的信息。

2.调研知识培训。该部分内容的培训,主要针对调研项目的具体情况,再次明确几个方面的问题,包括:调研的目的是否已经明确,调研方法是否已经确定,调研小组的组员分工是否合理等。同时,对所有调研人员进行如何发问卷、如何指导调研对象填写问卷、如何收回问卷等实际操作事项的指导。

16.调查礼仪(视频)

另外,还要重视以下调研知识的培训:

(1)调研人员要注意仪表端正、穿着整洁、用语得体、口齿清楚、态度谦和,给人以亲切感。

(2)调研人员要主动自我介绍,并有礼貌地称呼调研对象。适当的称呼会使对方感到亲切。同时要考虑访问对象的民族习惯和生活习惯,争取最短时间得到调研对象的信任和合作。

(3)适时地示意礼品。示意礼品但切不可过分渲染礼品,使人觉得有占小便宜的感觉。

(4)活跃气氛。成功的调研需要在一种轻松、愉快、友好的气氛中进行,调研人员必须努力营造这种气氛。可以就调研对象的优点、特长、爱好等方面,找一些双方熟悉的或者感兴趣的话题进行交流,使对方感到与你有共同语言,以此来活跃气氛。

(5)问卷内容的讲解。向调研对象解释每一个问题的含义以及问题之间的逻辑关系,使所有调研对象按照统一和正确的理解进行访问。

问卷内容讲解部分非常重要,是项目培训的关键所在,可以从以下几个方面入手:

一是问卷整体结构。概括每部分的内容,使访问员有一个大致的了解。

二是题目的讲解。重点讲解那些容易引起不同理解的问题,澄清可能存在的歧义,统一某些关键特例的处理办法。

三是逻辑关系。对前后相关联的问题,讲清其逻辑关系。

四是项目工具的使用。对于需要用卡片和实物的调查,要向访问员介绍这些调查工具的使用方法,例如简单介绍卡片、照片等访问工具的构成。

五是及时总结。问卷的每个部分结束后,明确本部分的逻辑关系和操作难点,并解答疑问;整份问卷完成后,对问卷的要点、难点、歧义点进行总结和

归纳。

(6)问卷的代填。有些调研对象,让其亲自填写问卷,会流露出不耐烦的态度,但又不是绝对的不配合。为了争取到这些调研对象,调研人员可以采取口述的形式,将问卷中的问题一一讲解,根据调研对象的回答情况,代为填写问卷。

如果调研对象是学前儿童,因为他们不太会书写,也适宜采取此类方式。

3. 调研技巧培训。调研技巧多种多样,不同的调研人员,不同的调研对象,不同的调研项目,会采用不同的调研技巧。一次成功的调研,调研者的态度和情绪、礼貌用语、调研过程的指导、与调研对象的沟通技巧、语言表达等,都是培训要素。

由于属于一种"软能力"的培训,调研组织者在调研之前,可以采用情景模拟的方式,对调研人员进行培训与点评、讲解。

在情景模拟过程中,重点点评以下项目:

第一,礼貌用语是否得当?

第二,与调研对象的沟通是否顺畅?

第三,如何面对被拒绝?

第四,如何提高调研的成功率?

4. 再培训。此环节,适用于调研时间相对比较长的调研活动,或者安排了试调研环节的调研活动过程中。再培训的主要目的是及时总结经验,及时交流,以便后续的调研活动不但可以避免其他的调研人员出现同样的错误,也可以相互交流调研的经验,使得后续调研能够开展得更顺畅,调研效率更高。

5. 调研心理培训。调研成果并不是在第一时间就能体现的。在调研过程中,难免出现这样那样的状况而影响调研效率,尤其面对无数次被拒绝、不配合的状况。我们的调研人员需要具备一定的抗压抗挫能力。因此,在岗前培训中,必要的心理培训是不可少的。

三、实地调研遵循的原则

为了保证实地调研的数据质量,实地调研需要遵循以下原则:

1. 科学性原则。通过实地调研搜集的数据应该是真实有效的,否则对于决策将没有价值,甚至可能误导决策者。

2.统筹性原则。数据搜集是一项复杂的系统工程,涉及调研各方人员实地调研工作的各个环节,工作进度和质量受许多因素影响。因此,必须统筹计划和组织实地调研工作。

3.经济性原则。实地调研环节在整个调研与分析支出中占相当的比例,因此要想方设法以尽可能低的成本获得需要的数据。同时,要在控制成本和保证数据质量之间保持一个适当的平衡。

4.时效性原则。实地调研要及时,保证数据的时效性。

【实践操作】

为了能够使实地调研活动顺利进行,根据本项目学习的工作任务,制定可操作的实地调研实施方案,做好前期各项准备工作,包括人员培训工作。具体如下:

1.以小组为单位,制定实地调研实施方案一份。

2.做好实地调研的前期准备工作,主要包括物品的准备、文件的准备、场地的准备等。

3.组织好人员培训,通常包括实地调研项目培训、模拟访谈培训、再培训等环节。

【注意事项】

1.实地调研前期准备工作要充分,考虑要周全。

2.实地调研前的人员培训要到位,条件允许,可以到实地进行一次培训和预演。

3.调查中可能遇到被拒绝的问题。

(1)没有理由;

(2)我很忙碌;

(3)你很烦;

(4)填过了;

(5)问卷题目太长;

(6)没有奖励。

要寻找合适的调查对象,注意礼仪,注意沟通方式。对调研人员应该进行一定的抗压耐挫训练,正确对待调研过程中的"被拒",提高调研人员的心

理素质,以及处理"被拒"的能力。

参考案例 48

17.调研被拒绝怎么办(视频)

参考案例 49

《杭州国际博览中心客户满意度调查》
调研人员工作程序及注意事项

调研前:

1.学习《杭州国际博览中心 2017 年度客户满意度调查实施方案》,了解此次调研活动的背景及要求,明确调研目的和调研任务。

2.查看近期即将在杭州国际博览中心(以下简称"国博")举办的各类会议、展览活动安排表,重点关注时间、地点、活动主办方、组织方等内容。

3.熟悉调研场地,了解国博各展厅、会议室及酒店的功能分区。

调研中:

4.注意仪容端庄、穿着整洁,上岗前佩戴好调研人员工作证。

5.注意用语得体,有礼貌地称呼调研对象,并主动介绍自己,注意快速切入主题,同时告知其调查方式,争取最短时间得到调研对象的信任和合作。

6.适时地示意礼品。示意礼品,但切不可过分渲染礼品,使人觉得有占小便宜的感觉。如我们此次为调研对象准备的礼品是一份 G20 的旅游套票,无论收藏还是使用,相信对于调研对象来说还是具有一定吸引力的。

7.当调研对象对问卷内容或答题形式有疑问时,应耐心地向其做好讲解工作,协助调研对象高质量地完成调查问卷。

8.提高耐压、抗挫能力,正确看待调研过程中的"被拒",通过实践和总结提高处理"被拒"的能力。在实际调研操作中,我们首先要注意调研对象的合理选择,比如一个行色匆匆或者满脸沮丧的人,我们就不要选择了。相反,如果对方没有回避你的眼神或者面带笑容的,我们可以尝试一下。如被调研对象拒绝,我们可以尝试利用情感打动、影响调研对象同意接受调研。如被坚定拒绝,也要保持良好的风度。

调研后:

9.现场调研工作完成之后,要及时对调研过程进行总结,并书面反馈指导老师。

工作要求:调研人员应具备良好的个人素质,诚实、有责任心,能够吃苦耐劳,本着实事求是的态度开展现场调研工作,不得弄虚作假。

(材料来源:杭州国际博览中心客户满意度调查材料)

参考案例 50

第七届中国(杭州)国际电子商务博览会实地调研工作方案

一、前期准备阶段

(一)材料准备

1.印制实地调研所需要的问卷。参展商问卷,根据主办方提供的参展商数量进行印制(建议多印 2‰—5‰ 的问卷份数,可以在参展商有所增加,或者错填问卷的情况下使用);专业观众问卷 1500 份,普通观众问卷 1500 份。

2.编写问卷的序号,便于分发、回收与整理。

3.文件袋 30 只,分装问卷用。

4.笔,填写问卷用。

5.调研人员通讯录若干,各小组及老师各一份。

(二)交通准备

1.车辆租用。

2.了解路线及路况。

3.确定出发时间,以保证开展前到达会展中心。

(三)人员培训

1.小组分工(参展商调研组、专业观众调研组、普通观众调研组);小组人员分工。

2.调研项目培训。

3. 调研知识培训。

4. 调研技巧培训。

5. 调研心理培训。

6. 模拟调研训练。

二、实施阶段(9 月 18 日—20 日)

(一)调研人员到岗

1. 由各组组长进行点名。

2. 组长进一步明确调研任务,岗位职责到人。

(二)开始调查

按照《第七届中国(杭州)国际电子商务博览会调研方案》的设计,调研人员分发和回收问卷;开展访谈;观察调研。

1. 对所有参展商进行问卷调研。

2. 对专业观众进行问卷调研(辨识目标人群)。

3. 对普通观众进行问卷调研(辨识目标人群)。

4. 访谈:(1)参展商、专业观众、普通观众;(2)主办方或承办方领导;(3)论坛嘉宾。

5. 按照要求进行观察。

三、调研要求

1. 重视调研礼貌。

2. 明确问卷的发放时间、回收时间。

3. 调研内容要真实、准确,不可造假。

4. 调研样本按照《调研方案》的设计,进行分配,认真完成信息的搜集。

5. 重视回收问卷的复核。

(材料来源:杭州科技职业技术学院旅游学院会展专业"会展调研"课程组织实地调研工作方案)

模块二　实地调研的实施

【工作任务】

在教师的统一组织下,在完成项目一的工作任务之后,结合全真会展活动项目,开展实地调研活动。

【相关知识】

在会展调研活动中,只有通过严谨、规范、高效的现场执行,才能保证按调研项目的要求获得及时、准确和有用的数据,保证达到预期的调研目的。

做好了实地调研前的准备工作之后,就可以实施正式调研了。其工作过程主要包括:现场执行、总结评估。

一、现场执行

现场执行阶段要重点做好以下工作:现场督导、问卷管理、访谈管理、座谈会管理。

(一)现场督导

安排现场督导的目的是确保调研人员严格按照项目的要求保质保量地完成工作。聘用有责任心、经验丰富的督导人员,并有效地调动其积极性,是现场调查工作能否有效的关键。现场督导工作一般可以从抽样控制、实地监控和作弊行为控制三方面入手:

1.抽样控制。其目的是确保调研人员严格按照抽样计划进行调查,而不是随便选取样本。对于进度过慢或过快的调研人员,要给予格外的关注,及时发现原因并给予必要的帮助和指导。

2.实地监控。指导人员需要检查现场调研过程是否按规范的要求进行,及时发现问题并加以解决。调研指导人员应该积极参与到现场的调研过程之中,从而积累项目管理控制的经验,寻找更加合理的控制项目的方法。

3.作弊行为控制。通过明确的奖惩措施、现场指导和复核,及时发现、纠

正作弊行为。最常见的作弊行为是篡改或伪造答案,使不完整或不合格问卷成为合格问卷,或者未按项目的要求抽样或选择补充样本,或者用不合格的调查对象冒充合格对象甚至虚构整个问卷。

例:在某次展会调研中,指导人员发现有的调研人员为了尽快完成所分到的问卷任务指标数,将自己作为展会观众的身份,做了不止一份的问卷。这样的问卷是没有调研价值的。指导人员发现此问题后,及时制止了调研人员的此类行为,并及时剔除这些问卷,保证问卷的有效性。

(二)问卷管理

有效的问卷管理对于控制现场执行的进度、及时发现和解决执行中的问题、保证数据质量具有重要作用。问卷管理工作主要包括:

1.问卷的发放与回收。为保证问卷的质量,在问卷发放和回收时,需要掌握好问卷完成时间和发放问卷数量的尺度,既要保证正常的进度,又要防止因要求过高、工作量过大而影响问卷质量。

(1)时间控制。在安排问卷时,要有明确的时间要求,即需在哪个时间段完成问卷以及具体的发卷、交卷时间。

另外,指导人员安排问卷发放、回收的时间应固定在某一时间段,这样有利于培养访问员准时交卷的习惯,也便于对问卷进行及时的审核。

对于时间短、任务急的项目,可以安排每天进行问卷的发放、回收,这样有利于督导及时掌握进度和配额。

(2)数量控制。数量控制需兼顾两方面要求:一是调研人员实际能力及其在有效工作时间内能否完成发放的数量,超负荷要求极易导致作弊;二是每一位调研人员的完成量应尽量平均,减少因某个访问员访问数量太多,其操作习惯会影响到数据的客观性。

对一个调研人员而言,问卷发放的数量控制基本应遵循"少、多、少"的比例,即项目初期应分配较少的问卷,中期可分配较多的问卷;后期由于涉及一些查漏补缺的工作,应相应减少问卷。

(3)区域控制。每个调查小组、每个调查人员要有明确的工作范围,不要出现有些区域重复发放问卷,有些区域漏发问卷的现象。否则,重复收到问卷的调查对象可能会反感;漏发问卷,有可能出现信息搜集的不全面。

参展商是固定展位的,只要合理分配,容易掌控,如分馆——区块——号码。观众或参加论坛的人员是流动的,如果出现重复调查、访谈的现象,调研人员要表示歉意。

2.调研问卷的审核。调研问卷的审核主要是检查收回的问卷是否符合项目的要求。主要内容包括字迹是否清楚、被访者是否符合要求、有无漏问和逻辑错误、答案是否合理、追问是否完全等。

审核的方法:

(1)调研人员的自审。

调研人员完成调研后,首先要当场审阅整份问卷,检查有无漏问,必要时应及时补问。回收后要细审、整理问卷,检查以后方可交给公司。

(2)督导人员审核。

调研人员交问卷时,督导人员应当场审核问卷。主要是针对甄别条件、问卷是否填写完整以及题目间的逻辑关系和地址的使用情况等。问卷回收后,把每个调研人员的问卷集中进行全面细审,细审问卷中每道题回答的情况以及问题之间的逻辑关系。数量较大时,可以采取交叉互审的方式。

(3)审核结果处理。

对出现问题的问卷可以采用如下方法进行处理:

①问题属于可以补救的,如漏问、答案不全等,退给访问员重新补问;

②问题属于无法补救的,如空缺率太高、问题回答前后矛盾等,整个问卷作废。

（三）访谈管理

1.访谈前的准备工作:根据访谈提纲,尽量与访谈对象预约访谈的时间,有一些是随机进行访谈的。明确访谈问题;准备好访谈用品,如笔记本、录音笔等。

2.接近被访者:热情大方,注重礼仪,如得体的称呼、问候语等。

3.访谈阶段。

(1)访谈围绕调研目的,要有一条主线,不能东一榔头西一锤,毫无逻辑。

(2)访谈中要注意引导和追问,顺藤摸瓜,努力做到从一般问题入手,切入有深度的问题,发现更多的有价值的信息。如:到您这个展位来的观众主要关注什么产品? 贵单位参加产品发布会,最大的收获是什么? 您认为在展商和观众对接方面我们还需要做哪些工作?

(3)访问员始终保持公平、中立的态度。不能诱导性、情绪性地进行访问。

(4)控制访谈时间。时间太短,可能会不够深入;时间太长,也会影响访

谈对象的工作。所以,要努力做到适度。

4.访谈结束阶段。

(1)迅速检查访谈问题,查漏补缺;

(2)应再征求被访者意见,了解还有其他什么想法、意见等;

(3)表示感谢。

(四)座谈会管理

有些实地调研是运用开座谈会的形式来搜集信息的,它比较高效(见表
2-5-1)。

表 2-5-1　座谈会准备工作

人数	8—12 人
被访者	预先筛选被访者,有相同的关注问题,但来源要有广泛性;尽量避免同质性;这样,才能多角度呈现观点
环境	轻松、活泼的氛围,有利于大家活跃思维
时间	1.5—3 小时
地点	居中性,便于被访者聚集与扩散;或者在考察现场的办公室;或者在人员下榻酒店的会议室;交通便利
记录设备	摄像机或录音录像设备、麦克风等
主持人	明确座谈会的目标,良好的观察力、沟通技巧、控制会场的能力

1.做好座谈会的会前准备工作。

(1)围绕调研目标,确定座谈会的主题或议题。

(2)准备座谈会的材料,能够方便参会者了解相关背景等。

(3)确定参会人员。

(4)确定会议的时间、地点。

(5)做好座谈会通知,使参会嘉宾提前知晓参加调研座谈的议题。如杭
州西博办为"杭州打造国际会议目的地"进行调研,邀请前来杭州参加亚洲展
览会议协会联盟(AFECA)2011 年会的 13 个国家和地区的业界专家座谈,提
前邀请嘉宾,使嘉宾有准备的时间,发言非常有质量。

(6)准备好座谈会的工具:照相机、录音笔、录像机等。

2.组织和控制好座谈会的全过程。

(1)主持人说明这次调研座谈会的目的、主题或议题；

(2)在主持人的引导下,大家围绕调研主题展开讨论；

(3)控制好会议的时间,让每一个参加调研座谈会的人员都有机会发言；

(4)主持人要能够激发大家积极地贡献观点,或者观点相互激荡。

3.做好座谈会后的各项工作。

(1)及时整理调研座谈会的会议记录；

(2)做好座谈会观点的梳理整合；

(3)做好定性分析,为写调研报告提供有深度的信息。

参考案例 51

第六届中国国际服务外包交易博览会总结会讨论大纲

重点讨论的问题

1.存在的问题

2.如何向国际化、专业化、市场化迈进

3.如何强化两大核心价值

— 行业趋势研讨平台

— 商务洽谈平台

4.活动策划的创新

— 会议

— 商务活动

— 展览

5.第三方评估机制的完善

6.品牌宣传

7.会务接待

8.第七届服务外包博览会

— 申办、主题、场所

（材料来源:中国国际投资促进会

《第六届中国国际服务外包交易博览会总结会》2014 年 10 月 30 日）

二、总结与评估

现场调研工作完成之后,要及时进行总结和评估,为执行过程保留完整的记录,也为今后工作的改进打下良好的基础。要注意养成及时完成书面执行总结的良好习惯。评估内容包括工作流程、调研人员表现和执行质量三大方面。

1.工作流程评估。主要包括工作流程是否合理、人员配备是否恰当、分工和要求是否明确、现场指导是否到位、复核是否充分有效。要注意分析问题并提出改进建议。

2.调研人员评估。评估标准通常包括工作态度、工作效率和调查质量。

3.执行质量评估。评估标准主要包括访问员的工作效率和调查质量。

(1)调研人员的工作效率。包括调研成功率和每天完成的问卷数量。

(2)调查质量。调研质量的评估除了直接观察调查过程,考察调研人员是否按规范的要求进行访问外,主要依赖问卷复核的结果。

总结评估可以用交流、讨论、点评的形式进行,也可以用书面总结材料的方式进行。

【实践操作】

结合全真会展活动项目,在教师的统一组织下,开展实地调研活动。

注意事项:

1.以小组为单位,分工合作,有序进行;

2.教师及各小组组长,做好实地调研活动全过程的督导、协调工作;

3.积极寻求会展活动主办或承办方的支持与帮助,有效保障调研活动的顺利开展;

4.记录调研过程的成功与失败案例,以及点滴感想,及时总结,有效改进,提高调研成果的价值。

【注意事项】

为了保证实地调研的质量,确保及时取得准确、可靠的数据资料,在实地调研过程中,应该特别注意调研道德。

1.调研人员在现场执行过程中应该遵守起码的职业道德。应该尽量使调研对象感到舒适,并在自愿的基础上参与调查;要尊重调研对象拒绝回答敏感问题甚至终止接受调查的权利,不要过分地使其为难;要尊重调研对象的隐私和感受,给调研对象留下良好的印象,以方便以后调研活动的开展;在任何情况下不得以调研的名义进行推销活动。

2.对委托方负责。现场工作的执行方应按照规范的程序操作,并向委托方如实报告执行情况;要采取有效措施预防和制止调查中的作弊行为;要严格遵守与委托方达成的保密协议。

参考范例 52

在某次展览会的实地调研活动中,督导员发现调研小组为了增加展会调研问卷的样本数,有成员将自己作为观众对象,填写了调研问卷。督导员当场对他们进行了批评教育,非常严肃地指出,调研问卷是为了了解真实的情况,而不是为了好看的数据。调研人员必须要有实事求是的态度,否则,调研结果就会出现水分。督导员立即要求调研成员把自己填写的十几份问卷撤掉,继续做好展会观众的调查。

(材料来源:杭州科技职业技术学院旅游学院会展专业"会展调研"课程教学案例)

项 目 六
问卷数据的预处理

✎ 学习目标

【知识目标】

◆理解对问卷数据进行预处理的意义。
◆了解 SPSS 的工作性能。

【技能目标】

◆学会运用 SPSS 软件进行缺失值的问卷处理。
◆能够运用 SPSS 进行编码和录入。

【训练路径】

◆对实地调查回收的问卷进行审核和筛选,剔除无效或者空白问卷。
◆尝试安装 SPSS 软件。
◆对问卷的单选、多选以及开放题目进行编码。
◆用 SPSS 进行调研问卷的材料录入。

会展调研的问卷回收之后,有关此次会展的数据分析过程就开始了。一般而言,问卷数据分析的过程通常包括渐进的两个大的部分,即问卷数据的预处理和数据分析过程。其中数据的预处理部分包括问卷数据的审核与检查以及数据的编码和录入两部分。

调查者通过搜集调研早期发放的问卷得到的数据称为原始数据。原始数据是后续数据分析的源泉,因此十分重要。调查者在调查过程中应予以保护,防止毁坏和遗失。在正式开始分析调研数据之前,调查者需要对搜集到的数据进行审核和检查。只有在剔除不合格的问卷之后,才能够进行下一步的数据编码和录入工作。

模块一　调研数据的审核和检查

【工作任务】

1.进行一次实地问卷调研,并对回收问卷进行审核和筛选,剔除无效或者空白问卷。

2.安装 SPSS 软件,并对照章节内容了解 SPSS 的数据视图和变量视图,也可以上网搜索有关 SPSS 软件的介绍并尝试操作。

参考案例 53

18.SPSS 基本操作(视频)

【相关知识】

一、问卷的剔除和数据的校对

经历过实地调研的研究者会发现,调研回收的问卷作答情况通常是参差不齐的。基本上每次调研都会遭遇调查对象不填、漏填或者错填问卷的情

况,甚至少数调查对象会交"白卷"。这可能与调查对象的自身素质、对待调查的态度以及调查者自身的调研经验和水平有关。因此,实地调研后回收问卷得到的原始数据通常是良莠不齐的。所以,在正式进行数据分析之前,调查者需要先对回收的问卷进行审核和检查,对其中某些不合理的问卷进行剔除。需要剔除的问卷一般特点如下:

1.收集的问卷填写不完整或者缺页。当某份问卷中有许多题目没有得到回答或者缺页时应该将此份问卷舍弃。

2.调查对象没有认真或如实地答题。比如调查对象在填答问卷时的态度非常马虎,所答题项中有多处前后矛盾;或者由于调查对象的保守心理很强,对于问卷的人口统计学部分的题目如收入、职业、受教育程度等不予回答或故意错答。如果使用了这些未经认真或不实地填答的数据就会造成调查结果的可信度下降,使得调查结果出现异常情况。针对此种情况,许多调查者通过在问卷中放置一些测谎题项来检测调查对象填答问卷时是否认真。不能通过测谎题目的调查问卷一般予以摈弃。

当然如果条件允许,调查者可以通过电话追访或其他形式对上述异常情况进行核实和更正。但是考虑时效性等问题,通常对此类问卷作剔除处理。

需要注意的是,不论一项调研得到的结论具有怎样重大的科学和实用意义,其根本都是建立在调查者自身过硬的科研素养和科研道德基础上的。如果调查者能够在调查过程中遵守学术道德,对调研过程不进行引导,不对调研数据进行任何篡改,那么其调查结果才是有效的。相反,若调查者不遵守科研规范和学术道德,对原始数据随意删除和篡改,那么不论最后得到的调研结果多么美妙,都是水中月、雾中花。另外,有些调查者因为时间和精力所限,不能亲自实施调研,因而会委托第三方商业机构或者其他人员执行调研过程。国外的经验表明,商业机构的职业调查员说谎很普遍,甚至有的调查员会自己填写问卷;而其他人员因为不了解调研的详细步骤,经常会因为失去耐心而粗暴进行。因此对于通过第三方商业机构或其他人员回收得到的原始数据应该审慎对待,逐份审核和校对,对不清楚或者违背逻辑的答案应该通过电话等工具进行回访确认,对于无法确认的问题数据应坚决摈弃。

二、含有少量缺失值的问卷处理方法

对原始数据的初步检查和问卷剔除之后,通常需要调查者对剩余的问卷进行进一步的精细检查。此次检查主要针对初步检查中漏掉的含少量缺失值的问卷。上一部分已经说明,对于含有大量缺失值的问卷应该予以剔除,但在实际调研中调查者经常会遇到某些问卷仅含有少量未答题项。对于此类问卷,如果通过直接删除的手段来处理未免有些粗暴和可惜。下面给出两种处理的方法:

1. 根据前后关联题项的答案逻辑给出正确的值。比如某项调查中询问调查对象"是否参加了医疗保险",答案是"是"。但是后面的一个多选题询问调查对象"参加过以下哪些保险项目",该调查对象没有选择"医疗保险"这一选项。根据前后逻辑关系,显然调查对象是漏选了该选项,调查者在核查的时候应当补上该选项值。

2. 通过 SPSS 软件的缺失值处理功能对缺失的题项进行赋值。如果使用 SPSS 软件进行数据分析,对于缺失数据一般保留空白,系统缺损条件下默认为缺失值。对于缺失值的处理一般分两种情况,一种就是在数据分析的时候排除包含缺失值的个案,另一种就是使用数学方法对缺失值进行赋值。在 SPSS 的【转换】菜单下【替换缺失值】列出了 5 种替换的方法,分别如下:

(1)序列均值:以缺失值所在列(变量)的算术平均数替代缺失值;

(2)邻近点的均值:以缺失值邻近点的算术平均数替代缺失值;

(3)邻近点的中位数:以缺失值邻近点的中位数替代;

(4)线性内插值:以缺失值前后两个观察值的线性内插法估计的值进行替代;

(5)点的线性回归趋势:用线性回归的方法对缺失值进行替代。

【实践操作】

SPSS 软件简介

1968 年,3 位美国斯坦福大学的学生开发了最早的 SPSS 系统,并基于这一系统于 1975 年在芝加哥合伙成立了 SPSS 公司。经过 40 多年发展,SPSS 已经是世界上公认的三大数据分析软件(SAS、SPSS 和 SYSTAT)之一。最初 SPSS 软件全称为"社会科学统计软件包"(Statistical Package for the Social Sciences),但是随着 SPSS 产品服务领域的扩大和服务深度的增加,SPSS 公司于 2000 年正式将英文全称更改为"统计产品与服务解决方案(Statistical Product and Service Solutions)"。2017 年之后为多国语言版,支持简体中文的界面。

SPSS的窗口包含两种视图,即数据视图和变量视图。图2-6-1和2-6-2分别是这两种视图的示例。数据视图中一个列对应一个变量,即每一列代表一个变量(Variable)。问卷上的每一项目(题目)就是一个变量。行是观测,即每一行代表一个个体、一个观测、一个样品,在 SPSS 中称为案例(Case)。问卷的每个调查对象就是一个案例。因此,在将问卷数据输入 SPSS 数据窗口的时候,谨记每份问卷占据一行,每个题目占据该行中的一个单元格。

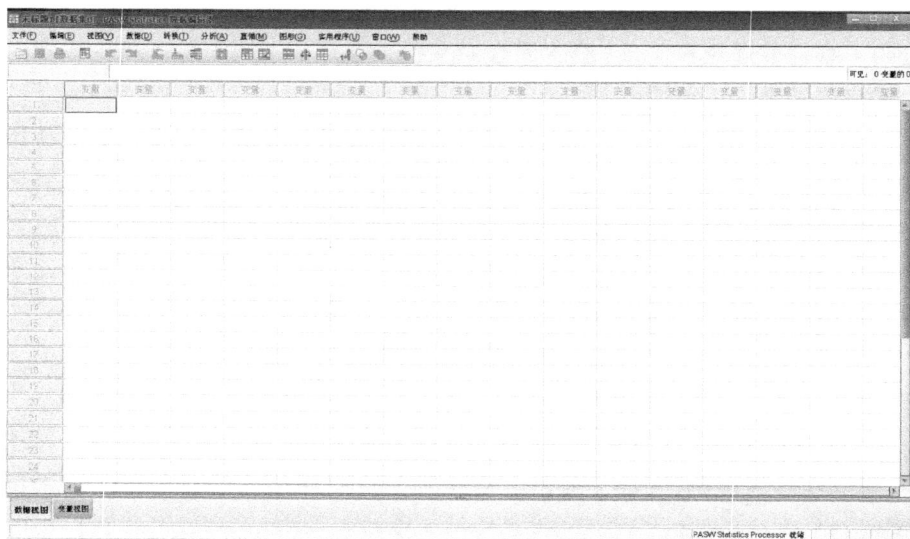

图 2-6-1　SPSS 数据视图示例

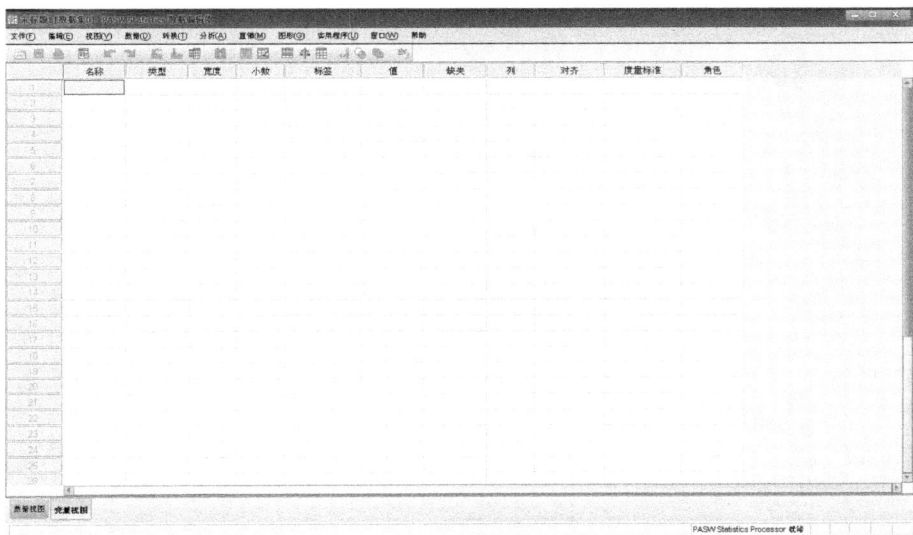

图 2-6-2　SPSS 变量视图示例

　　变量视图中的每一行代表一个变量（题目），每一列代表变量属性。数据分析之前需要根据实际情况对每个变量的属性进行合适的定义。变量属性主要包括变量名称、变量数据类型、变量小数位数、变量值标签定义、度量标准等。变量名称的命名情况在本章第二节编码部分有详细论述。变量的数据类型主要包括数值型和字符串型，可以根据需要选择，一般的数据处理过程选择数值型即可。变量的小数位数顾名思义就是指变量的数值包含几位小数，这也可以手动调节，一般的问卷数据处理选择两位小数足矣。变量值定义指的是对变量中的具体数值进行定义，比如将"性别"变量中的"1"定义为男，"2"定义为女。具体过程如下：

　　A. 点击"性别"这一行的"值"方框右侧（如图 2-6-3 所示），弹出值标签对话框，如图 2-6-4 所示。

　　B. 在"值"框中输入"1"，标签框中输入"男"，点击"添加"，如图 2-6-5 所示。

　　C. 重复上述步骤，在"值"框中输入"2"，标签框中输入"女"，点击"添加"。点击"确定"，这样就定义好了值标签。

名称	类型	宽度	小数位数	标签	值
序号	数字	8	2		无
性别	数字	8	2	性别	无
A2	数字	8	2	身份	{1.00, 16级}...
A3	数字	8	2	学院	{1.00, 旅游}...
Q1	数字	8	2	您参加本届读书...	{1.00, 是}...
Q2.1	数字	8	2	走班宣传	{.00, 否}...
Q2.2	数字	8	2	微信公众号	{.00, 否}...

图 2-6-3　点击"性别"这一行的"值"方框右侧

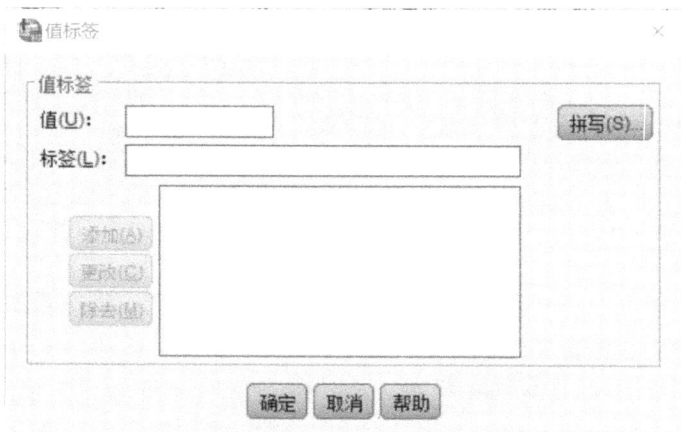

图 2-6-4　变量值标签对话框

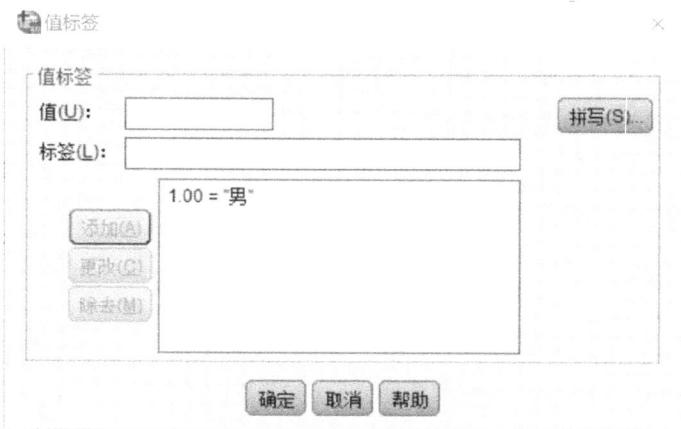

图 2-6-5　定义性别变量值标签"男"

度量标准指的是变量的数据类型是名义变量♣名义(N)、顺序变量▮(序号O)还是度量变量✎度量(S)。不同类型的数据可以采用的统计方法也不尽相同,如名义变量中的数据不可以计算平均数和标准差。数据的分类标准如下:

名义量表:事物的分类数据,如将人按照种族、性别、专业等分类所得的数据,无方向或大小,但可以用数值代表;

顺序量表:是一种名义量表且名称之间有顺序,如马拉松名次、社会地位高中低、衬衫大小等,可用数值代表;

度量量表:是一种顺序量表且相邻数值之间差异大小相同,就像尺子的刻度,比如温度。度量量表包含了等比量表,即度量量表也可以具有绝对的零值。

SPSS的结果输出在一个独立的窗口中显示,如图2-6-6所示,其中左侧是输出索引栏,右侧是详细的输出结果。每次分析数据结束后应该对数据和结果分别及时保存,以防丢失。

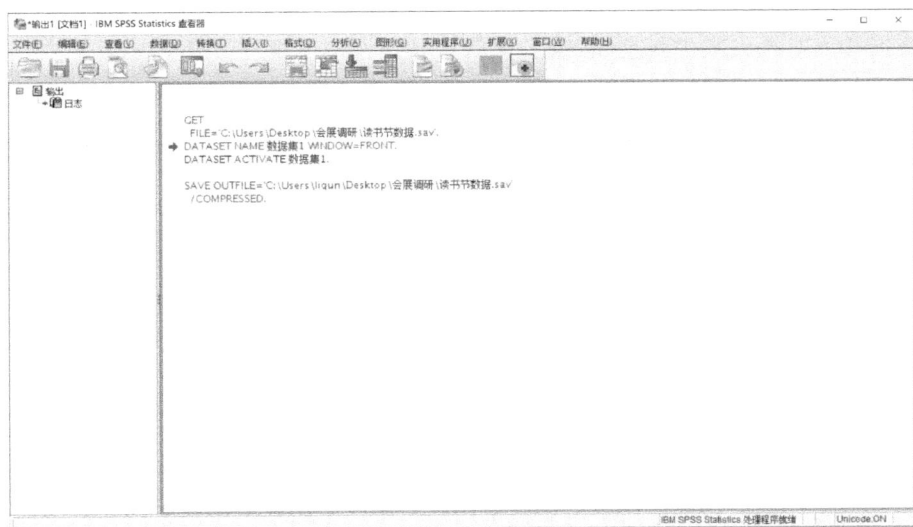

图2-6-6　SPSS输出结果窗口示例

【注意事项】

问卷法是一项非常好用的调查大众对某事物的客观认知与主观态度和情感的方法。在使用问卷法的过程中,有许多需要注意的地方。比如在问卷编制的时候需要注意问卷的内容效度,即所编制的问卷是否能够准确地测量出研究者所关注的问题。在进行数据分析之前,对回收问卷进行预处理是一项不可忽视的重要工作。在问卷预处理的过程中需要注意以下事项:

1. 耐心。研究者面对千百份问卷以及大量数据,必须沉心静气,对到手的数据进行耐心和仔细的审查、核对。对大量空白的问卷予以舍弃,特别对缺失值的处理方法不能主观臆断。

2. 科学。对于初接触数据的研究者来说,可能不能够认识到科研与学术的严肃性,而对不符合自己认知的数据进行篡改、删除。这样的科研态度是不可取的。正确的学术态度是秉持科学的方法和程序对数据进行处理。具体在问卷预处理的时候,当遇到不符合自己心意的问卷数据时应该持科学的态度予以舍弃或保留。对于缺失值的补全也不能主观臆断,而是需要联系问卷当事人对缺失项进行复核,或者使用数据预处理手段进行补全。

3. 勤奋。对于初次接触 SPSS 软件的研究者来说,可能会有不知所措的感觉,这是人类面对陌生事物的正常感受。若研究者需要在研究的道路上继续前行,就必须将这种感觉克服。勤奋是通往前路的捷径。面对陌生事物,只要多看、多练、多摸索,掌握它并不困难。

模块二　利用 SPSS 进行数据编码和录入

【工作任务】

1. 对上一节的调研问卷进行编号。

2. 对问卷的单选、多选,以及开放题目进行编码,并将编码规则记录成文以备后续查看。

3. 使用上述编码规则将问卷按照编号录入 SPSS 中,并将每个变量(题目)的属性定义完整。

4.将问卷中需要反向计分的题目进行反向计分操作。

5.计算问卷总分。

【相关知识】

一、问卷编号

对所有调研问卷进行仔细的审核和校对并剔除不合格问卷之后,还需进行下一步的数据分析准备工作。为了养成良好的数据分析习惯,需要将问卷进行编号以便将来查找核对。一般来说,问卷编号的数字是从 1 开始的阿拉伯数字,标示在问卷右上角的空白处。在将数据录入 SPSS 的时候应该按照问卷的编号开始录入:第 1 份问卷录入第 1 行,第 2 份问卷录入第 2 行,以此类推。若问卷太长需要多人录入,则可以采取每位录入员录入所有个案的部分题项的方式,也可以采取各自录入部分个案的完整题项的方式。无论采取哪种分工方式,录入过程均需要定义好"编号"变量,以防数据错乱。

二、编码

编码是指对一个问题本身进行命名以及对其回答进行分组和指派数字代码的过程。编码包含两个含义,一是对题干的编码,这在 SPSS 中叫做变量的命名。数据分析过程中的变量名称通常要求简洁明了,而问卷的题干则一般比较冗长,不适合作为数据分析的变量名称。此时就需要对题干进行浓缩,取其内在意义进行命名。比如在一次校园读书节调研中第八题有如下问题:"您是否愿意参加下一届读书节的活动?"定义 SPSS 变量的时候显然不适合将整个句子都写上去,正确的做法有两种:一种是取题干的意思"再次参加意愿"进行命名,这样既简洁,也能让人一眼望去知其意思;另一种是以标题号为命名,如 Q8,对于题量比较大的问卷比较简洁明了。其他的问卷问题诸如人口统计学变量中的性别、年龄、职业等等就更应该使用有意义的词语进行命名了。此外,SPSS 中也可以用英文字母和数字对变量进行命名,使用中文标签来说明。SPSS 中变量命名需要注意以下几个地方:

1.变量名必须以字母、汉字或字符@开头,其他字符可以是任何字母、数字或_、@、♯、$ 等符号;

2.变量最后一个字符不能是句号;

3.不能使用空白字符或其他特殊字符(如"!""?"等);

4.变量命名必须唯一,不能有两个相同的变量名;

5.在 SPSS 中不区分大小写,例如 HXH、hxh 或 Hxh 对 SPSS 而言均为同一变量名称;

6.SPSS 的保留字(Reserved Keywords)不能作为变量的名称,如 ALL、AND、WITH、OR 等。

二是对问题的答案进行分组和分配数字的过程。这又根据问题的开放与否分为两种情况。对于封闭式问题而言,问题的答案已经事先分组并编码好了。比如询问调查对象对于某次会展的满意程度,这个典型的封闭式问题的答案一般都是五点量表从不满意到满意层层递进。其编码的规则就是 1—5 分的满意程度分别是非常不满意到非常满意的 5 个水平。调查对象只能在编码好的 5 个选项中选择。对于开放式问题编码的过程则要繁杂得多。由于调查者事先并没有对开放式问题的可能回答进行分组和编码,调查对象的回答会趋于零散和混乱。研究者需要对这些开放的回答进行分类,然后使用数字对每一类别进行编码。开放式编码的过程通常如下:

1.列出答案。由于开放式问题的答案各不相同,调查者需要首先将所有的调查对象在该问题上的答案列出。由于调查对象很多,问题的答案数目可能有几百或上千个,这一过程可以在 Word 或者 Excel 中进行。

2.合并答案。步骤 1 中列出了所有调查对象对该问题的看法,但我们无法使用这一结果作为该问题的统计结果来描述问题。通常在调查对象的回答之间会存在许多共性,调查者需要浏览所有答案,并且将相同的答案合并,这样就得到了较少的答案。有的时候经过合并之后的答案之间还可能存在共性,可能需要调查者再次对其进行合并。

3.设置编码。在得到合并答案清单之后,对清单中的每个答案类别分别使用一个数字进行编码。

4.标出编码。将每份问卷中该问题的答案与答案清单进行对比,将匹配的答案数字填写在问卷中。将编码规则及时录入调研手册中备案。

由于开放式问题的编码过程十分麻烦和繁杂,因此拟定问卷的时候应该多花心思进行研究,多出封闭式问题,建议问卷中不要放入太多的开放式问题。

三、录入数据

将问卷筛选完毕并编号编码之后,下一步就是要将问卷中的数据录入 SPSS 统计软件中作为后续分析的数据源。手动录入数据的时候,单选题、多选题、排序题、开放题的录入方式不尽相同,需要区别对待。

参考案例 54

19. 数据录入操作(视频)

1.单选题的录入。单选题的录入最为简便。因为单选题的选项在问卷拟定的时候就已经编码好,在录入问卷的时候只需要将每个选项指派一个数字代替并将调查对象选择的选项所对应的数字录入 SPSS 即可。在指派数字代替选项的时候需要注意的是每个选项的代表数字不能重复,一般以 1/2/3/4/5 代替 A/B/C/D/E。如在一次"校园读书节活动效果调研"的观众问卷中,有如下问题:

读书节活动效果的满意程度?

A.非常满意   B.满意   C.基本满意   D.不满意

E.非常不满意

在这里,可以依满意程序从非常满意到非常不满意逐渐变差分别给五个选项指派 5、4、3、2、1 分代替,或者相反地指派 1、2、3、4、5 分来代替。这两种方式都是合适的,差别仅仅在于采用高分还是低分来代表满意程度。

2.多选题的录入。与单选题不同的是,多选题会存在某个人选了两个或以上答案的情况。这时如果仍采用单选题的录入方式,如某人在下面的多选题中选择了 A、B、D 三项,数据录入的时候就录入 124,那么结果显然是错误的。因为在 SPSS 中 124 是一个单独的数值,并不能用来代替 1、2、4。在实际研究过程中,我们通常采用将多选题按照选项数目拆分成多个单选题的形式来解决这个问题。比如下面的多选题就可以根据选项数目拆成 4 个如下所示的单选题,每个单选题以"是/否"作为答案。这样在输入 SPSS 的时候也需要

第二编 实务

定义 4 个变量,分别为"走班宣传""微信公众号""校园海报宣传""老师告知"。每个变量的赋值只能是 0 或 1,其中 0 代表没有选择该项,1 代表选择了该项。因此,若某人选择了 A、B、D 作为选项,录入 SPSS 的时候就要在相应的 4 个变量中填入 1、1、0、1。

您通过什么方式了解到本届读书节活动?(可多选)

A.走班宣传　　　B.微信公众号　　　C.校园海报宣传　D.老师告知

a.您通过走班宣传的方式了解到本届读书节活动吗?

A.是　　　　　　B.否

b.您通过微信公众号的方式了解到本届读书节活动吗?

A.是　　　　　　B.否

c.您通过校园海报宣传的方式了解到本届读书节活动吗?

A.是　　　　　　B.否

d.您通过老师告知的方式了解到本届读书节活动吗?

A.是　　　　　　B.否

3.开放题的录入。由于开放题的题目样式各异较为复杂,如何录入当然也不能一概而论,但是在将开放题编码之后就可以将其视为单项选择题或者多项选择题。因此,可以按照单选或者多选题的录入方式将数据录入 SPSS。这里不再单独做演示。

【实践操作】

一、打开其他格式数据

由于当代计算机和互联网技术的飞速发展,网络上出现了各种电子问卷平台。调查者可以在这些平台上编辑和发布问卷,也可以自己设计问卷到各论坛转发。电子问卷极大地节约了调研者的经济和时间成本,回收得到的电子问卷的预处理方式也和传统的纸质问卷"凭肉眼看"进行审核有了很大区别。特别是电子问卷的结果可能已经按照事先设定的规则自动编码完成,并以 word、excel 或者 txt 等形式存储。这样调查者不需要再进行缓慢的手动输入工作,SPSS 对 *.doc、*.xls、*.txt 等格式的数据可以直接打开。下面介绍 *.xls 格式的数据打开方式,其他格式的数据打开方式这里不再介绍,有兴趣的同学请参考其他 SPSS 专业书籍。

A. 打开 SPSS 程序。

B. 选择【文件】菜单下的【打开】→【数据】，弹出"打开数据"的对话框，如图 2-6-7 所示。

C. 点击"文件类型"旁边的灰色三角形展开下拉列表，选择"Excel（＊. xls，＊. xlsx，＊. xlsm)"然后点击"查找范围"旁边的灰色三角形展开下拉列表，选择要打开的 excel 数据所在的路径。这里我们需要打开的数据放在其中一个文件夹路径中，因此选择该路径后找到文件名"读书节调研统计. xls"，单击选中，点击"打开"。

D. 弹出如图 2-6-8 的"打开 Excel 数据源"对话框。在此可以根据实际情况勾选"从第一行读取变量名"，也可以自行选择工作表及其数据范围，这里选择 Sheet2。选择完毕之后点击"确定"，数据就完整地导入 SPSS 中，如图 2-6-9所示。数据导入之后应该及时保存，防止丢失。

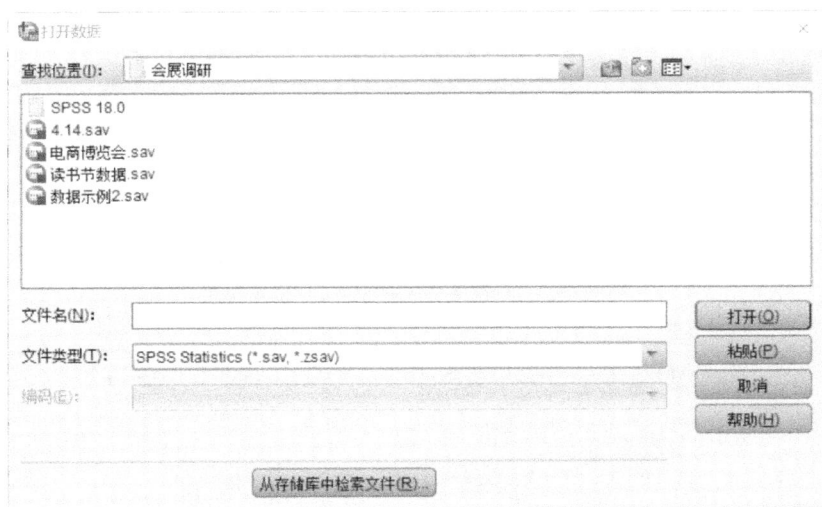

图 2-6-7 "打开数据"对话框示例

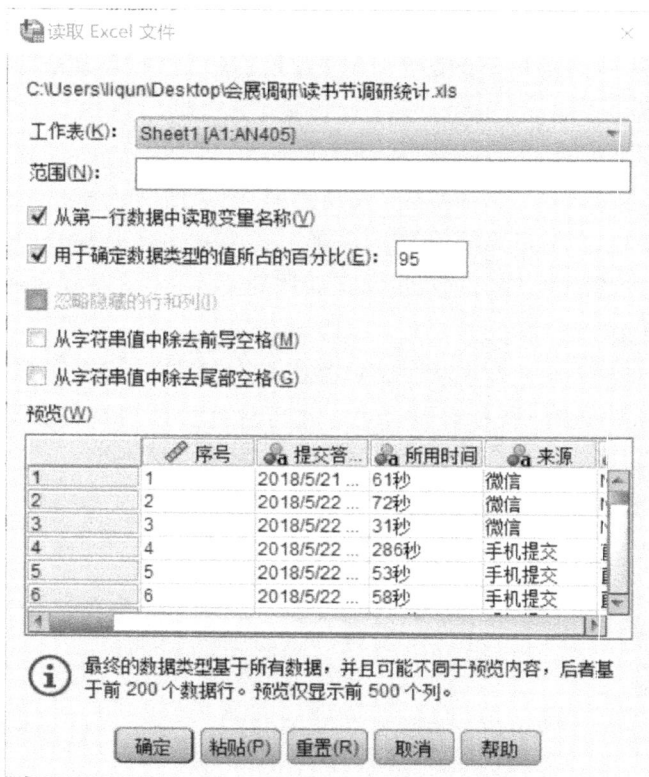

图 2-6-8 "打开 Excel 数据源"对话框示例

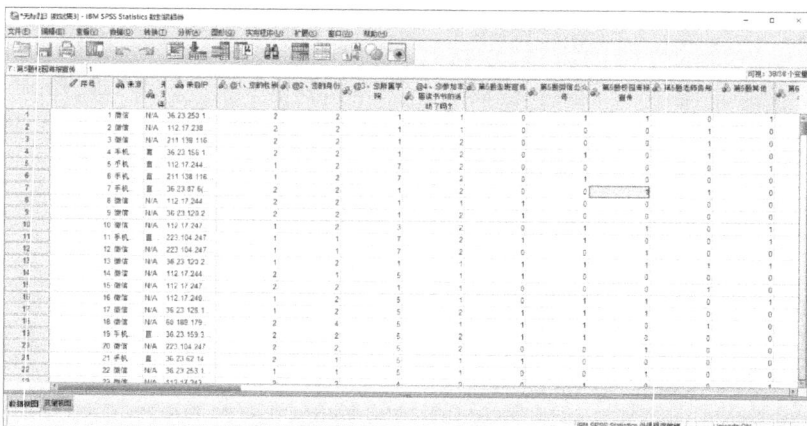

图 2-6-9 "读书节调研统计.xls"导入 SPSS 后的图示

通过以上的审核、剔除、编号、编码、录入等步骤,我们系统地学习了如何将获得的原始数据进行预处理的一些技巧。数据录入之后,调查者仍需进行核查,看是否有录入错误。尤其是对手动录入的情况,更应该检查是否有人为输入错误。还有一些常见的预处理技巧如反向计分和计算总分的技术将在下面给出介绍。

二、反向计分

在许多调研中,为了测谎或者其他目的,许多研究者在调查问卷或量表中设置反向计分的题项。例如,某次校园读书节的调查中,对于某个问题

您所参加的读书节开幕式的现场氛围如何?

A. 很好　　　　　B. 较好　　　　　C. 较差　　　　　D. 差

在录入问卷的时候要求录入者将 A、B、C、D 四个选项分别赋值分数为 4、3、2、1,即越关注得分越高。但在实际录入中这样录入的形式不如直接将 A、B、C、D 赋值为 1、2、3、4 分的录入过程顺畅。因此,我们可以要求录入者在录入的时候一律将 A、B、C、D 赋值为 1、2、3、4 分,然后在对数据进行预处理的时候对该题目进行反向计分。反向计分的意思就是将原本记为最低分的反过来处理成为最高分,将原本录入的最高分反过来处理成最低分。对于本题反向计分就是要将 1、2、3、4 分变为 4、3、2、1 分。在 SPSS 中反向计分的过程是十分简便的。具体操作过程如下:

1. 选择菜单中的【转换】下的【重新编码为不同变量】,如图 2-6-10 所示;

2. 在弹出的"重新编码为其他变量"的对话框中,将左侧的"开幕式 Q4.7"变量移入中间的框中,如图 2-6-11 所示;

3. 在右侧的"输出变量"标签下的名称中填入新命名的变量名,如可以将新变量命名为"Q4.7 反向",并点击"更改"按钮,如图 2-6-12 所示;

4. 点击中间下方的"旧值和新值"按钮,弹出"旧值和新值"对话框,如图 2-6-13 所示;

5. 在左侧的"旧值"标签下的"值"框中填入"1",在右侧的"新值"标签下的"值"框中填入"4",如图 2-6-14 所示;

6. 点击"旧→新"标签下面的"添加"按钮,将 1 转化为 4,如图 2-6-15 所示;

7. 按上述方法继续将 2 转化为 3、3 转化为 2、4 转化为 1 并添加完全,如

图 2-6-16 所示；

8.点击继续，点击确定，在 SPSS 数据窗口的最后一列会出现一个新的变量，变量名为"开幕式反向计分"，如图 2-6-17 所示；从中可以看出，该变量中的计分刚好与开幕式变量相反。

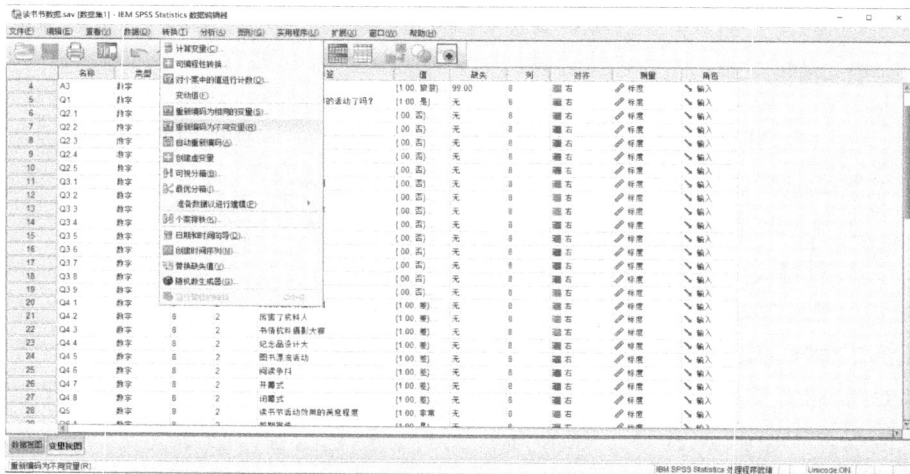

图 2-6-10　重新编码为不同变量示例

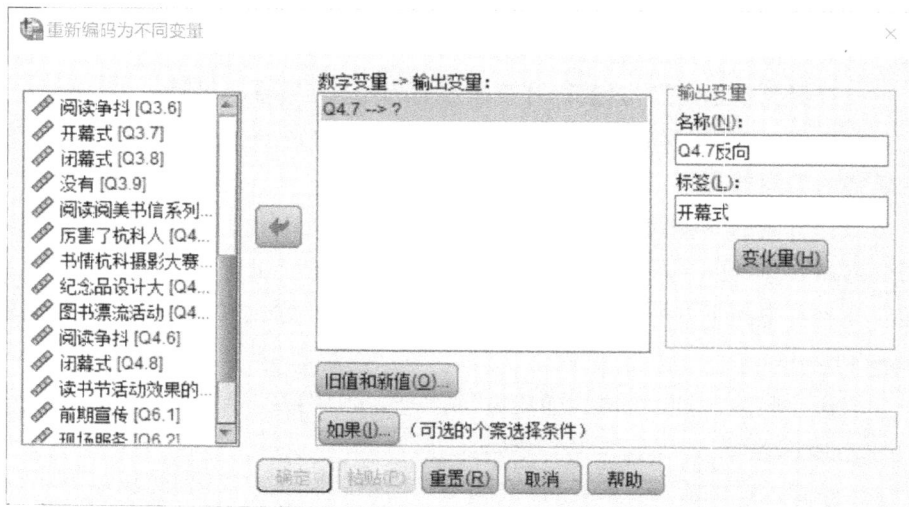

图 2-6-11　重新编码为其他变量对话框

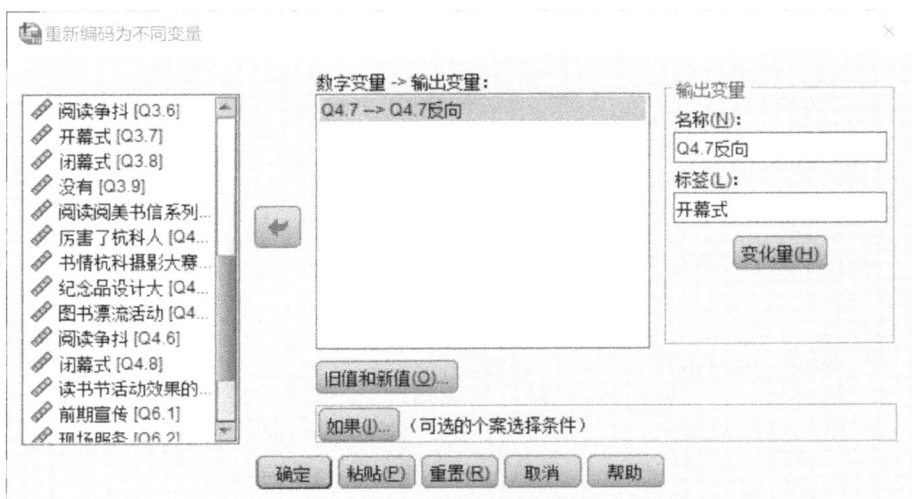

图 2-6-12　命名新变量

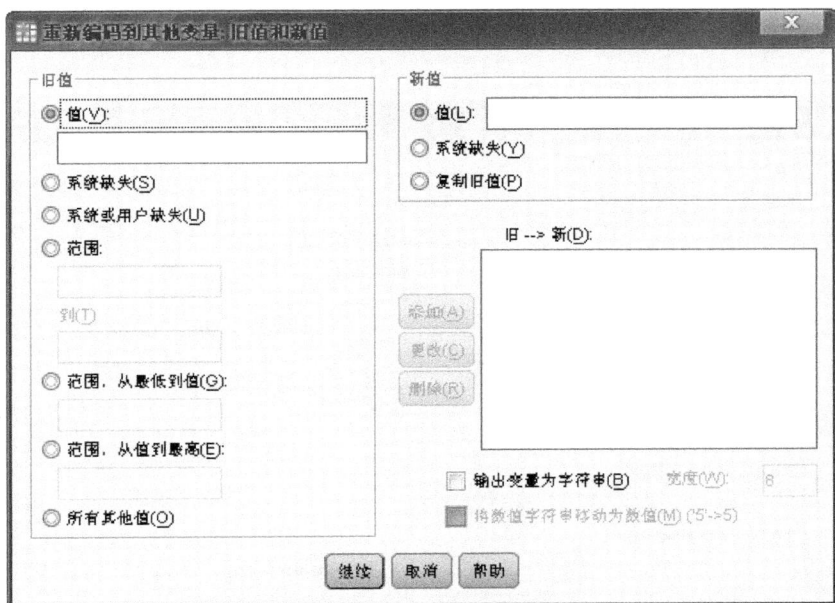

图 2-6-13　旧值和新值对话框

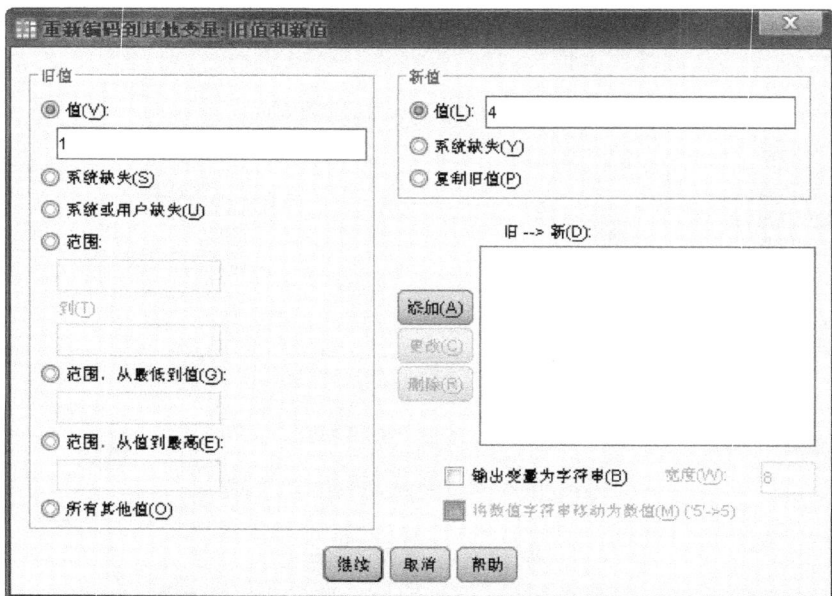

图 2-6-14　将 1 转化为 4

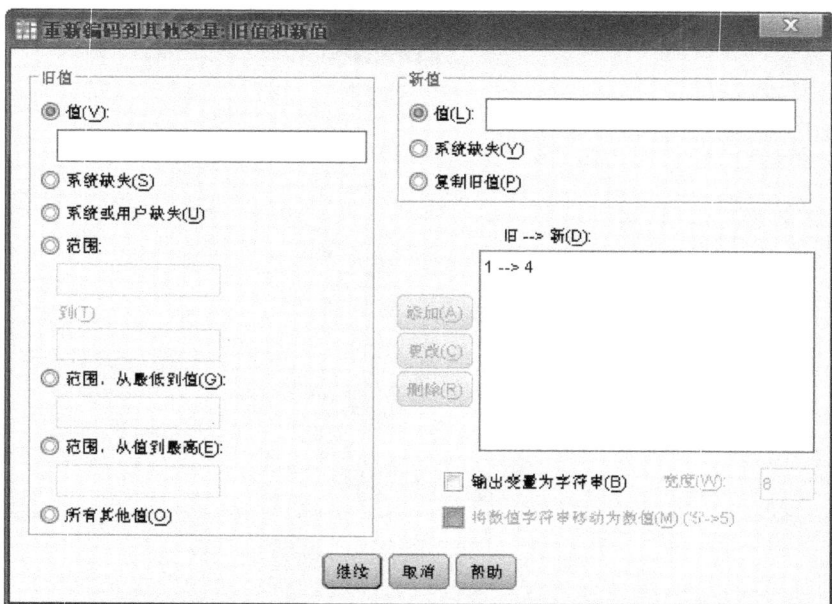

图 2-6-15　点击"添加"按钮后的效果

图 2-6-16　将 1、2、3、4 转换为 4、3、2、1

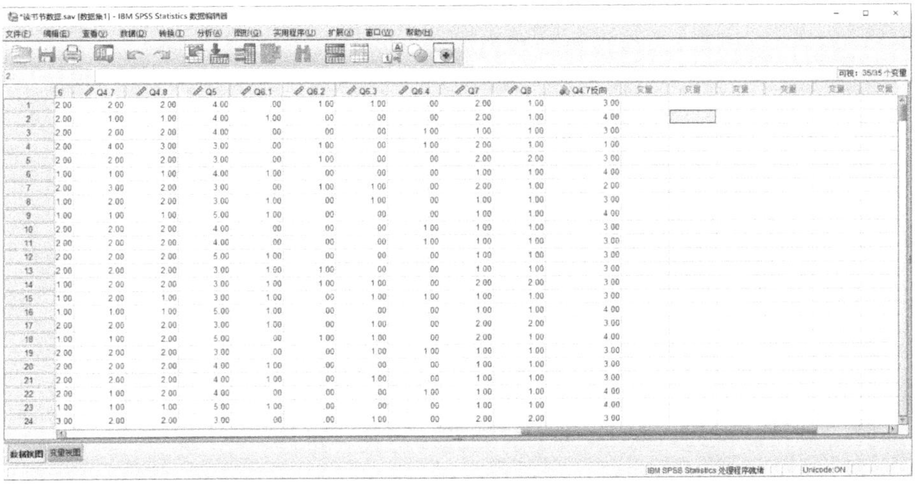

图 2-6-17　反向计分得到的新变量示例

【注意事项】

SPSS 的数据分析操作是十分简便的,但是在进行问卷数据预处理的时候需要全面考虑问题,可能显得比较繁杂。初学者需要注意以下几个方面。

1. 变量定义。这是 SPSS 分析数据的前提,因此必须将每个变量定义完全。变量定义上文已有详细说明,不再赘述。

2. 数据录入。在数据录入的时候尤其需要注意的是多选题的录入方法与单选题有所区别,之后进行数据分析的时候需要对每个选项进行单独分析。

利用 SPSS 进行数据分析

学习目标

【知识目标】

◆理解描述性数据分析的作用。

◆理解单变量频数分析和多变量频数分析差异。

【技能目标】

◆能够对录入 SPSS 的数据中的变量进行频数分析,制作相应的频数分布表和图。

◆能够制作交叉表。

【训练路径】

◆ 录入某一读书节活动的问卷数据,学习频数分布表和图的 SPSS 操作。

◆ 对调研得到的数据中的变量进行制作交叉表的训练。

经过数据的预处理之后,进入深入的分析阶段。数据分析的过程分为描

述性统计分析和推断性统计分析两个部分。因为两个部分内容都比较多,我们把它分为模块一和模块二进行学习。

将问卷数据录入并预处理之后就可以进行下一步的数据分析过程。数据分析过程比较复杂,方法多样。本书秉承够用原则将会完整地介绍几种调研报告中常见的数据分析方法,对于其他数据分析方法有兴趣的同学可以自行参考相关统计书籍。

模块一 频数分布

【工作任务】

1. 对录入 SPSS 的数据中的人口统计学变量如性别、年龄、婚姻状况以及职业等变量进行频数分析,制作相应的频数分布表和图。

2. 对录入 SPSS 的数据中的其他度量变量进行频数分析,制作相应的频数分布表和图。

【相关知识】

描述性统计分析就是指对搜集到的原始数据进行总结、组织并简化数据的统计分析过程。原始数据是海量且庞杂的,调查者无法在统计报告中使用所有原始数据进行描述。因而,各种描述性统计手段如频数、均值等就被发展出来了,频数分析就是最基本的一类描述性统计方法。

一、频数分布概述

简单地说,频数分布就是指某个类别上存在多少个个体数目。频数分布将未整理组织的数据按由高到低(或者由低到高)的顺序排列,将所有具有相同分值的个体归为一组。比如,将所有分值为 1 的归为一组,然后是分值为 2 的归为一组,以此类推。因此,通过频数分布我们可以一眼就看出每个分值的个体数目,大量的原始数据得到了简化处理。习惯上用 X 表示分数,f 表示频数。频数分布可以制成表或者图。

二、频数分布表

简单频数分布表就是将分数 X 由高到低（或由低到高）排列成一列，然后在每个 X 值旁边标注上频数即可。如"读书节调研"观众问卷中有一个题目"本届读书节有没有触动您去主动阅读？"，答案为"有"和"没有"，分为 2 个等级，分别为 1、2 分。经过统计，该题目的频数分布表如表 2-7-1 所示：

表 2-7-1　简单频数分布表示例

分数	频数	百分比（%）	累计百分比（%）
1	268	66.3	66.3
2	136	33.7	100.0
总计	404	100.0	

上表中同样列出了每个类别的百分比和累计百分比，百分比的计算方法为 $p=f/N$。其中 f 为某分数上的频数，N 为样本量即所有分数上的频数之和。

三、频数分布图

频数分布除了采用表格的形式呈现之外，也可以使用图的形式来描述。频数分布图就是以图形的形式来展示频数分布表的方式。会展调研报告中的数据主要使用的是条形图或饼图，因作图方式比较类似，这里只介绍条形图的生成。

条形图相邻矩形之间的空隙强调了 X 轴的数据都是不同的类别。图 2-7-1 就是某次会展调查中性别变量的频数分布条形图。从图中可以看到，性别分为男性和女性两类，二者的矩形条在图上是互相分离的，显然参加调查的女性数目要少于男性。

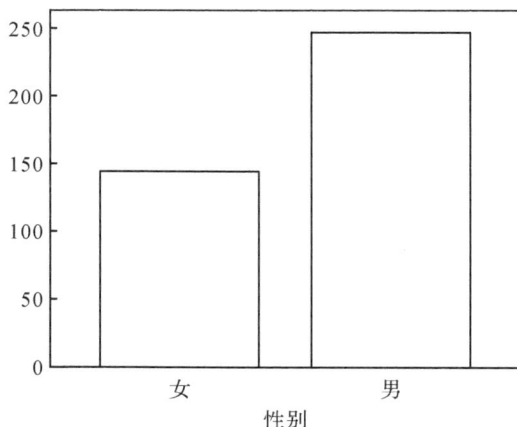

图 2-7-1 某次会展调研性别频数分布

【实践操作】

以某次健康生活文化节会展调查的观众问卷为例，说明频数分布表和图的 SPSS 操作步骤。

1. 数据输入。按照第一张的操作方法提示将所有数据输入数据编辑器中，审核后将变量定义完整。

2. 数据分析。A. 点击菜单栏中的【分析】，选择【描述统计】，单击【频率】，如图 2-7-2 所示；

B. 在弹出的对话框的左边选择"性别"，并单击箭头将它移到右边的变量栏中，勾选"显示频率表格"，如图 2-7-3 所示；

C. 单击"图表"按钮，弹出图形对话框如图 2-7-4 所示；

D. 选择"条形图"（名义或序号变量）或"直方图"（度量变量），此处选择条形图；

E. 单击"继续"，单击"确定"，结果将在输出窗口显示，如图 2-7-5 所示。

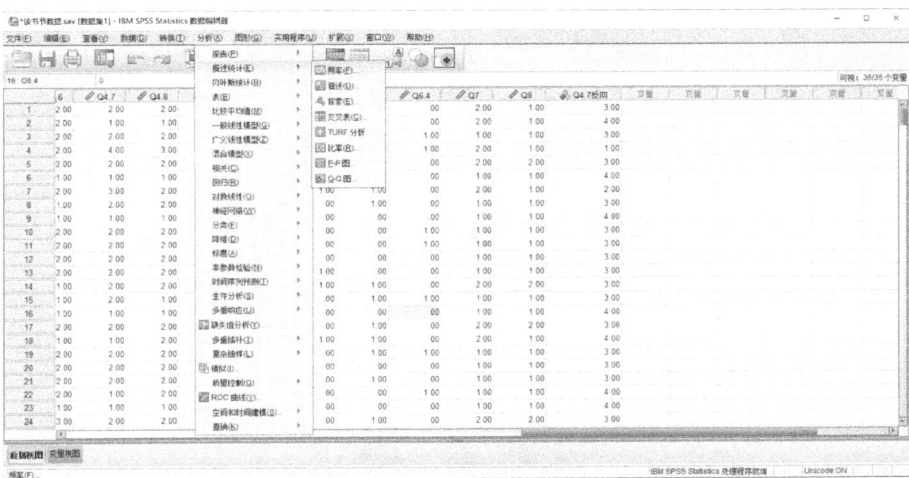

图 2-7-2　单击描述统计的频率功能

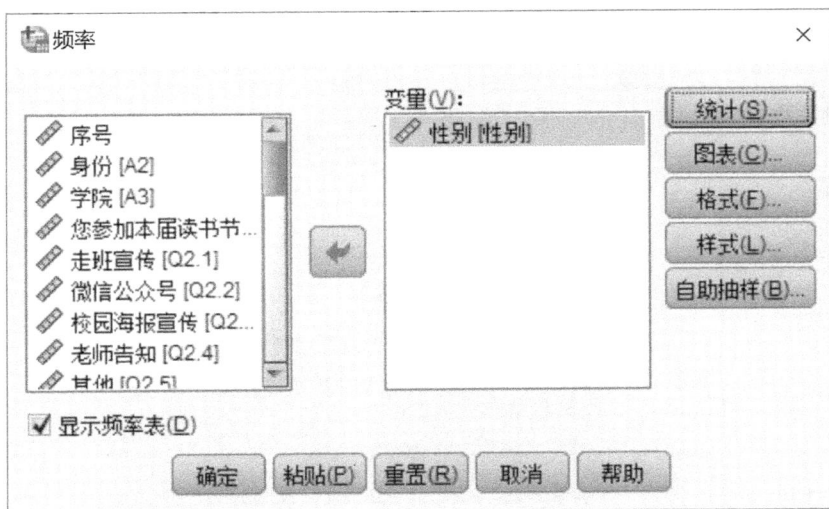

图 2-7-3　频率对话框示例

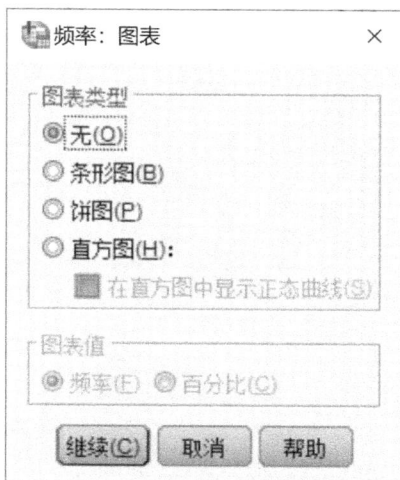

图 2-7-4　频率:图表对话框示例

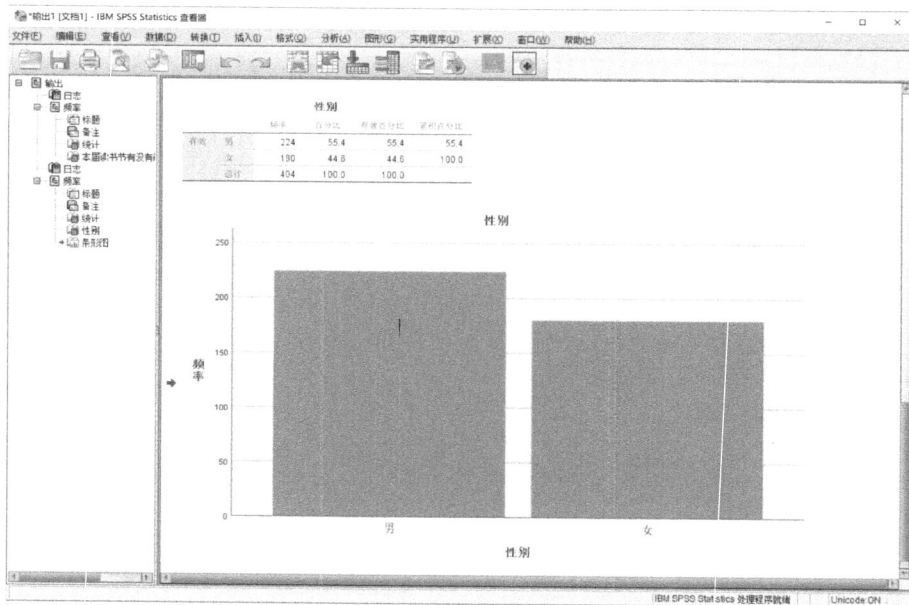

图 2-7-5　频率分布表和图的输出结果示例

SPSS 输出窗口的图表是可以编辑的。只需在图标上双击就可以激活图表编辑器窗口,如图 2-7-6 所示。可以在【编辑】菜单下,选择"属性"等调节图表的属性，达到理想的形式。调整好的 SPSS 图表可以直接剪切粘贴到 Word 文本的报告里使用。

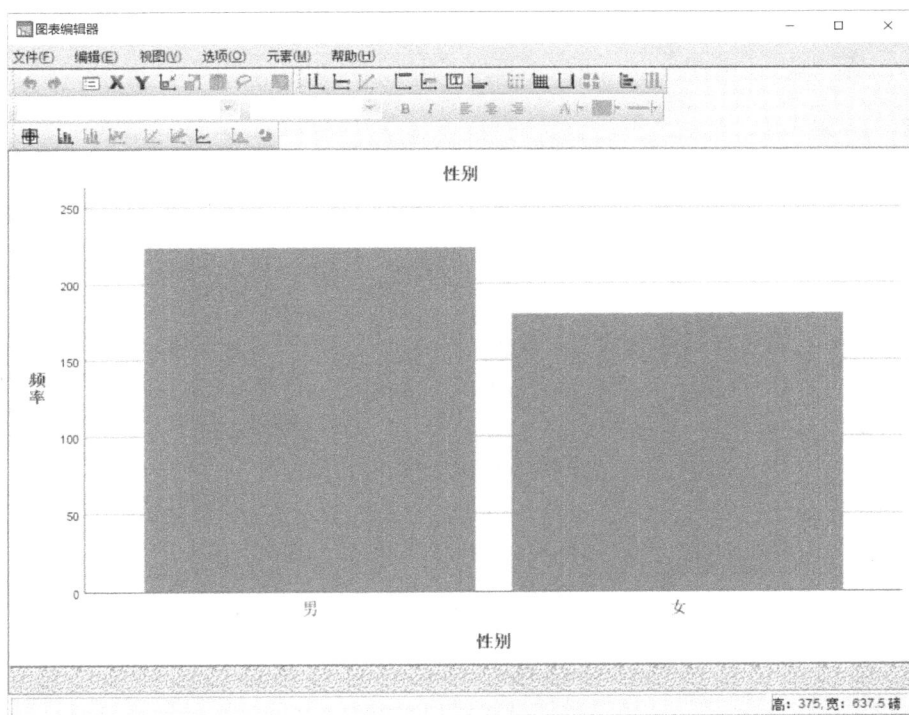

图 2-7-6　图表编辑器示例

　　不论条形图还是直方图，除了图 2-7-1 中的二维显示外，还可以在 SPSS 结果窗口中双击图形，在弹出的图表编辑器窗口（图 2-7-6）中调节成三维效果。具体做法如下：首先双击图形弹出图表编辑器窗口，然后在图表编辑器窗口中双击条形图中的矩形（或者单击矩形选中，然后在【编辑】菜单中选择【属性】打开）弹出属性窗口，点击【属性】窗口中的【深度和角度】标签页，选择三维即可。三维效果图如图 2-7-7 所示。

第二编
实务

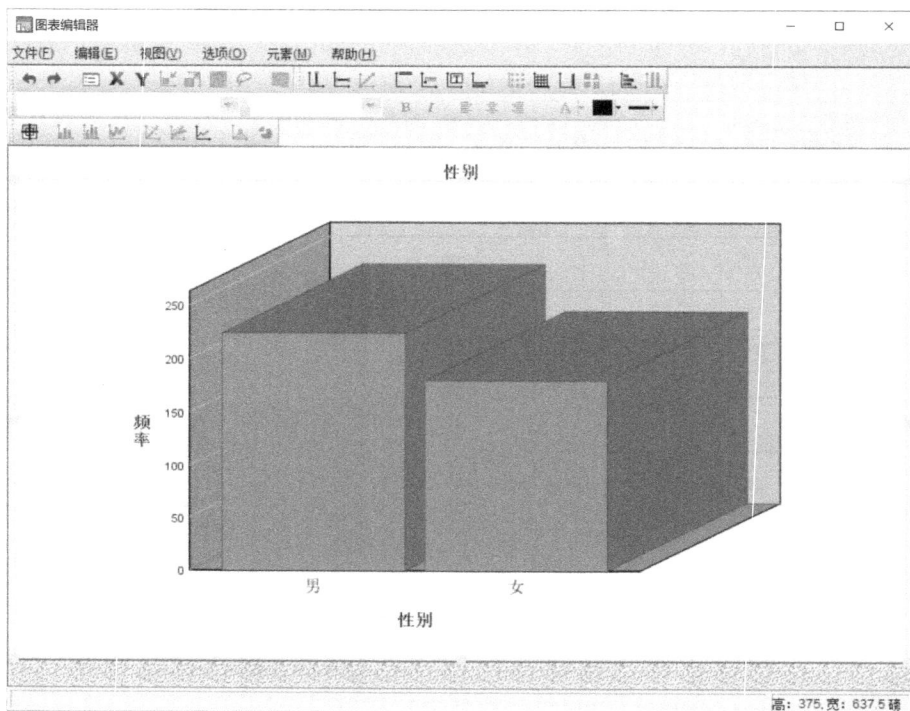

图 2-7-7　3D 效果的频数分布条形图示例

【注意事项】

　　1.深刻理解名义数据、顺序数据、等距数据和等比数据这四种数据类型的异同。

　　2.深刻理解频数分布图之间的差异,认识到条形图和直方图的外观差异及其内在的含义差异。对其适用数据了然于胸。

模块二　交叉表

【工作任务】

1. 对调研得到的数据中的性别和年龄两个变量制作交叉表。
2. 对调研得到的数据中的其他变量制作交叉表。

【相关知识】

模块一有关频数分布的内容仅仅涉及单个变量,又称为单项频次表。但在实际研究过程中会遇到许多包含两个变量的频数分析,这时就需要使用交叉表分析。

在一次校园读书节活动效果调研调查中,如果我们想要知道男性和女性参加读书节的情况,涉及"性别"和"参加活动"两个变量,因此不能仅仅使用单项频次分析技术,而需要使用交叉表分析技术。

【实践部分】

SPSS 中交叉表技术的操作步骤如下:

A. 点击菜单栏中的【分析】,选择【描述统计】,单击【交叉表】,如图 2-7-8 所示;

B. 在弹出的交叉表对话框中将左侧的"性别"变量选入右侧的"行","活动参与"变量选入右侧的"列",勾选左下角的"显示簇状条形图",如图 2-7-9 所示;

C. 点击"确定",结果将呈现在输出窗口中,主要是表 2-7-2 所示的交叉表和图 2-7-10 所示的簇状条形图。

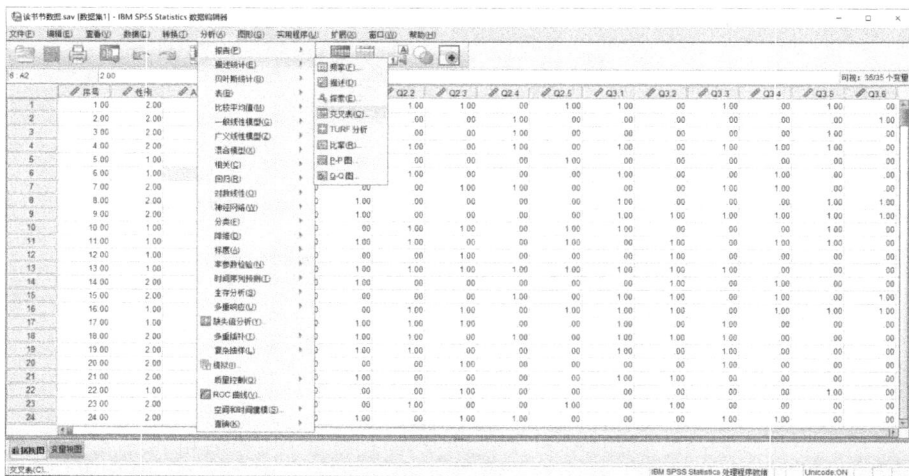

图 2-7-8　交叉表选择按钮示例

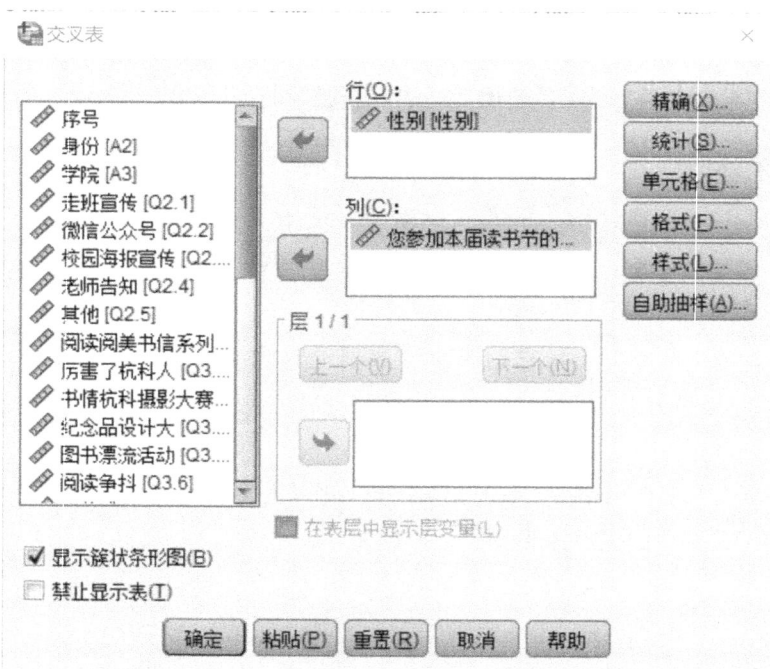

图 2-7-9　交叉表对话框示例

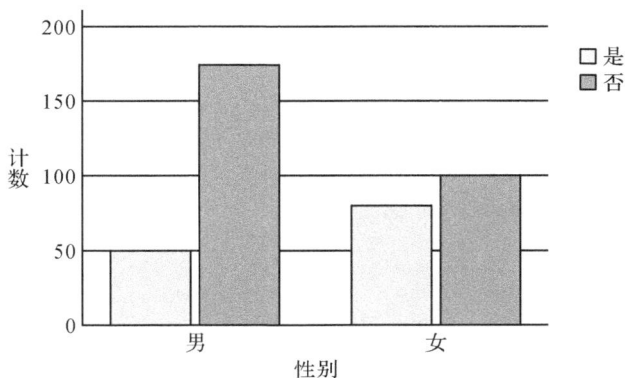

图 2-7-10　不同性别受访者的参与活动情况

表 2-7-2　性别和参与活动交叉表示例　　　　　　　　　　（人数）

性别 ＊ 您参加本届读书节的活动了吗? 交叉表				
		您参加本届读书节的活动了吗?		总计
		是	否	
性别	男	50	174	224
	女	80	100	180
总计		130	274	404

从表 2-7-2 中可以看出,参与这次调查的男女分别为 130 人和 274 人。男性中参加读书节的有 50 人,未参加读书节的有 174 人;女性参加读书节的有 80 人,未参加读书节的有 100 人。不论男性还是女性,未参加读书节的人数都多于参加读书节人数,从图 2-7-10 可以直观地看出这种趋势。

在 SPSS 中还可以显示其各自百分比,操作方法十分简便,只需要在上述 B 步骤中的交叉表对话框中点击按钮"单元格",在弹出的"单元显示"对话框中勾选"百分比"下的行、列、总计即可,如图 2-7-11 所示。最终的交叉表如表 2-7-3 所示,可以看到与表 2-7-2 相比,表中多出了各单元格的百分比显示。

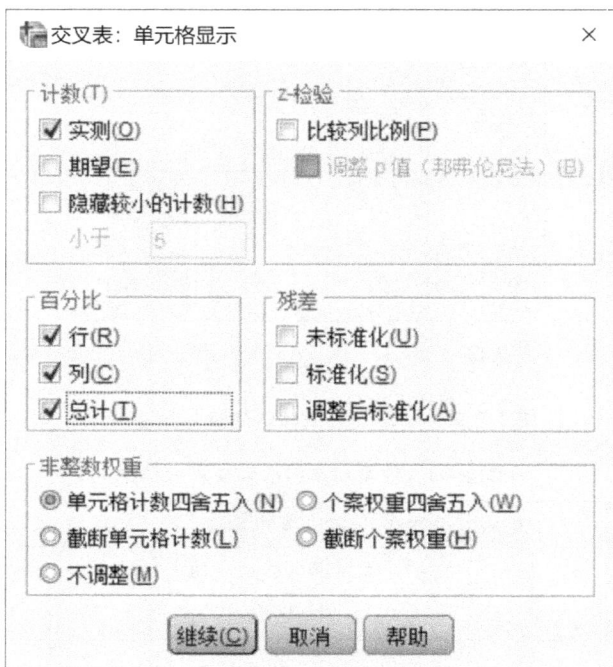

图 2-7-11 单元显示对话框

表 2-7-3 增加了百分比的交叉表示例

性别 * 您参加本届读书节的活动了吗? 交叉表

			您参加本届 读书节的活动了吗?		总计
			是	否	
性别	男	计数(人)	50	174	224
		占性别的百分比(%)	22.3	77.7	100.0
		占您参加本届读书节的活动了吗? 的百分比(%)	38.5	63.5	55.4
		占总计的百分比(%)	12.3	43.1	55.4

性别 ＊ 您参加本届读书节的活动了吗? 交叉表

			您参加本届读书节的活动了吗?		总计
			是	否	
性别	女	计数(人)	80	100	180
		占性别的百分比(%)	44.4	55.6	100.0
		占您参加本届读书节的活动了吗?的百分比(%)	61.5	36.5	44.6
		占总计的百分比(%)	19.8	24.8	44.6
总计		计数(人)	130	274	404
		占性别的百分比(%)	32.2	67.8	100.0
		占您参加本届读书节的活动了吗?的百分比(%)	100.0	100.0	100.0
		占总计的百分比(%)	32.2	67.8	100.0

【注意事项】

1. 理解单变量频数分析和多变量频数分析差异。

2. 注意交叉表制作过程中的行、列各代表什么,认识到交叉表只是一种特殊的频率表。

项 目 八
会展调研报告的撰写与汇报

学习目标

【知识目标】

◆ 了解会展调研报告的种类。

◆ 理解会展调研报告的撰写原则。

◆ 掌握会展调研报告的结构和撰写形式。

◆ 熟悉会展口头报告的准备工作。

◆ 掌握会展调研报告和口头汇报应注意的事项。

【技能目标】

◆ 能够撰写会展调研报告。

◆ 能够运用 PPT 进行口头报告。

◆ 能够对会展调研报告的质量进行评析。

◆通过相关写作知识与案例,学习会展调研报告的写作方法。

◆学生以学习小组为单位撰写一份会展调研报告。

◆学习小组以调研报告为底本,制作 PPT,进行口头汇报。

◆对评析后的会展调研报告进行完善。

    会展调研报告是会展调研的最终成果,是前期工作的最后显现。调查者一定要重视这项调研的最后工作,在数据搜集、整理和分析的基础上,及时形成调研报告,向调研结果的使用者报送有价值的调研报告。

    会展调研报告的形式有两种:书面调研报告;调研口头汇报。

模块一　撰写会展调研报告

【工作任务】

    以小组为单位,根据整理、分析后的数据资料,撰写一篇会展调研报告。要求资料翔实,观点明确,格式规范。字数:3000—6000 字。

【相关知识】

一、书面调研报告的概念

    调研报告是根据对某一事件、某一情况或某一问题,进行有目的、有计划的调查分析研究之后,揭示出事情的本质,总结出经验或教训,用纸质形式进行陈述的报告,就是书面调研报告。

二、撰写会展调研报告的基本原则

    会展调研报告是针对会展产业及其会展活动进行调研后撰写的书面报告,它是会展结果的使用者了解会展业总体情况、会展活动情况,进行决策或诊断问题的依据。因此,撰写调查报告应该遵循以下原则:

1.目的明确。从撰写调研方案开始,就提出要明确调研目的,并将调研目的贯穿调研的始终。在撰写调研报告的环节,必须紧扣调研目的,根据调研结果使用者的需要,运用材料和观点回答"情况怎么样",应该"怎么做"。

2.实事求是。调查就是为了摸清会展的有关情况,因此,调查报告的撰写务必要忠实于搜集、整理和分析的数据信息。不能以自己的喜好片面舍取材料,更不能更改数据资料。要以立诚守信的态度对待调查报告的撰写。

3.数据说话。通过项目的调研问卷数据统计、展览会交易额、参展客户、参会人员、活动观众等数据,还有项目的历史数据(纵向)、同类展会数据(横向)等,让数据说话,非常直观,有说服力。

4.重点突出。调研得到的数据信息是大量的,不能把所有的材料都写入调查报告当中。好的调查报告必须围绕调研结果使用者的需要,突出重点,揭示事物的本质。

5.书写规范。调查报告要符合调查报告的格式要求,主要有标题、前言、陈述情况、展开分析、提出建议。行文要条理清楚,具有逻辑性。文字要规范明白,数字要准确翔实,图表要清楚易懂。

三、会展调研报告的种类

1.按照会展调研报告的内容,将调研报告分为综合性调研报告和专题性调研报告。

(1)综合性调研报告:此类调研报告能够从不同的角度较全面、完整地反映会展业或会展活动的情况,详尽说明调研结果及其发现。如××城市×年会展业发展的调查报告:出台政策;成立组织;会议、展览、节事活动的开展情况,能够全面地反映当地会展产业的发展状况。又如××城市会展协会活动情况的调研:会员发展,会员服务,会员培训,协会活动等。

(2)专题性调研报告:是针对某个问题或侧面而撰写的报告,如《杭州市会议公司发展的调查报告》《关于××城市会议场馆使用情况的调研报告》《新冠肺炎疫情对社团会议采购需求影响的调研报告》等。

2.按照会展调研对象,分为展览活动调研报告,如《××省2020年度服务贸易类境内外展会发展报告》《看文化会展在文化产业供给侧改革中的作用——义乌文交会报告》;会议活动调研报告,如《聚力前行——2018中国会议行业调查》《2019全球女性创业大会调查报告》;节事活动调研报告,如《关于××节庆活动观众需求的调研报告》《中国国际动漫节观众满意度调查报告》。

3. 按照会展调研范围,将调研报告分为区域性会展业调研报告,如《2019年北京世园会游客满意度调研报告》;全国性会展业调研报告,商务部发布《中国展览业发展统计分析报告〔2017〕》;国际性会展业调研报告,《2018 IC-CA 国际会议统计报告》等。

4. 按照会展调研报告的呈递形式,将调研报告分为书面调研报告和口头调研报告。

四、会展调研报告的结构

(一)标题页

标题页点明报告的主题。包括会展调研报告的题目、报告的撰写者、提供报告的日期。会展调研报告的题目要能够概括地表明会展调研的性质。会展组织自身进行的调研,报告的撰写者是该组织内的某个部门。如果是接受某一会展相关组织的委托进行的调研,报告提供的对象是委托客户的单位,撰写者是提供会展调研服务的单位名称,如咨询公司、学校等。有时需要一一列明调研人员的姓名,或者写明调研项目负责人的姓名,有的还写上调研项目负责人的联系方式。

> **"杭州·新经济会议目的地"调研报告**
>
>
>
>
>
>
>
>
>
> 新华社中国经济信息社
> 2019.10

会展业品牌化趋势初窥
——上海会展业调研报告

调研成员：×××　×××　×××
负责人：×××
××××年×月×日

（二）目录

调研报告一般都要求编写目录，以便读者查阅特定的内容。目录能够清晰地反映调查报告各章节的标题、内容起始的页码。一般要求编写两三个层次的目录。有些报告还有图表目录、附件目录。

［例1］《"杭州·新经济会议目的地"调研报告》目录：

这个案例的目录非常清晰，分五个大部分：第一部分是"新经济会议目的地"的价值、意义；第二部分是杭州的创新实践；第三部分是杭州做法的成功经验；第四部分是杭州还应该借鉴国内外会议目的地城市的经验；第五个部分是给杭州的建议。五个部分非常有逻辑。目录显示有三个层级：如第二部分、一、（一），标示清楚，方便阅读和查找相关内容。

[例2]《×××展览会调研报告》目录：

目录

(材料来源:杭州科技职业技术学院旅游学院会展专业"会展调研"课程教学案例)

上面这个案例的目录,主体分四个大部分,还有一个前置部分"摘要",一个后置部分"附录"。这里的附录有调研方案、访谈提纲、调查问卷和问卷的数据统计,能够让领导或调研委托方看到调研的过程、调查问题的价值,调查工作扎实、真实。当然,有些对外发布的调查报告不放附录,但在内部的报告中一般会有附录提交相关资料,或者将有些材料进行存档。

（三）摘要

摘要是整个会展调研报告的主要内容的反映,应该写得高度概述。摘要一般包括:一是会展调研目标的简要陈述;二是调研方法的简要陈述;三是主要调研结果的简要陈述;四是结论与建议的简要陈述;其他需要说明的内容。

摘要是整个报告的要点陈述,要简短、精炼,重点突出,使阅读者能够大致了解本次调研的主要情况。摘要力求能够引起阅读者(会展结果的使用者)的兴趣,使他们需要进一步了解其关注的情况时,从后面的文本中获取详细内容。

摘要的撰写是在调研报告正文完成之后,然后摘取报告的核心内容进行概括介绍。宜用第三人称撰写。

（四）正文

会展调研报告的正文部分包括引言、调研方法、调研结果、结论和建议。

1.引言。

引言也称前言,说明进行此项会展调研活动的背景、意义及要发现的目标。调查的对象、范围、方法、结果等。

2.调研方法。

一般需要从以下几个方面加以说明：

(1)数据采集的方法。说明采集信息是采用什么方法获得的。如第一手资料是采用询问调查法、观察调查法,还是试验调查法取得的;第二手资料是通过查找法、索取法还是购买的方法。

(2)抽样方法。说明此次会展调研抽样框如何确定,样本单位有哪些,它们是运用什么方法被抽取出来的。

(3)分析方法。说明使用定量分析的方法和定性分析的方法(归纳法、演绎法、比较法等)。

3.调研结果。

会展调研结果在正文中占据了最大的篇幅,它是调研报告的主体内容。包括两个方面:一是调查情况内容;二是研究情况内容。调查报告首先要反映前期的调查情况,将对会展产业或会展活动进行深入调查而占有的材料(一手资料、二手资料),用数据、实例等写入报告中,客观真实地呈现调查所得到的情况。然后,进行研究,在掌握了大量的数据信息之后,经过整理、归类,认真的比较、分析,透彻地揭示事物的本质。前后部分的内容紧密关联。

这一部分会运用相当多的数据、图表呈现调研结果,并要对这些数据、图表进行解释、说明,要求用最准确、恰当的文字做出描述,并且用最严谨和富有逻辑的语言分析情况,阐明观点。

参考案例 55

《2019—2020 年度会奖公司买家采购需求调研》

Q6:2020 年,贵公司会奖采购中,除常规项目如餐饮、住宿、交通采购外,其他需求最大可能的是哪一项?

"会后旅游"仍然是关注的焦点。但"团队建设"反超"会议技术及设备",位居第二(见图 2-8-1)。

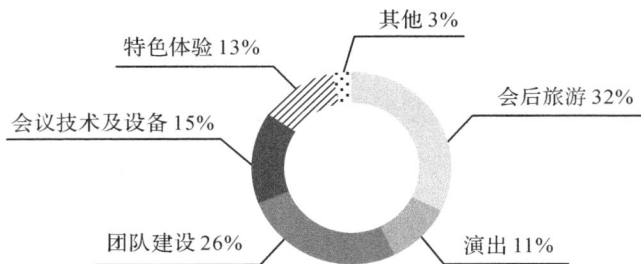

图 2-8-1　2019—2020 年度会奖公司买家采购需求

（材料来源：《会议》杂志社、北京亿文思咨询有限公司）

这个调研报告，把调研问题、调查数据及统计、调研分析及结论放在一起。

4.结论和建议。

结论和建议是调研报告的最后一个部分。结论是基于对调查信息的分析而得出的观点。结论要精炼，表述要做到条理清楚，能使调研结果的使用者抓住实质。结论的阐述应该比摘要呈现得更加具体、详细，应该辅以一定的议论。

建议是根据前面对结果的分析，有针对性地提出需要采取什么措施、方法、步骤。建议应该是合理的、切实可行的，便于调研结果的使用者参考或直接采纳。

当然，有一些调研报告只需要陈述调研的情况，不需要提出建议。

（五）附录

会展调研报告正文结束后，应该将调查中出现的调研方案、调查问卷、调查访谈提纲和访谈记录、观察记录表、统计数据等作为附录，放在文后，以说明调查材料的真实性，也为调研结果的使用者进一步了解调研的原始情况和调研的技术提供信息。

五、调研报告主体部分的写作方法

报告都要运用材料说明观点，常用的方法有用典型事例、用比较方法、用精确数字。这几种方法可以单一使用，也可以综合使用。

1.用典型事例的写作方法。

调查就是调查会展活动的事实情况，然后将调查搜集到的事实，经过统

计分析研究,做出报告。所以,在分析论述的过程中,最基本的方法就是摆事实、讲道理,既要有面,又要有点。从事实中归纳出观点,又要用事实来支撑观点,事实要确凿。因为典型的事例具有代表性、影响力,所以在调查报告中运用典型事例,揭示事物本质,起到"以一当十"的作用,很有说服力,能够给人留下深刻的印象。

■ **参考案例 56**

"一主多专、巡展并行",促进货物贸易。东博会集中展示中国与东盟各国间差异性、互补性最强的商品,东盟各国展位和贸易成效逐年提升。其中,东盟国家的展位比例近 40％,8 个东盟国家包馆,是东盟展商占比最高的国内大型展会。据马来西亚共办方统计,在第 15 届东博会上,马来西亚展商现场成交额约 6.4 亿马币(折合约 1.55 亿美元),较上届增长 58％。菲律宾商品展区现场成交额也达到了 443 万美元。马来西亚、越南、老挝、柬埔寨、印尼等国家共办方评价东博会为"经贸成效最佳"的境外展会。在办好主展的基础上,15 年来围绕重点行业举办专业展 35 场,在东盟 10 国举办境外巡展 7 次,增强专业展和境外展对贸易的促进作用,依托展会平台全面开展贸易投资促进工作。

(材料来源:中国东盟博览会官网 http://www.caexpo.org/——研究报告——中国—东盟博览会秘书处《发挥中国—东盟博览会平台作用 推动中国与东盟贸易加快增长》节选)

以上案例既有面,也有点。面:就是基本情况。"东博会集中展示中国与东盟各国间差异性……是东盟展商占比最高的国内大型展会。""马来西亚、越南、老挝、柬埔寨、印尼等国家共办方评价东博会为'经贸成效最佳'的境外展会。"点:就是典型的事例,"据马来西亚共办方统计……。菲律宾商品展区现场成交额也达到了 443 万美元。"是以马来西亚、菲律宾为例,它们在东盟各国的贸易中具有代表性,是有很强的说服力的事例,说明展会促进了货物的贸易,提升了东盟各国的商品交易。事实是最好的证明,能够有力支撑观点。我们挖掘典型事例,需要深入实际,还要有发现的慧眼。

2.用比较的写作方法。

比较的方法就是根据一定的标准,对两个或两个以上有联系的事物进行比较考察。按时空的区别,可分为横向比较与纵向比较。横向比较就是对空间上同时并存的事物的既定形态进行比较,如一个城市与另一个城市的展馆数量、展馆面积、展会数量的比较。纵向比较即时间上的比较,就是比较同一事物在不同时期的形态,从而认识事物的发展变化过程,如一个会议中心今年举办的会议数量与去年举办的会议数量的比较,是增加了,还是减少了,进而寻找其数量变化的原因。

参考案例 57

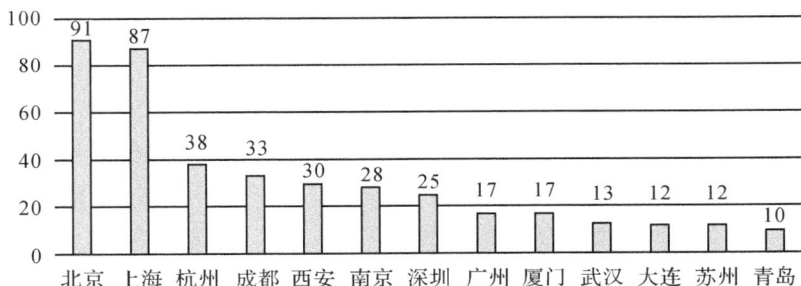

图 2-8-2　2019 年中国国际会议数量 10 场以上的城市排名(不含港澳台地区)

从国内的会议城市来看(见图 2-8-2),2019 年举办国际会议数量超过 10 场的目的地有 13 个,北京仍然以 91 场国际会议位列第一,上海则以 87 场紧随其后,杭州以 38 场国际会议位列第三,成都以 33 场国际会议位列第四,西安以 30 场国际会议位列第五,南京、深圳、广州、厦门、武汉、大连、苏州、青岛分列第六至第十三,分别举办 28、25、17、17、13、12、12、10 场国际会议,其中成都较 2018 年增加 14 场国际会议,增长率达到 73.7%,是中国城市中国际会议数量增加最多的城市。

(材料来源:《重磅 | ICCA 公布数据:2019 年国际会议总量创新高 》,《会议》杂志社、北京亿文思咨询有限公司)2020-05-13)

这个案例有横向的比较,图表排列了我国举办国际会议 10 场以上的城市,北京、上海、杭州等 13 个城市国际会议场数一目了然,能够使读者通过比较,获得一线城市和二线城市在会议举办数量上的差异的鲜明印象,也能够看到二线城市之间会议数量差距较小,呈现竞争发展的格局。也有纵向的比较,如成都会议,2019 年与 2018 年进行比较,数据非常亮眼,体现了成都举办

国际会议的态势:发展快速。比较的方法,能够帮助我们精确地衡量现状,明白所处的位置。

3.用精确数字的写作方法。

大家知道数字是一种数学符号,它很奇妙,有时候很呆板,有时候又很活跃;有时候很枯燥,有时候又很生动。其基本的特点就是客观精确。调研报告用准确无误的数字说话,往往令人信服,非常有力,甚至很有权威性。调研的结果要进行分类、分层统计,一串数据就会出来,对这些数据加以运用,进行定量分析,或者用数据说话,就能使数据"活"起来。

参考案例 58

2019 年 5 月 12 日,国际大会与会议协会公布 2019 年国际社团会议统计数据,通过一年的统计显示,2019 年共有 13254 场国际社团会议,是目前有数据统计以来最高的一次,相比 2018 年增加了 317 场。(见图 2-8-3)

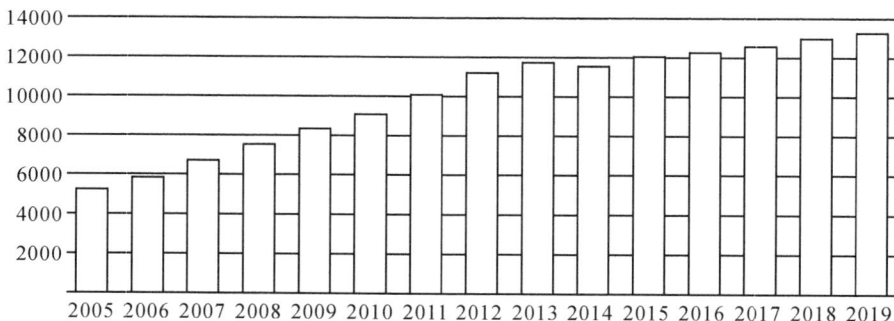

图 2-8-3　**Number of meetings per year 2005—2019** *

ICCA 认为,国际社团会议在全球市场将会呈现持续增长的态势,目前 ICCA 数据中包含 21000 个定期会议系列、260000 个会议样本,以及 12000 个国际协会组织数据。因此,ICCA 的国际协会会议统计数据在全球范围内得到高度认可。

(材料来源:《重磅︱ICCA 公布数据:2019 年国际会议总量创新高》,《会议》杂志社、北京亿文思咨询有限公司,2020-05-13)

这个案例,让我们看到数字的魅力。ICCA 统计 2019 年国际社团会议"13254 场",用精确的数字,令人信服。而且比较 2018 年的数字,通过数字的变量,显示 2019 年的增量发展。而"目前 ICCA 数据中包含 21000 个定期会议系列、260000 个会议样本,以及 12000 个国际协会组织数据",运用一连串的数据向读者报告,笔墨简洁,无须多言。无疑,ICCA 的统计数据是可靠的、扎实的、过硬的。所以,学会用数字说话很重要,确切的数据能够把冗长的语言叙述的事实或观点表达得明确、直观。

■ 参考案例 59 ━━━━━━━━

　　1.展销更旺,全球顶尖茶叶展会地位进一步巩固。展示展销是展会的核心环节,是衡量一个展会质量的最直接体现。本届茶博会,展现出了世界一流专业展会的强劲之势,展示展销的表现非常出色。①现场交易更为红火。5 天时间,现场客流量累计 18.52 万人次,是上届的 1.5 倍,专业采购商洽谈 10787 人次,达成现场茶叶交易 222.9 吨,是上届的 2.5 倍,交易额 1.862 亿元,是上届的 2 倍;达成意向交易量 5032 吨,是上届的 1.6 倍,意向交易额 54 亿元,其中最大一笔订单 3.1 亿元。②参展覆盖面更为广泛。本届展会 1563 家参展商,来自国内 25 个省(市、区)和境外 30 个国家和地区,3425 家采购商来自全球 46 个国家和地区,是近三届来源最广的一次。③参展主体质量显著提高。本届展会引进了更多大企业、龙头企业参展,特装企业占比近 95%,国内六大茶类知名品牌悉数到场,国际展商中也不乏一些知名度很高的企业。国际采购商采购能力大幅提升,采购意愿由过去的每公斤 10 美元提升到每公斤 100—200 美元。这些情况充分说明,中国国际茶博会作为全球最顶尖的茶叶专业性展会的地位,越来越得到各方广泛认可。

　　(材料来源:中国农业科学院茶学社《第三届中国国际茶博会最大订单 3.1 亿! 哪个省份拿下大单?!》节选,https://www.sohu.com/a/315044909_722721)

　　这个报告案例,是用一串非常抢眼的数据来说明"展销更旺,全球顶尖茶叶展会地位进一步巩固"的观点的。这一观点的下面,又有"现场交易更为红火""参展覆盖面更为广泛"和"参展主体质量显著提高"三个观点,数据与观点相互支撑。确凿的数字,凸显了中国国际茶叶博览会的成绩,而成绩单又说明了这一展会的地位,它不是抽象的、模糊的,给人大致印象的,而是具体的、清楚的、生动的,无可争辩的。运用列数据的方法,能够显示报告材料的精确度,体现报告的信度与效度之高。

六、会展调研报告的撰写形式

(一)标题的形式

调研报告要用能揭示内容中心的标题。具体写法有以下几种:

1.公文式标题。这类调研报告标题多数由事由和文种构成,是非常规范化的调研报告标题格式,"发文主题"加"文种",基本格式为"××关于××××的调查报告""关于××××的调研报告"等。如"××关于建设国际会展中心的调研报告""关于贸易类展览会举办状况的调研报告"。

2.一般文章式标题。这类标题直接解释调研报告的中心,一目了然。如"新冠肺炎疫情对社团会议采购需求影响的调研报告""杭州打造国际会议目的地对策研究"。

3.提问式标题。这是典型调研报告常用的标题写法,特点是具有吸引力,能够引导读者往下看,探寻答案。如"××会展场馆的 5G 应用与网络支持评价如何?""为什么要参加云栖大会?"。

4.正副题形式标题。这是用得比较普遍的一种调研报告的标题,正题揭示调研报告的思想意义,副标题表明调研报告的事项和范围。"'特'展览,'强'会议,'优'节庆——杭州市会展业发展态势调研"。

(二)开头部分的形式

开头部分的形式一般有以下几种写法。

1.调研报告的开头,一般交代以下几个方面的内容:第一,简要说明调查目的,即简要说明调查的原因;第二,简要介绍调查的对象和调查内容,包括调查时间、地点、对象、范围、调查要点及所要解答的问题;第三,简要介绍调查研究的方法和样本量,有助于体现调查结果的可靠性;第四,调查人员组成等调研本身的情况,最后引出中心问题或基本结论来。

[例]《中国(杭州)国际电子商务博览会绩效分析》开头

在杭州市为努力当好新时代对外开放排头兵,站在改革开放 40 周年、"八八战略"实施 15 周年、杭州打造"全国数字经济第一城"的重要节点上,第五届中国(杭州)国际电子商务博览会(以下简称"电博会")以"新零售·新商业·新消费"为主题,于 2018 年 10 月 20—23 日在杭州国际博览中心成功举行。

为了保持电博会的持续发展,我们采取走访调研、问卷调研、后台数据采集等方式,走访所有展商,有效回收1233份专业观众问卷,对本次电博会举办效果进行绩效评估。

(材料来源:钱红阳《中国(杭州)国际电子商务博览会绩效分析》)

2.开门见山,揭示主题,即文章开始先交代调研的目的或动机,揭示主题。

[例]《新型冠状病毒肺炎疫情对杭州市会展企业的影响调查报告》开头

为了进一步调研和了解疫情对我市会展企业的影响,为政府行业主管部门尽早出台有效的解决方案和措施提供参考依据,帮助企业克服困难,尽快恢复正常运营,杭州市会议展览业协会于2月5日向全体会员发布了《杭州市会展企业疫情影响调查表》。截至2月7日,本着实事求是、认真负责、数据准确的原则,共获得有效问卷55份,经协会秘书处研究分析和整理,调查结果如下,可供参考。

(材料来源:杭州市会议展览业协会《新型冠状病毒肺炎疫情对杭州市会展企业的影响调查报告》)

还有一种开门见山是"0"前言,直入调研主体。

如:

2019—2020年度会奖公司买家采购需求调研

Q1:与2018年相比,贵公司2019年的业务收益如何?

受访人数为270人,比上一年度增加81人。从数据中可以看出,超过半数的会奖企业在2019年的业务收益"高于"2018年(见图2-8-4)。

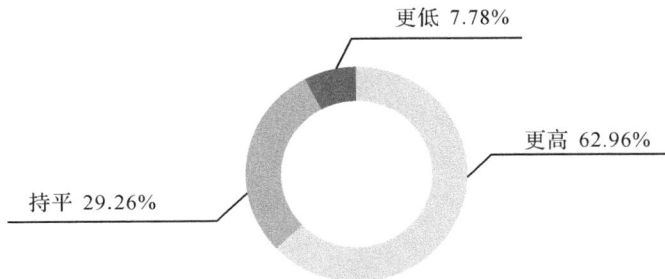

图2-8-4 2019—2020年度会奖企业业务收益

(材料来源:《会议》杂志社、北京亿文思咨询有限公司,《2019—2020年度会奖公司买家采购需求调研》)

3.提出问题,引入正题。

[例]《关于"云会议"发展前景的调研》

一场突如其来的新冠肺炎疫情,使线下集聚性的会议暂时停摆。人们改变了办公的模式,线上活动剧增。随着信息技术的不断走向成熟,"云会议"成为热词,许多平台提供了线上的会议服务,一些组织的大会、信息发布会、研讨会、培训会开始从线下走到了线上,观众的参与热度很高。"云会议"的需求量有多大?"云会议"会替代线下会议吗?"云会议"是线下会议的标配?"云会议"的观众感受度如何?"云会议"迎来了发展机遇,为了使"云会议"这种新型的模式从临时爆发,变成主动应用,促进线下+线上的联动,创新、健康、持续地发展会议产业,我们开展了"云会议"发展前景的调研。

(材料来源:编著者教学案例)

4.结论先行,把会展调研的结论放在开头,如肯定优势、指出问题、提示影响等,然后逐步通过调研数据和分析进行论证。

[例]

×××是上汽集团上海大众汽车有限公司新研制的一款新能源汽车,通过对×××在西博车展上的观众调研,我们认为它在杭州乃至浙江及其周边地区的市场具有竞争力,很受年轻人群的欢迎。我们从以下几个方面进行报告。

(材料来源:编著者教学案例)

(三) 论述部分的形式

论述部分是调研报告最主要的部分。这部分详细叙述调查的基本情况,进而分析调查所得材料中的各种数据信息,得出的各种具体认识、观点和基本结论。论述部分是否资料翔实,内容准确,分析透彻,表达明白清楚,直接关系到整篇调查报告的质量和作用。论述部分主要包括基本情况和分析两部分内容。

1.基本情况部分。一般是将调查得到的数据信息一一作介绍,进行客观的说明。基本情况要具体介绍,但也不能把调查来的所有东西都写上去,筛选标准就是与调查目标是否有关,与后面的分析、观点等是否有联系,没有联系的就不要写上。

2.分析部分。分析部分是对调查材料进行分析,归纳、比较、演绎、实证等等,得出结论。会展调研分析有三种情况。一是原因分析,对会展情况形成的原因进行分析,如《××展会创品牌展会的优势与劣势分析》,就需要发现这个展会的亮点与不足,寻找成因。形成这些特点的原因是多方面的,要充分地进行分析,并为最后提出解决问题的方法做铺垫。二是利弊分析,如《××会议选择会议地点的调研分析》,就需要对几个会议城市的会议中心、宾馆、城市的可进出性、价格等各种条件、因素进行比较,分析其利和弊,寻找出最合适的地点。三是预测分析,根据往届活动的状况、目前市场的情况等,寻找规律,进行趋势的预测,如《二三线城市将成会议产业竞争新焦点》"目前很多国际酒店集团都将中国作为其发展的重要市场之一,在一线城市酒店数量日趋饱和的情况下,更具吸引力的价格、逐渐完善的基础设施以及丰富的旅游资源,将使二、三线城市成为诸多酒店集团扩张的重要版图。""目前大型国际会议正在向新兴市场移动,亚太、拉美和南非都将是会议举办目的地。而中国有很大优势,正在逐渐成为世界关注的重要会议目的地。"[①]就是分析国际会议市场,对我国二、三线城市进行会议产业发展的趋势预测。

论述部分的层次段落在安排形式上多为以下几种:

(1)层层深入形式。层层深入形式也称纵式结构。各层的逻辑关系是不断地深化,一层一层如剥笋一样不断递进。它有几种形式,一是按调查事件的起因、发展和先后次序进行叙述和讨论。如"××展会展商状告主办方情况的调查报告":事情的起因,发展的过程,按照时间的顺序不断深入,有助于读者对事件有深入全面的了解。例如,按成绩、原因、结论层层递进的方式安排结构。

如《三亚宋城彩色动物园:真实版"美女与野兽"引爆全网》:

一、成绩

点击量过 25 亿次——引发社会对动物保护的广泛关注。

全国手机 QQ 新闻推送、百度全国首页社会新闻、新浪全国头图、网易全国推荐、今日头条全国热点、搜狗新闻热搜词……不到 2 小时引爆全网。《澳大利亚日报》、英国《太阳报》等海外知名媒体以及中国香港《明报》、中国台湾东网、《澳门日报》等港澳台媒体也纷纷转载热议。

---

① 雷敏《调查显示二三线城市将成会议产业竞争新焦点》,2011 年 02 月 02 日 10:04 新华网。

三亚宋城彩色动物园一开园,就凭"三亚宋城彩色动物园:真实版'美女与野兽'"的新闻闻名全国,成为海南最热门的新景点。

二、原因

2016年1月10日,三亚宋城旅游区内的三亚宋城彩色动物园上演了一场真实版"美女与野兽",数十名拥有完美身材的动物保护主义者通过人体彩绘装扮成老虎、斑马、豹子、长颈鹿、美人鱼、孔雀、鹦鹉、火烈鸟等动物,并与动物园的野生动物一起互动,表演了精彩的动物模仿歌舞节目。

话题:美女与野兽——美女与野兽在传统观念上有着巨大的反差,让美女变成野兽、与野兽一起互动,具有极大的视觉冲击力与话题性。

画面:人体彩绘——把人画成动物,表现人与动物是平等的,都是大自然神奇的造物。

落地结合点:动物园各种动物——老虎、斑马、豹子、长颈鹿、美人鱼、孔雀、鹦鹉、火烈鸟,动物园有什么动物,就把人画成什么动物。

宣传时间点:动物园开园——人们对一个新开园的动物园,最关心的是究竟有什么动物,活动把人们最想知道的信息用充满创意的方式传达出去。

三、结论

活动注重价值导向,具有正能量:真实版"美女与野兽"的开园演艺活动,体现了主办方爱护动物、人与动物和谐相处的观念,也激发了观众的人与自然相处的激情,获得人们的共鸣,具有积极的社会效应。

活动富有浪漫创意,具有吸引力:一是迪士尼影片《美女与野兽》有着奇幻、美丽的故事,为万千少年所熟悉,创造真实版"美女与野兽",能让人们心向往之。二是小朋友本来就对动物充满好奇,大人也热爱动物,可以说对动物的兴趣是不分年龄的。加上人体彩绘装饰的"动物"与动物园的野生动物一起互动,增强了趣味性与体验性,强化了人们好奇与探秘的心理,争相观看。

活动注重宣传推广,具有影响力:媒体具有广泛的传播力,尤其是网络媒体,传播速度快,传播面广。宋城集团(活动主办方)运用 QQ、众多网络平台的宣传,获得引爆全网的点击量,还受到了港澳台及国外媒体的关注。

这一演艺活动契合三亚宋城彩色动物园的特定情境,创意富有时代性、趣味性,活动获得了巨大的成功。

(材料来源:《麒麟才子说策划》第 67—70 页。编者根据教学需要进行了改编)

（2）并列形式。并列形式也称横式结构，把调查的内容，加以综合分析，紧紧围绕主旨，按照不同的类别分别归纳成几个方面来写，每个方面加上小标题，各方面之间的关系是并列的。如"××展会的优势分析"：一是展会历史悠久，分析其从什么时候开始办展，经历了几年培育之后的发展情况，认知度；二是展会规模巨大，分析其面积、展商和观众数量、成交量等；三是展会内容相关产业链成熟，分析其产业链上下游的情况、产业环境等。这三方面的优势是并列的。

参考案例 60

2019 年度中国展览业发展状况简要分析
（《2019 年度中国展览数据统计报告》前言）

一、规模扩大取代数量增加，成为增长主要动力

2019 年，在宏观经济下行压力持续加大的环境中，中国展览业低速增长。全年经济贸易展览总数达 11033 场，展览总面积达 14877.38 万平方米，较 2018 年分别增长 0.6% 和 2%，但增速明显低于全国 GDP6.1% 和第三产业 6.9% 的增长水平。这是展览场数与展览面积连续 6 年低于 GDP 的增长水平。

2019 年净增展览场数 65 场，远低于 2018 年净增展览场数 531 场的水平，但展览总面积净增 301.62 万平方米，大大高于 2018 年展览总面积净增 170.82 万平方米的水平。展览场数增长低于展览面积增长的状况，自 2014 年以来趋于常态化。由此可见，依靠增加展会数量带动行业增长的时代已告结束，而扩大展会规模已成为中国展览业成长的主要动力。这说明中国展览业已从数量型增长转入质量型提升阶段。这是符合展览业高质量发展要求的积极变化的。

二、专业展增长好于消费展，发展结构趋于优化

2019 年，全国以建筑建材为主题的专业展会共 456 场，展览总面积 1201.44 万平方米，较 2018 年分别增长 5.1% 和 7.9%。而作为消费类展会的汽车展 818 场，展览总面积 1671 万平方米，较 2018 年分别下降 5% 和 12%（净减少 43 场和 229 万平方米）。在传统的消费展中，以食品、化妆品、服装为主题的展会甚多，但近年来转型为专业展成为潮流，且增长快速。创办于

2018 年的中国国际进口博览会,定位专业展并重视邀约专业观众工作。2019 年第二届展览面积 36 万平方米,入场观众超过 50 万人,分别较第一届增长 20％和 25％。进博会的成功举办及其专业展发展定位,对于各地政府展项目的提质创新具有示范作用。

专业展的营收增长与销售价格提升关系密切。品牌专业展会在"北上广深"的销售价格普遍达 2 万元/标准展位,成都、武汉、南京、杭州、厦门、青岛等二线城市销售价格朝着 0.8 万—1 万元/标准展位的水平上行。加强专业化服务正在取代以低价竞争市场的粗放模式,这一趋势反映专业展主办方素质改善是驱动其展览规模扩大的内在因素。

三、大型展会稳步成长,上海集中全国最多超大型展会

2019 年,展览面积在 5 万平方米及其以上的大型展会 486 场,展览总面积为 4895.1 万平方米,占全国展览总数和展览总面积的 4.4％和 32.9％,分别较 2018 年增长 0.3％和 3.6％。其中,5 万—10 万平方米以下的大型展会 314 场,展览总面积 1988.8 万平方米,占全国展览总数和展览总面积的 2.8％和 13.37％;10 万平方米及其以上的超大型展会 172 场,展览总面积 2906.3 万平方米,占全国展览总数和展览总面积的 1.6％和 19.53％。大型展会的成长显示产业与市场发展的需求,表明主办方规模化经营水平的提高。

2019 年,上海展览面积在 5 万平方米及其以上的展会 84 场,展览总面积为 1168 万平方米,为全国拥有大型展会最多的城市。其中 10 万平方米及其以上的超大型展会 46 场,展览总面积 895 万平方米,占全国展览总数和展览总面积的 0.4％和 6.02％,为全国超大型展会最多的城市。

四、展览城市作用增强,举办地集中度提高

2019 年,全国提供统计数据的 187 个展览城市中,举办展览在 500 场以上的 4 个,在 300—500 场的 3 个,在 100—300 场的 21 个,在 50—100 场之间的 16 个,在 10—50 场之间的 75 个,10 场以下的 68 个。而 2018 年的统计中,以上数据分别是 4 个、2 个、20 个、24 个、75 个和 56 个。表明城市举办展览场数普遍增加,而且举办展览数量在 100—300 场的城市增加较多。

2019 年,全国按展览面积排名的前十个城市为上海、广州、重庆、北京、南京、青岛、成都、沈阳、深圳和昆明。其展览数量为 4397 场,占全国展览总数的 39.86％,展览总面积为 7096 万平方米,占全国展览总面积的 47.69％。表明展览举办地的集中度进一步提高。上海、广州展览总面积超过 1000 万平方

米。其中上海 1043 场展览、1941 万平方米展览总面积,广州 690 场展览、1024 万平方米展览总面积,高居全国第一、第二名,分别占全国展览总量和展览总面积的 15.7% 和 19.9%。上海、广州在全国展览城市中的地位举足轻重。北京市因强化首都功能,大型展览迁址外移和新项目减少,导致展览数量和展览面积缓慢下降。

五、一城多馆成为常态,展馆建设大型化

中国是全球展览场馆及其可供展览面积最多的国家。2019 年,全国投入运营的展览场馆达 292 座,室内可供展览总面积为 1197 万平方米,较 2018 年净增 66.8 万平方米,增长 5.9%。从分布看,山东省 45 座、江苏省 30 座、广东省 28 座,位居全国前三。由此可见,全国中小城市建馆办展集中于沿海经济富裕省份。

在提供统计数据的 148 个城市中,有 58 个城市拥有 2 座以上展馆。拥有 4 座及其以上展馆的城市有 16 个。这些城市多为大型城市,也是展览举办集中度较高的城市。随着新馆持续建成投用,一城多馆在多数展览城市将成为常态。在此常态下,展览大型化的硬件制约得以改善,展览主办方选择举办场地有更多选择,但展馆空置率扩大问题凸显。

2019 年在建、待建展馆项目 40 个。其中,在建 24 个、待建 16 个。在可供展览面积 40 万平方米的国家会展中心(上海、天津)、50 万平方米的深圳国际会展中心新建项目的带动下,国内新馆建设大型化趋势显著。新馆均建设于城市郊区,与商业地产项目的大面积开发相结合,投资方为大型房地产公司。周边包括交通、酒店、餐饮、购物等设施配套往往需要更长时间。

六、中国自办展在"一带一路"国家保持增长,"走出去"发展还须加力

2019 年,中国主办方在境外举办展览总数为 79 场,同比增长 20 场,涨幅达 33.9%,展览总面积为 52.80 万平方米,同比增长 12.6 万平方米,涨幅达 31.34%,展会平均展览面积为 0.67 万平方米,超过 1 万平方米的项目不足 20%。中国境外自办展举办地涉及 38 个国家,较 2018 年减少 3 个国家。有 61 场展览在"一带一路"沿线国家举办,展览总面积 40.67 万平方米,占境外自办展总数的 77.21% 和 7.03%。其中,展览总面积较 2018 年净增 6.03 万平方米,增长 17.41%。总的来看,出境办展发展徘徊,但在"一带一路"沿线国家进步明显。

2019 年,中国境外办展的主办机构共 24 家,同比减少 3 家,降幅为

11.1%。其中,行政机构7家,商协会7家,企业10家。与2018年相比,行政机构数量与去年持平,商协会减少2家。在10家企业中,国有企业6家,较去年减少1家;民营企业4家,与去年持平。

出境自办展数量列前的五家机构为:米奥兰特国际会展、商务部外贸发展事务局、中国机电产品进口商会、中国贸促会化工行业分会和中国中纺集团有限公司。其中,米奥兰特公司展览总面积21.09万平方米,商务部外贸发展事务局展览总面积9.72万平方米。两者展览总面积占境外自办展总面积的58.36%。由此可见,中国出境自办展机构多数实力偏弱,许多机构仍以代销国外发达经济体的展会展位为主。同时说明,中国企业出境自办展尚未具备国际竞争力,"走出去"发展战略的实施处于起步阶段。

七、市场竞争压力增加,展览企业各有应对,本土展览资本有突破

由于宏观经济下行压力,加之供给侧改革作用,中国展览市场竞争加剧。其表现为:一是,从业机构尤其是企业数量进一步减少,民营小微型展览公司歇业增多,创办极少。少数国有展览公司(全国不超过10家)因行政体制或政府展项目调整而兴办。二是,为抵御风险,增强与竞品项目抗衡实力,部分大型项目通过迁址重构与地方政府关系,进而调整市场辐射范围;展览主题相近的主办方尝试联合办展,以共享资源,降低成本;通过异地复制"母展",以满足客户不同需求,并形成新的全国区域市场布局。三是,为提升企业素质,专业化管理受到重视,展览项目+互联网+活动成为潮流。四是,单一小型项目、单一举办地的组展公司,以及完全依靠临展搭建业务的展览工程企业,市场处境日益艰难。

展览公司营收及利润增长乏力。2019年,主板上市的深圳市易尚展示股份公司、上海风语筑展示股份公司、湖南华凯文化创意股份有限公司和浙江米奥兰特商务会展股份公司,营收总额共计39.14亿元,净利润共计3.79亿元,较2018年分别增长7.1%和3.1%。新三板提供财报的18家展览公司,2018年营收总额共计47.46亿元,净利润共计2.16亿元,较2017年分别增长20.24%和下降24.74%。

浙江米奥兰特商务会展股份公司经长期努力,2019年由新三板转为深圳交易所创业板上市,成功募集资金3.24亿元。米奥兰特公司作为国内首家以主营展览主办业务(而且是境外展览主办业务)的民营企业登陆主板,填补了中国证券业主板市场上缺少展览主办企业的空白,为更多展览主办企业主板上市提供了可资借鉴的宝贵经验。

八、政府主管部门减少,高校会展专业教育规模可观

由于新一轮行政机构改革,部分省市撤销单独设立的会展办公室或博览局,或将其职能归并于政府商务或文化和旅游主管目标,在内部设立会展工作处;或合并于相关事业机构,如四川省博览局并入四川省经济合作局。业内人士普遍认为,地方政府裁撤主管展览(会展)的机构不利于展览业的发展。

2019年,全国开设会展专业的高校超450所。其中,开设会展经济与管理专业的本科院校199所,开设会展策划与管理专业的大专或高职院校166所。另有开设婚庆服务与管理、服装陈列与展示设计、展示艺术设计或数字展示技术等专业的高校160多所。在校生人数预计达8万以上。其中,开设会展经济与管理专业和会展策划与管理专业的282所本科和专科院校在校生预计超过5万人。中国会展专业教育规模在全球高等教育中首屈一指,但毕业生专业辨识度不高、本行业就业率偏低的问题较为突出。

(材料来源:中国会展经济研究会官网 http://www.cces2006.org/《2019年中国展览数据统计报告》)

这个案例比较独特,写着"前言"二字,其实是代前言。它是对2019年度中国展览业发展状况进行调研,做出总体的陈述,八个方面是并列的,有数据、有分析、有结论,也有对问题的指出,非常概括。

(3)综合展开形式。综合展开形式又称综合式结构,这种调研报告形式兼有纵式和横式两种结构的特点,互相穿插配合,组织安排材料。

▇ 参考案例 61 ▬▬▬▬▬▬▬▬▬▬▬▬▬▬▬▬▬▬▬

《"杭州·新经济会议目的地"调研报告》

五个大部分就是层层递进的关系,属于纵式结构:第一部分"新经济会议目的地"是新经济要素集聚长三角的增长极;第二部分 杭州打造"新经济会议目的地"的创新实践;第三部分 杭州打造"新经济会议目的地"的经验借鉴;第四部分 国内外会议目的地城市经验借鉴;第五部分 对杭州打造"新经济会议目的地"发展举措的建议。而每一大部分中的第二、第三层级的内容,又是按照横式的结构进行排列的:

（材料来源：《"杭州·新经济会议目的地"调研报告》目录节选，具体内容见调研报告）

论述部分，往往一个大问题由若干个小问题组成，内容多、篇幅长，一般需要分若干个层次，以分两个层次为多。在序号表达上：第一层标题序号为"一"，第二层标题序号为"1"。如果内容多，需要步步深入地分析，也可以分三个层次。在序号表达上：第一层标题序号为"一"，第二层标题序号为"（一）"，第三层标题序号为"1"。

（四）结尾部分的形式

结尾部分是调研报告的结束语。会展调研报告的使用者能够通过结尾部分加深印象，提高认识，引发思考，起到解决问题和决策工作的作用。

结尾的写法也比较多，一般有以下几种形式：

（1）可以提出解决问题的方法、对策或下一步改进工作的建议。

（2）总结全文的主要观点，进一步深化主题。

（3）提出问题，引发人们的进一步思考。

（4）展望前景，增强信心。

【实践操作】

撰写会展调查报告的步骤：确定主题、整理材料、拟定提纲、撰写报告、修改、定稿（如图 2-8-5 所示）。

确定主题 → 整理材料 → 拟定提纲 → 撰写初稿 → 修改 → 定稿

图 2-8-5　撰写会展调查报告步骤

（一）确定调查报告的主题

主题要有现实意义，努力做到深刻、新颖。主题一般表现为调查报告的标题，如《××城市会展协会展会服务分析报告》，就是针对某地的会展协会为会展活动所做的展前服务、展中服务、展后服务情况的调查分析。

主题的撰写应注意以下几个方面：

1.调查报告的主题必须与调查主题相一致。

2.主题要体现调研的价值，既能提炼、揭示出事物的本质，又具有新意。

（二）整理写作材料

围绕会展调查报告的主题对调查取得的材料进行选择，有所取，也要有所舍，不能把所有调查得到的信息都照搬上去。

1.选取的资料要具有准确性。

2.舍弃与主题无关的或关系不大的调研材料。

（三）拟定提纲

提纲是指会展调研报告的框架，其特点是纲要性、条理性和层次性，要做到纲目清楚。调研报告一般分为三个层次：基本情况介绍，综合分析，结论与建议。合理的结构有助于撰写时思路清晰，也能使会展调研结果的使用者阅读和使用报告结果。

1.列出提纲的条目。

2.根据条目写出主要的观点。

（四）撰写初稿

按照提纲撰写初稿。由一人执笔撰写，或者数人分工撰写，一人统稿，围绕主题对调查材料进行运用和分析。

1.叙述、说明与讨论相结合，使之在真实材料的基础上有深度分析。

2.灵活运用调研报告常用的说明方法：数字说明、图表说明、举例说明、分类说明和对比说明等。

（五）修改

俗话说，文章不厌百遍改。在初稿完成之后，要围绕报告的主题，对调查的材料、文字、结构进行反复斟酌，进行调整、修改，使报告持之有据，言之有理，观点鲜明，逻辑合理，并符合格式的规范。

（六）定稿

按照要求完成写作，最后定稿，递交会展报告的使用者（委托方）。

1.字体、字号、行距要认真选择，版面美观大方。

2.打印、装订。

【注意事项】

1.真实客观地反映情况。

详细全面地占有大量第一手和第二手的材料，才能使会展调研报告具有真实性、可靠性，据此进行分析、综合、形成观点，得以获得正确的结论。撰写调研报告时，要真实地反映客观情况，不能对调查材料进行有利于我的"取"，不利于我的"舍"，而是要实事求是，否则所得到的结论就会是片面的，或者是错误的，不利于阅读者掌握真实情况。如果某展览会的调研报告采纳了一些亮点的数据，而忽略了一些问题的数据，得出的结论就会失真。这样一白遮百丑的报告，既不利于组办方解决会展活动的一些问题，也不利于参展商和观众了解真实情况。真实性，是调查报告的写作基础，也是调查报告的力量所在。

2.观点要与材料紧密结合。

观点要从材料中来，建立在事实材料的基础上，即在统计分析数据、梳理信息的基础上形成观点。在写作调研报告时，要注意观点与材料紧密结合，得到材料的有力支撑。可从三个方面着手：一是选用具有代表性的材料来说明观点。二是用准确的统计数字来说明观点，数据就是证据和事实。三是通过不同事物或不同方面的对比来突出观点。需要注意的是，切忌堆砌材料，罗列现象，缺乏深入的分析，没有观点和结论，这样的调研报告价值就不大。

3.针对性要强。

会展调研是会展产业和会展活动的相关组织对所关心的情况或问题，通过全面、深入、细致的调查，得出正确的结论，起到决策、宣传、咨询的作用。所以，调查报告的写作要目的明确，有针对性，材料与观点能够为解决某个具体问题提供决策的依据。如针对会议举办场所进行的调研：根据主办方的要求，调研会议参加人员的成分、需求；会场的地理位置、设施、停车场地，是否能够附带展览、价格如何；会场周边的宾馆数量、等级，是否能够满足不同人员的需求,包括餐饮情况;城市的可进出性;娱乐、购物、旅游的场所;等等,做出分析,提出几个举办会议的地点,供主办方选择。

4.语言准确、平实,以叙述为主。

调查报告要以准确、平实的语言进行陈述,可适当选用一些调查对象的语言以增强生动性、真实性;也可插入一些图表,使表现更加具象,一目了然。但要注意,不要用文学语言来进行描述。调查报告主要用叙述的方法,用事实来说明情况与问题;同时要辅以讨论,来阐明作者的见解和揭示事物的本质特征。要注意调查报告与论文的体裁区别,前者是说明情况怎么样,后者是阐明为什么这样。

5.突出重点,有详有略。

撰写会展调研报告,应根据调研目的对调研所得到的材料进行梳理,抓住主题,深入分析,然后经过全面系统的构思,写作做到有详有略,突出重点。切忌把搜集到的各种资料无论是否反映主题全都一一进行分析。譬如,展会的满意度调查,调研报告对参展商、观众反映的问题,没有选择、没有侧重地全部进行罗列,这样就会显得零散。而且在撰写时要注意突出重点的问题,对于反映比较强烈的问题要重点写,分析原因,找出解决问题的方法。一般来说,重点的内容放在前面,由重到轻、由大到小排列。一些细枝末节的问题可以放在最后简略地提一提,或者略去。

参考案例 62

案例点评:《新型冠状病毒肺炎疫情对杭州市会展企业的影响调查报告》以调研问卷的统计数据为主,说明情况怎么样,属于非常典型的描述性调研报告。2020 年 2 月 5 日展开问卷调研,2 月 10 日发布了调研报告,反应非常迅速,很有实际意义。

新型冠状病毒肺炎疫情对杭州市会展企业的影响调查报告

杭州市会议展览业协会 2 月 10 日

为了进一步调研和了解疫情对我市会展企业的影响,为政府行业主管部门尽早出台有效的解决方案和措施提供参考依据,帮助企业克服困难,尽快恢复正常运营,杭州市会议展览业协会于 2 月 5 日向全体会员发布了《杭州市会展企业疫情影响调查表》。截至 2 月 7 日,本着实事求是、认真负责、数据准

确的原则,共获得有效问卷 55 份,经协会秘书处研究分析和整理,调查结果如下,可供参考。

一、参加调研的企业区域分布

从调研数据分析显示,参与调研的会员单位共有 55 家,分别来自下城区 8 家,占总数的 14.5%;拱墅区 7 家,占总数的 12.7%;萧山区 6 家,占总数的 10.9%;江干区 14 家,占总数的 25.5%;西湖区 7 家,占总数的 12.7%;上城区 2 家,占总数的 3.6%;滨江区 5 家,占总数的 9.1%;余杭区 3 家,占总数的 5.5%;淳安县 3 家,占总数的 5.5%。(见表 2-8-1)

表 2-8-1　参加调研的企业区域分布

区域	数量(家)	占比(%)
下城区	8	14.5
拱墅区	7	12.7
萧山区	6	10.9
江干区	14	25.5
西湖区	6	12.7
上城区	2	3.6
滨江区	5	9.1
余杭区	3	5.5
淳安县	3	5.5

二、延迟或取消展会的单位企业性质

从问卷调研得到的数据显示,55 家会员单位中,民营企业共 36 家,占总数的 65.45%;国有企业 12 家,占总数的 21.82%;股份制企业 7 家,占总数的 12.73%(见图 2-8-5)。

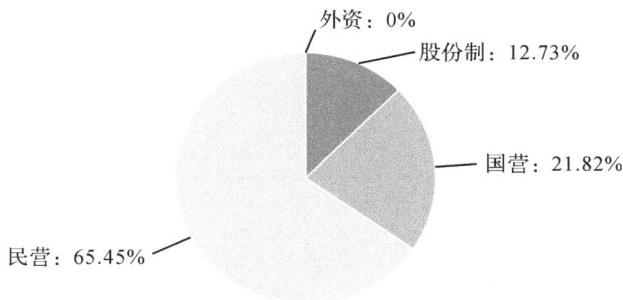

外资：0%
股份制：12.73%
国营：21.82%
民营：65.45%

图 2-8-5　延迟或取消展会的单位企业性质

三、会展企业员工数量

从问卷调研得到的数据显示，55 家企业中，其中员工人数 500 人以上企业 4 家，占总数的 7.3%；员工人数 101—500 人企业 8 家，占总数的 14.5%；员工人数 51—100 人企业 6 家，占总数的 10.9%；员工人数 1—50 人企业 37 家，占总数的 67.3%。（见表 2-8-2）

表 2-8-2　会展企业员工数量

类别	数量（家）	占比（%）
员工人数 1—50 人	37	67.3
员工人数 51—100 人	6	10.9
员工人数 101—500 人	8	14.5
员工人数 500 人以上	4	7.3

四、2019 年度企业产值

从问卷提交的数据显示，55 家会展企业中，其中年产值 1 亿元以上企业 9 家，占总数的 16.4%；年产值 5001 万元—10000 万元企业 7 家，占总数的 12.7%；年产值 1001 万元—5000 万元企业 23 家，占总数的 41.8%；年产值 0—1000 万元企业 16 家，占总数的 29.1%。（见表 2-8-3）

表 2-8-3　2019 年度会展企业产值

年产值	数量（家）	占比（%）
1 亿元以上	9	16.4
5001 万—10000 万元	7	12.7

年产值	数量（家）	占比（%）
1001 万—5000 万元	23	41.8
0—1000 万元	16	29.1

五、疫情对企业的影响

从问卷提交的数据显示,55 家会展企业在此次疫情中,均受到不同程度的影响。主要体现在以下几方面:

1.展会项目无法开展或规模缩减,项目延期举办,业务量断层式下降;

2.因会展项目延期或停办,会展企业、酒店、场馆等造成损失及生产成本增加,外地员工无法按时复工;

3.境外展因签证、航班等原因,参展商及展会执行方造成严重损失;

4.因业务影响,营收下降,企业现金流紧张,办公租金、人员工资、银行还贷等压力大;

5.场馆、酒店造成停业或半停业状态,造成日常经营成本损失。

六、会展企业预计营业额损失

通过问卷公示信息整理,本次调研共搜集到 55 家会展企业预计的营业额损失金额。其中损失额超过 100 万元以上企业 39 家,占总数的 70.91%;损失额 50 万元—100 万元企业 10 家,占总数的 18.18%;损失额 10 万元—50 万元企业 4 家,占总数的 7.27%;损失额 10 万以下企业 2 家,占总数的 3.64%。(见图 2-8-5)

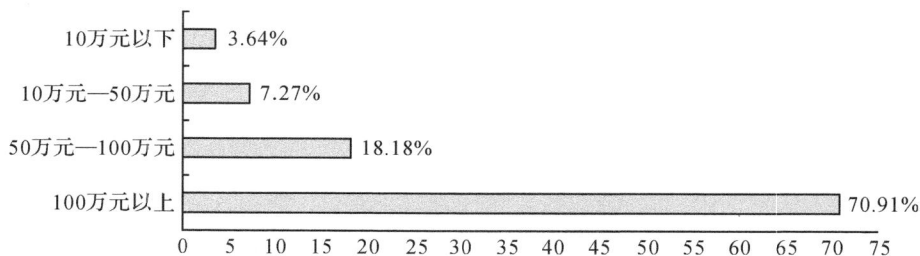

图 2-8-5　会展企业预计营业损失

七、面对疫情企业的调整及防控措施

通过问卷调查信息整理,会展企业在面对疫情下,采取的调整及防控措施主要有以下几方面:

1.延迟上班,实行线上居家办公,每日线上考勤打卡并统计员工健康状况,按时完成各项工作任务;

2.做好企业开工准备,及时采购消毒水、防护口罩等各项物资,做好员工的保障工作;

3.普及防范新型冠状病毒知识,定时排查风险隐患,加强疫情防控应急机制;

4.开展企业内部培训,大力开展线上营销,对自主会展项目战略调整;

5.对延期或取消的会展项目善后,及时止损;

6.为系统用户提供免费的远程协同服务。

八、应对疫情企业的措施

通过问卷调查信息整理,应对疫情带来的市场挑战,本次调研搜集到55家企业实施的措施。主要为以下几方面:

1.开拓新市场,挖掘新业务,资源重新整合;

2.制订计划,修炼内功,组织员工学习提升,开展线上会展项目;

3.调整预算,精减成本,完善产品,做好企业定位及确定方向;

4.融入新技术、新科技,改善传统会展交易服务渠道,利用技术上的先发优势更好地服务会展业;

5.进行内部培训,优化人员结构,进行企业经营方向性调整,多元化发展;

6.做好客户维护,帮助客户共渡难关,推出促销方案。

九、企业对政府及行业组织有诉求及建议

通过问卷调查信息整理,通过本次疫情影响,本次调研搜集到55家企业对政府及行业组织诉求及建议如下:其中30家企业建议政府部门提供针对疫情停工及防疫工作补贴,占总数的54.55%;17家企业建议出台疫情期间税收减免等扶持政策,占总数的30.91%;2家企业建议出台疫情期间银行贷款利息延期支付的扶持政策,占总数的3.64%;6家企业建议出台疫情期间五险一金延期支付的扶持政策,占总数的10.91%。

自2月2日起,由杭州市会议展览业协会、白马湖国际会展产业联盟发起的"白马会客厅——杭州会展应对疫情的直播活动"以线上沙龙直播的方式举行,从产学研的角度出发,共同谋划杭州会展新发展,促进杭州会展行业交流,从而提振杭州会展业发展信心。这也是创新探索会议交流的新形式,在国内率先推出的疫情下讨论会展业发展的线上沙龙活动,截至今天已成功举

第二编 实务

办八期,获得了参与本次调查表的企业一致好评。

(材料来源:杭州市会议展览业协会)

参考案例 63

案例点评:《2020 线上会展调查报告》有非常好的选题。线上会展,既是因为一场新冠肺炎疫情使线下展会暂时停摆而催发,又是数字化、智能化时代的技术带来展会的变化。会展 BEN 非常敏锐地觉察到线上会展这一新事物对于会展业界、会展职业者的重要性,联合国内六家领先的会展技术平台和咨询公司开展调查,用数据说话,带来切实的信息,并获得了非常有价值的"启示"。这一调查报告,使我们会展人能够了解线上会展的趋势,主动地运用线上会展。

《2020 线上会展调查报告》发布

《会议》杂志数据发布 2020-04-24 20:23:45

由会展 BEN 联合国内六家领先的会展技术平台和咨询公司组织的"线上会展"调查,得到了业界的热烈响应,7 天内共有 877 人参与。

现将通过调查获得的主要发现(非完整报告)整理如下,希望能有助于会展业界同人对线上会展有一个较为丰富的了解。

前十个省区市分别是北京、上海、浙江、广东、四川、山东、江苏、天津、陕西和福建。(见表 2-8-4)

表 2-8-4　877 名受访者所在地区分布

省份	数量(人)	百分比(%)
北京市	206	23.49
上海市	141	16.08
浙江省	85	9.69
广东省	74	8.44
四川省	68	7.75
山东省	65	7.41

省份	数量(人)	百分比(%)
江苏省	31	3.53
天津市	29	3.31
陕西省	23	2.62
福建省	19	2.17
湖南省	19	2.17
河北省	16	1.82
湖北省	14	1.60
河南省	12	1.37
重庆市	11	1.25

877名受访者中,来自会议/展览主办机构的占34.0%,来自承办机构的占31.0%,两者合计65.0%。(见图2-8-6)

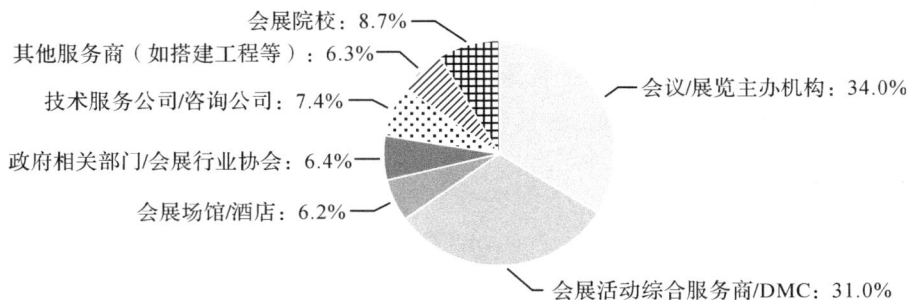

会展院校:8.7%
其他服务商（如搭建工程等）:6.3%
技术服务公司/咨询公司:7.4%
政府相关部门/会展行业协会:6.4%
会展场馆/酒店:6.2%
会议/展览主办机构:34.0%
会展活动综合服务商/DMC:31.0%

图 2-8-6　受访者所在机构的类型

余下35%的受访者来自场馆、政府/会展行业协会、技术公司、服务商以及高校,各自的比例十分接近,介于6%—9%。受访者所在机构规模见图2-8-7。

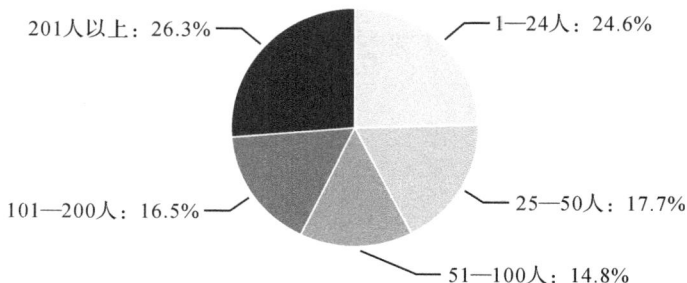

图 2-8-7　受访者所在机构的规模

主要发现

对线上会展的了解

60％的受访者对于线上会展只是听说过但基本不了解。

启示：会展从业者急需加强线上会展培训。

线上会展的价值

超过95％的受访者认可线上会展的价值。

其中

65.6％认为线上会展有价值，但其发展需要较长时间。

30％较为乐观，相信线上会展将较快得到推广。

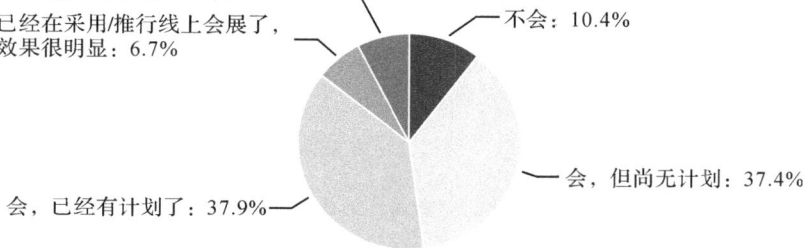

图 2-8-8　所在机构采用/推行线上会展的状况

90％相信线上会展势在必行，也拥有较大的发展空间和机会。

（其中14％的受访者表示其所在机构已经在采用/推行线上会展了，但取得明显效果和未取得明显效果的各占一半。）

10％受访者表示不会采用/推行线上会展。（见图2-8-8）

启示：从业者对线上会展有信心，看好线上会展。

线上会展和线下会展的关系

87.6%的受访者赞同两者的关系是"相互补充和促进、融合"

另有9%的人相信线上将"部分替代"线下会展。

另有3%的人认为线上和线下将各自平行发展。

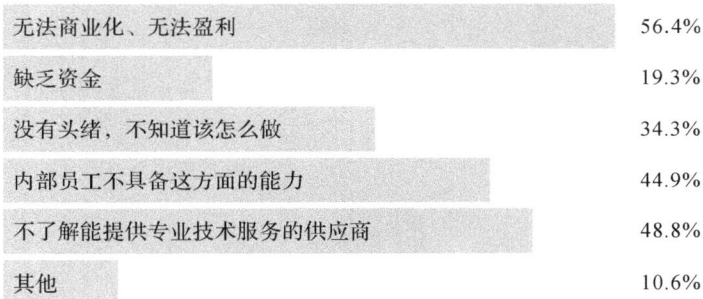

无法商业化、无法盈利	56.4%
缺乏资金	19.3%
没有头绪,不知道该怎么做	34.3%
内部员工不具备这方面的能力	44.9%
不了解能提供专业技术服务的供应商	48.8%
其他	10.6%

图 2-8-9 从组织方的角度看,举办线上会展的主要困难(多选题)

第1大困难

看不到线上会展的盈利可能性(56%)。(见图 2-8-9)

第2大困难

不了解提供专业技术服务的供应商(49%)。

第3大困难

内部员工不具备这方面的能力(45%)。

第4大困难

没有头绪,不知道该怎么办(34%)。

启示:

技术公司应加大营销;

由第三方比如商务局、会展办、行业协会向企业推荐可靠的技术服务商;

政府提供培训服务。

仍有超半数企业认为线上会议可以不依赖线下会议而独立盈利、自立门户。(见图 2-8-10)

不可以：48.8%　　　可以：51.2%

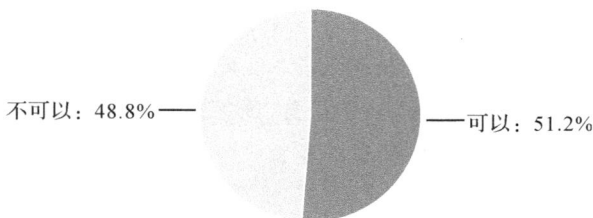

图 2-8-10　线上会议是否可以不依赖线下会议而独立盈利、自立门户

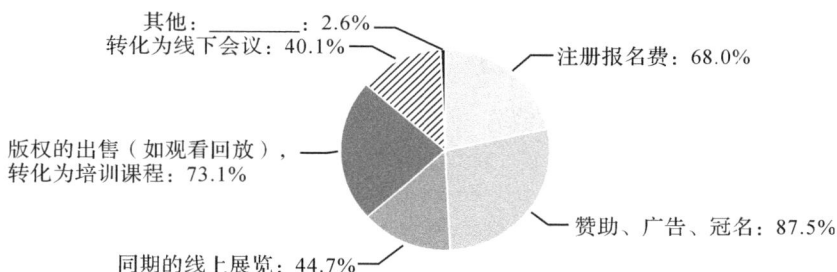

其他：2.6%
转化为线下会议：40.1%
注册报名费：68.0%
版权的出售（如观看回放），转化为培训课程：73.1%
赞助、广告、冠名：87.5%
同期的线上展览：44.7%

图 2-8-11　线上会议可能的主要收入来源（多选题）

线上会议可能的主要收入来源依次是：冠名、赞助和广告（87.5）＞版权的出售及转化为培训课程（73.1％）＞注册报名费（68％）＞同期的线上展览（44.7％）。（见图 2-8-11）

启示：目前线上会议向观众收取参会注册费以及同期举办展览都有难度。

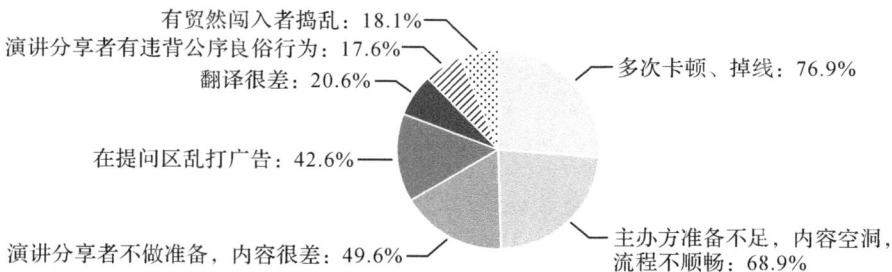

有贸然闯入者捣乱：18.1%
演讲分享者有违背公序良俗行为：17.6%
翻译很差：20.6%
多次卡顿、掉线：76.9%
在提问区乱打广告：42.6%
演讲分享者不做准备，内容很差：49.6%
主办方准备不足，内容空洞，流程不顺畅：68.9%

图 2-8-12　线上会议（发布会、培训）最不能忍受的经历（多选题）

第 1 大投诉

多次卡顿、掉线（76.9％）。（见图 2-8-12）

第 2 大投诉

主办方准备不足，内容空洞，流程不流畅（68.9％）。

第 3 大投诉

演讲分享者"不做准备,内容很差"(49.6%)。

启示:直播不代表会议,会议仍然必须"内容为王",组织方筹备线上会议的用心、态度和能力、管理技巧有待提高。

即使免费观看直播是否支持主办方要求实名注册

85%的受访者支持实名注册。

不支持的仅占 15%。这说明参加线上会议的观众对主办方的信任,也说明大家希望主办方把跟所在行业无关、莫名其妙的陌生人挡在门外。

启示:组织线上会议时,主办方可以要求实名注册。

理想中的线上展览

55%"必须是线上展示+互动洽谈+交易达成"的三者结合。

42% 认为除了线上展示再加上即时视频互动和询盘这个功能就可以了。

B2B 线上展览能否不依赖线下展览而独立盈利、自立门户

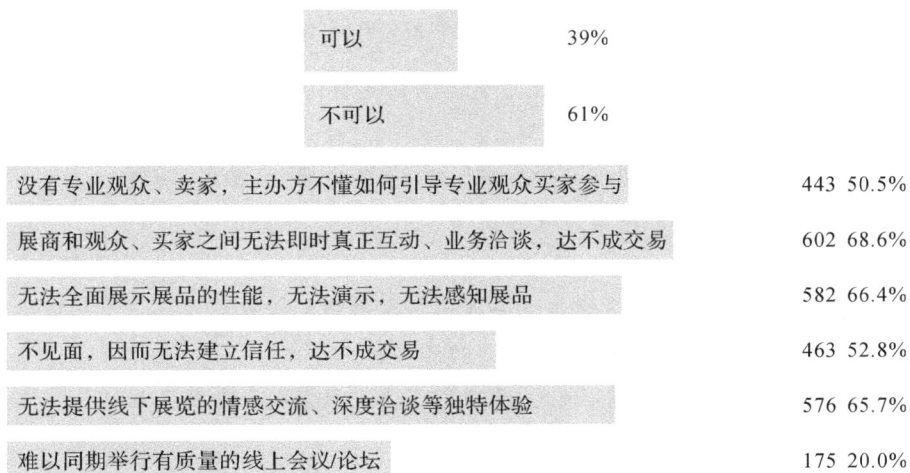

可以	39%
不可以	61%

没有专业观众、卖家,主办方不懂如何引导专业观众买家参与	443	50.5%
展商和观众、买家之间无法即时真正互动、业务洽谈,达不成交易	602	68.6%
无法全面展示展品的性能,无法演示,无法感知展品	582	66.4%
不见面,因而无法建立信任,达不成交易	463	52.8%
无法提供线下展览的情感交流、深度洽谈等独特体验	576	65.7%
难以同期举行有质量的线上会议/论坛	175	20.0%

图 2-8-13 了解到的 B2B 线上展览效果不好的原因(多选题)

第 1 大原因

展商和观众、买家之间无法即时真正互动、业务洽谈,达不成交易(68.6%)。(见图 2-8-13)

第 2 大原因

无法全面展示展品的性能,无法演示,无法感知展品(66.4%)。

第 3 大原因

无法提供线下展览所能给予的情感交流、深度洽谈等独特体验(65.7%)。

第 4 大原因

不见面、无法建立信任因而达不成交易(52.8%)。

第 5 大原因

没有足够的买家、主办方不知道如何引导买家参与(50.5%)。

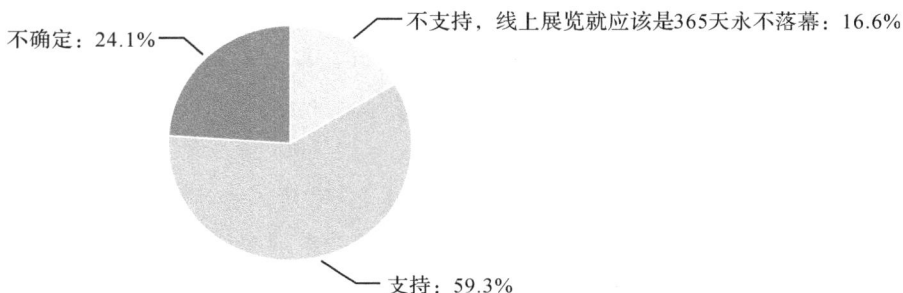

不确定：24.1%

不支持，线上展览就应该是365天永不落幕：16.6%

支持：59.3%

图 2-8-14　是否支持线上展览有固定时间(比如 3 天、7 天)

接近 60% 的受访者支持线上展览应有固定时间。(见图 2-8-14)

启示：线上展览应有固定时间。

疫情过后人们是否仍然会像以前一样，出差去开会、参展、观展

绝大多数人(98%)期待在疫后的实体展览和实体会议上见面。

其中

56.6% 不怕传染病，会像以前一样出门参加会展活动。

41.5% 倾向于就近参加规模较小的活动。

启示：组织靠近参会者、观众、展商所在地且规模稍小的线下活动。

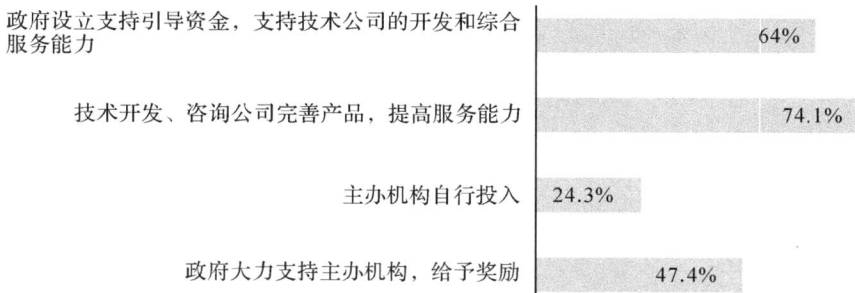

政府设立支持引导资金，支持技术公司的开发和综合服务能力　64%

技术开发、咨询公司完善产品，提高服务能力　74.1%

主办机构自行投入　24.3%

政府大力支持主办机构，给予奖励　47.4%

图 2-8-15　现阶段发展线上会展的关键(多选题)

第 1 大期望

帮助主办方举办线上会展的技术公司、咨询服务公司尽快完善产品,提高服务能力(74.1%)。(见图 2-8-15)

第 2 大期望

政府能设立支持引导资金,用于支持技术公司的开发和综合服务能力(64%)。

第 3 大期望

政府提高对举办线上会展的主办方的奖励力度(47.4%)。

主办方应该为行业做全年的营销服务而不是局限在线下或者线上会展为展商做服务

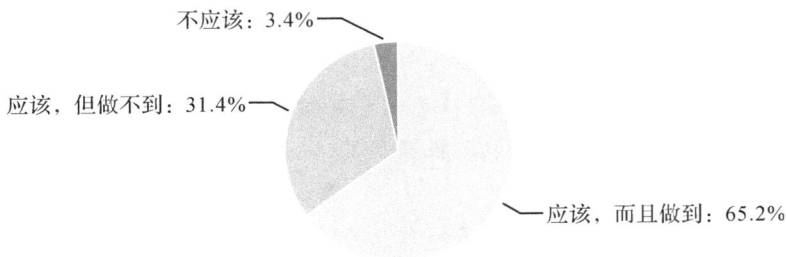

不应该:3.4%

应该,但做不到:31.4%

应该,而且做到:65.2%

图 2-8-16　主办方是否应为行业做全年的营销服务

65.2%的受访者相信主办方能跳出线上或线下实体活动,为行业做整合营销服务。(见图 2-8-16)

对主办机构做全年整合营销服务的能力存有疑虑的占 31.4%。

（材料来源:《会议》杂志社、北京亿文思咨询有限公司）

参考案例 64

案例点评:《新冠肺炎疫情对社团会议采购需求影响的调研报告》的调查选题很有针对性。市场是不断变化的,2020 年 1 月 16 日《会议》杂志曾发布《2019 年度社团会议采购需求调研》,然而,疫情使会展业受到重创。只有摸清情况,才能更好地做出应对,从困境、从被动的形势下走出来,寻找新机。《会议》杂志社针对疫情的影响又做了调查。调查报告首先说明受访社团的基本情况,也就是调查样本的来源,让我们看到了信息数据采集的合理性。

接着写疫情前的采购计划，新冠肺炎疫情对受访社团会议活动影响，这个受影响的数据是从比较中得来的，呈现了年会、培训会、研讨会的不同情况。通过调查受访者的预期，让人看到机会，提振信心，并合理地做好继续举办或延期举办的社团会议的准备。最后，补充核心部分数据分析：社团会议仍然以"年会""培训会""研讨会"为主，"年会"仍然受到重视，让人们看到社团会议的市场仍然存在。整篇报告有翔实的数据，第二—第四部分，是疫情前后社团会议采购需求的纵向比较获得信息，第五部分又通过与企业会议采购需求横向比较获取信息，具有现实性和前瞻性。

新冠肺炎疫情对社团会议采购需求影响的调研报告

《会议》杂志数据发布 2020-05-13 10:57:08

受新冠肺炎疫情影响，国内会奖行业受到巨大冲击。为了解国内会奖采购真实情况，《会议》杂志社于 2020 年 4 月对相关会奖采购单位进行了采购调研。根据调研问卷，我方整理相关报告如下（报告数据截止至 2020 年 4 月 30 日）。

根据采购单位性质不同，调查问卷分为"企业（Corporate Buyers-直客）采购需求版"与"社团（AssociationBuyers-学会、协会）采购需求版"。以下版本为"社团采购需求"报告。

一、受访社团基本情况介绍

1. 受访社团所属。

本次调研目标受众聚焦于：以北京地区为主、涵盖全国的 105 家核心学会、协会。其中，科协旗下学会占比 19%；"国字头业务主管"社团占比 28%；民间学协会占比 44%；"加盟性质"和"国际社团"分别占比 5% 和 4%。

2. 受访者部门。

受访者中，有 31% 来自办公室；26% 来自秘书处；9% 来自会展部；7% 来自会员部；4% 来自外联部；另有 23% 的受访者为其他部门或管理层。

二、新冠肺炎疫情前，社团本年度会议采购计划

1. 疫情前，"年会"为社团买家本年度计划采购数量最多的会议活动。

疫情前，社团 2020 年计划采购最多的"会议类型"：选择"年会"活动的受访社团占比 34%；"培训会"占比 27%；"研讨会"占比 23%；"奖励旅游"占比 4%；剩余 12% 的社团选择了"其他"。（见图 2-8-17）

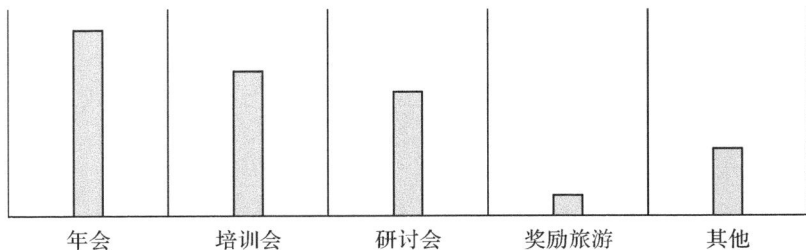

图 2-8-17　疫情前社团计划采购会议类型

2.疫情前,超过半数的社团年度会议活动数量为"10 次及以下"。

疫情前社团对本年度计划会议数量选择上,选择"10 次及以下"占比59%;选择"10—30 次"占比 30%;"30—50 次"占比 7%;"50 次以上"占比4%。(见图 2-8-18)

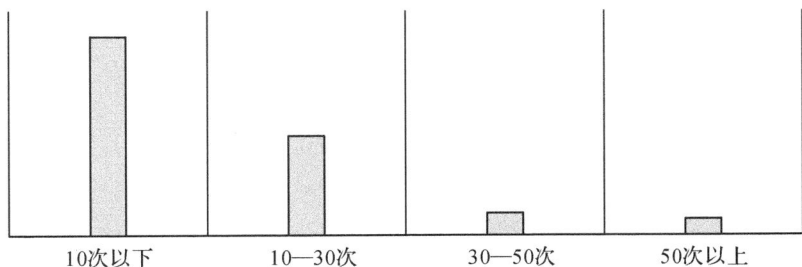

图 2-8-18　疫情前社团年度计划会议数量

三、新冠肺炎疫情对受访社团会议活动影响

1.将近1/3的受访社团将 4—6 月的"年会"延期举行。

选择将 4—6 月"年会"活动"照常进行"的受访社团占比 8%;"还不清楚"占比 10%;"取消"占比 16%;"改为线上"占比 23%;"延迟"占比 30%;另有13% 受访社团在此时间段没有年会安排。(见图 2-8-19)

□ 照常举行
□ 取消
▨ 延迟
▨ 改为线上
■ 还不清楚
▨ 这个时间段没有计划活动

图 2-8-19　4—6 月新冠肺炎疫情对受访社团会议活动的影响

2.1/5 的受访社团计划 7—12 月的"年会"照常举行。

针对 7—12 月"年会"活动如何举办,选择"还不清楚"的社团占比 43%;"照常举行"占比 20%;"改为线上"占比 12%;"延迟"为 11%;"取消"和"这个时间段没有计划活动"各占比 7%。(见图 2-8-20)

□ 照常举行
□ 取消
▨ 延迟
▨ 改为线上
■ 还不清楚
▨ 这个时间段没有计划活动

图 2-8-20　7—12 月新冠肺炎疫情对受访社团会议活动的影响

3.28% 的受访社团将 4—6 月的"培训会"改为线上进行。

4—6 月的"培训会"活动"改为线上"的受访社团与选择"延迟"的受访社团所占百分比吻合,都为 28%;"还不清楚"占比 18%;"取消"占比 13%;"照常举行"占比 5%;另外,有 8% 的受访社团在此时间段没有活动。(见图 2-8-21)

□ 照常举行
□ 取消
▨ 延迟
▨ 改为线上
■ 还不清楚
▨ 这个时间段没有计划活动

图 2-8-21　4—6 月新冠肺炎疫情对"培训会"活动的影响

4.将近半数的受访社团对 7—12 月"培训会"举办形式,处于观望状态。

选择 7—12 月的"培训会"活动"还不清楚"的企业占比 46%;"延迟"占比

15％;"改为线上"占比 13％;"照常举行"占比 11％;"取消"占比 8％;另有 7％
的受访社团在此时间段没有活动安排。（见图 2-8-22）

□照常举行
□取消
▨延迟
▨改为线上
■还不清楚
▨这个时间段没有计划活动

图 2-8-22　7—12 月新冠肺炎疫情对"培训会"活动的影响

5.受访社团 4—6 月"研讨会"活动举办状况情况不一。

占比 29％的受访社团将 4—6 月的研讨会"改为线上"进行;24％选择"延
迟";21％选择"还不清楚";13％选择"取消";4％的受访社团选择"照常举
行";此外,还有 9％的受访社团在此时间段没有相关活动。（见图 2-8-23）

□照常举行
□取消
▨延迟
▨改为线上
■还不清楚
▨这个时间段没有计划活动

图 2-8-23　4—6 月新冠肺炎疫情对"研讨会"活动的影响

6.超过半数受访社团对 7—12 月"研讨会"活动处于观望状态。

受访社团 7—12 月"研讨会"活动情况,选择"还不清楚"的占比 52％;选择
"照常举行"占比 13％;选择"改为线上"占比 11％;选择"延迟"占比 10％;"取消"
占比 7％;此外,有 7％的受访社团在此时间段没有活动。（见图 2-8-24）

□照常举行
□取消
▨延迟
▨改为线上
■还不清楚
▨这个时间段没有计划活动

图 2-8-24　7—12 月新冠肺炎疫情对"研讨会"活动的影响

四、受访社团对会议活动的预期

1.超过一半的受访社团对 2020 年线下活动复苏持观望态度。

根据调查结果显示,53%的受访社团对 2020 年线下活动复苏持"观望"态度,社团会根据"年中情况"决定会议活动召开与否和召开方式;32%的受访社团持"乐观"态度,认为线下活动会"逐渐恢复";17%的受访企业持"悲观"态度,认为线下活动会"受到巨大影响"。(见图 2-8-25)

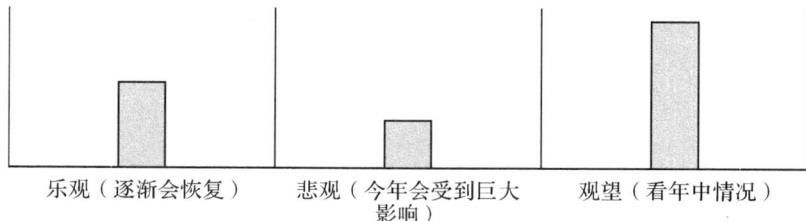

乐观(逐渐会恢复)　　悲观(今年会受到巨大　　观望(看年中情况)
　　　　　　　　　　　影响)

图 2-8-25　受访社团对 2020 年线下活动态度

2.将近半数的受访社团可以将 2020 年未支出的活动预算预留到未来年度。

如果 2020 年的会议活动预算尚未用完,43%的受访社团表示"可以预留到后续年度";39%的受访社团表示"还不清楚如何处理";17%的受访社团表示经费"一定会在今年用完";另外,有 1%的受访社团未支出预算可以转拨给其他部门使用。(见图 2-8-26)

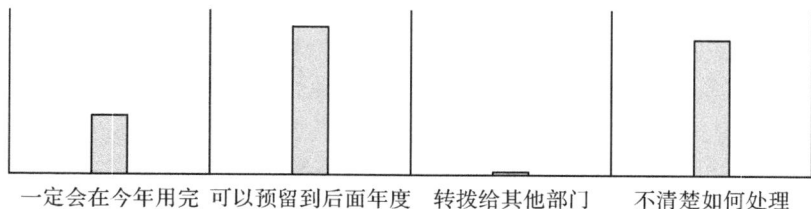

一定会在今年用完　可以预留到后面年度　转拨给其他部门　不清楚如何处理

图 2-8-26　2020 年受访社团对未支出活动预算处理情况

3.大部分受访社团认同"线上会议形式"会部分取代"线下会议形式"。

认为线上会议形式"不可能取代"线下会议活动的受访社团占比 24%;认为可能性在"20%及以下"的受访社团占比 31%;认为可能性在"20%—50%"的受访社团占比 32%;认为可能性在"50%—80%"的受访公司占比 9%;认为可能性在 80%—100%的受访公司占比 4%。(见图 2-8-27)

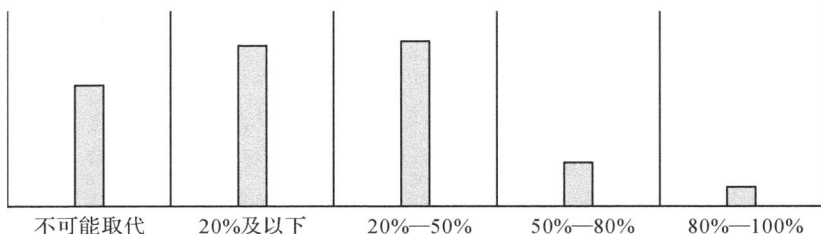

图 2-8-27　受访社团对"线上会议形式"部分取代"线下会议形式"的态度

五、补充核心部分数据分析

1.社团会议活动仍以"年会""培训会"及"研讨会"为主。

与 CMIC2019 发布的《2019—2020 中国社团采购市场调研分析报告》结果相似:社团会议活动类型以围绕专业性知识传递及探讨为核心的"年会""培训会""研讨会"居多。

2.社团对"年会"活动非常重视。

根据数据可以读取,30%的社团对 4—6 月年会活动选择"延迟举行",而"取消"和"改为线上"只占比 16%和 23%,对比企业采购(直客)处理 4—6 月"年会"态度(以"取消"占比最高),社团采购明显要谨慎很多。

与企业商业年会不同,社团年会是社团学术价值重要的表达方式之一;同时,由于申办时间及规模要求,社团年会往往需要比商业年会花费更长的准备时间、投入更多的精力、牵涉更多的相关人员。因此,虽然疫情严重冲击了 4—6 月的社团年会市场,但由于前期准备投入,大部分社团采购对 7—12 月的年会市场抱有更加乐观的预期(20%的社团目前选择该时间段年会"照常举行"),加上上半年延后年会的数量沉淀,如果疫情趋于可控、行业情况相对积极,下半年也许会出现社团年会市场的"井喷"。

参考案例 65

案例点评:《聚力前行——2018 中国会议行业调查》案例是对 2018 年的会议行业进行调查而形成的报告。报告分十个方面,是一个横式(并列)结构模式。

前言部分,写了调查的总体结论,使读者对 2018 年的会议行业有大致的

了解。

第一点首先介绍样本来源与样本占比,从一定程度上体现了调查的信度。然后写出对中国会议市场的整体发展态势的调查数据与结论,是总体的信息。第二—十点,分写国际会议、会议技术、会议服务、酒店设施、二三线会议城市、媒介宣传等情况。每点的写作结构:调查数据—数据分析—建议。尤其是分析,是与 2017 年进行比较的,直观,且有说服力。富有针对性的建议,能够引起行业人士的思考,并作出新的、合理的决策。

最后是结束语。

这是一篇行文规范的调查报告,全面地梳理了 2018 年会议行业的情况。

聚力前行——2018 中国会议行业调查

双线会展 02-12 16:05

——本文刊登于《中国会议》杂志 2019.02 期

2018 年是中国会议业发展至今最为迅猛且极具特色的一年。回首这一年中国会议市场的发展情况,我们不难看出其发展潜力仍具较大开发价值:年会议量居高不下,会议质量不断提升,会议形象颇受好评,内在价值赢得广泛认可。中国的会议市场呈健康、可持续的发展态势。

虽然 2018 年的会议市场仍被公司会议占据大半,但与 2017 年相较,国际会议的举办数量明显增多,且未来发展趋势为业界所看好。2018 年是会议业极具创新意识的一年,会议技术由弱到强,既加强了与会者的参会体验感,也为会议产业注入了新的活力。

一线会议城市的发展依旧超前,但二三线会议城市的发展不容小觑。仅一年,海口、杭州等会议城市排名迅速攀升,城市形象备受赞许。不难从中得出,眼下办会者在选择会议目的地时,不仅参考目的地支持力度与当地产业基础两大准则,当地的旅游资源也成了重要参考原则。

延续上一年的结果,参会者对会议流程及接待中的服务最为重视。会议酒店软硬件持续发展、行业服务意识逐渐加强,加之会议技术的不断涌现,在各个方面均较大程度地提升了参会者的体验感。

坚信在如此稳定且健康的大环境下,会议行业会愈战愈勇,向更高、更广的发展平台迈进!

1.2018 年中国会议行业的发展态势良好,整体形象提升。

本次会议行业调查主要面向三大类资深会议群体:其中,受邀参与调查的会议主办方、会议组织者占比 25%,会议中心(酒店)占比 38%,会议服务商为 37%。特别需要提及的是,与往年相比,会议服务商中负责会议技术方向的群体占比明显提升,达到 13%。

据调查结果显示,有 75% 的调查者认为 2018 年度中国会议市场的整体发展呈增长趋势,对其前景十分认可;有 16% 的调查者认为 2018 年中国会议市场发展势头有所下降;余下 9% 则认为与 2017 年相比无明显改变。

通过调查,我们可以看出业界当前对于会议行业的现状还是较为满意的。虽然不乏批评的声音,但找到不足才更能明确未来的改进方向。相信在业界和社会的广泛关注及监督下,会议行业会更为完善。

2.举办国际会议成为中国会议行业发展领域的重中之重。

2018 年,中国会议行业在社会中的反响甚佳。81% 的受访者对于中国会议行业的整体评价持赞扬态度,认为会议行业的整体形象与会议价值的认可度均在不断提升。但仍有 12% 的人持相反态度;7% 的人选择没有变化。

总体而言,中国会议行业在各个方面的发展均在稳步提升之中,尤其在会议国际化的发展上进步尤为突出,有 41% 的被调查者选择了该结果。于 2017 年调查中位列第一的会议技术与服务项目本次退居第二,占比 36%;选场馆建设的有 11%,与 2017 年持平;奖励旅游占比有所减少,仅 12%。由此可以预见,未来在中国举办国际会议的市场会越来越广阔,占据主导地位。

3.会议技术的应用相较 2017 年更为凸显。

通过调查,与 2017 年相比,2018 年会议技术在会议举办期间的使用程度有明显加强。结果显示,78% 的受访者认为参会期间融入先进的会议技术会较大幅度地提升参会体验感;仍有 7% 的人选择会减少会议技术的应用,以此来缩减会议成本;另有 15% 的受调查者认为与此前相比变化不大。

会议技术领域的发展潜力有目共睹,它的加入为会议行业注入了新的动力与活力,将会议行业的整体发展推向了新的阶段。相信在未来,属于它的发展空间将不可限量。

4.会议整体服务意识水平仍需不断加强。

2018 年,会议组织者在办会投入上选择与往年持平的占比 45%,与 2017 年的 52% 相比略有减少。选择增加投入与减少预算的人分别占比 29%、

26%。与另一项调查结果相结合,有85%的调查对象认为会议行业的整体服务意识水平有较大提升;仅有5%的人持相反意见,10%的人选择了与2017年持平。由此不难发现,在与会者愈发重视服务与体验感的大环境下,主办方如何既不改变原有预算,又能加强会议服务、融入会议科技,是亟待思考与解决的问题。

5. 中国举办国际会议的进程加速,值得期待。

2018年是中国会议行业向国际化方面发展有较大突破的一年,国际会议的举办数量相较往年有所增加。据调查结果显示,47%的受访者认为中国举办国际会议的进程呈平稳发展状态;40%的人对于2018年会议行业取得的成绩表示认可,认为该进程发展迅速,与2017年相比增加了4%;另有13%认为进展缓慢。

中国会议行业的国际化发展正在逐渐步入正轨,在不远的将来,定会谋得重大收获。

6. 广而优的会议服务是吸引参会者的最佳途径。

"体验感"是2018年度会议行业的热门词汇,为越来越多的参会者所强调。全方位地为与会者提供贴心、周到的服务一直是会议组织者希望达成的目标。据调查,各项结果与去年相比并无过大差别:选会议流程与接待中服务的会议人占比25.7%,注重演讲嘉宾的占比18.8%,重视住宿环境的有9.9%,注重会议时长的占5.7%,关注交通(会议用车)占比10.4%,看重安保设施的仅占5.1%,希望感受当地人文的人占比17.6%,另外还有6.8%的与会者更为关心参会媒体的数量。

会议流程、接待服务、演讲嘉宾与目的地感受四项依旧是参会者最为重视的会议体验。主办方应最大化利用目的地资源,在为参会嘉宾提供思想盛宴之余,感官的体验也需加强。

7. 会议酒店仍坚持加大推广力度,与软硬件设施发展齐头并进。

与2017年相比,2018年会议酒店仍在加大推广力度,占比47%。其中,有4%的人认为有必要投入更多。但也有10%的调查对象认为推广呈缩减趋势,与2017年相比降低了5%;表示持平的占比43%。

在坚持推广的同时,酒店在软硬件方面也下足了功夫。有41%的人表示2018年会议酒店在软硬件上均保持较快发展;32%的人认为会议酒店更为重视硬件发展而忽视软件,当然也有不少人选择了软件发展迅速、硬件发展缓慢这一选项，占比 12％；认为酒店两方面均发展缓慢的仅占 15％。

由此我们不难分析出，2018 年，会议人对于酒店软硬件的发展是持认可态度的。但服务品质依旧是评判酒店优劣的核心准则，望酒店在提升服务品质方面继续加大力度，树立良好的品牌形象，进而提升酒店在会议行业中的地位。

8.二三线会议城市大幅度抢占会议市场，目的地支持力度仍是会议主办方最为重视的选址原则。

据调查，2018 年度于二三线会议城市举办的会议数量猛增，虽然未超过一线城市占领主导地位，但与 2017 年相比，其发展速度尤为强势，杭州、海口最为明显。

调查结果如下：一线会议城市共占据 52.9％的会议市场。其中，北京占比 15.1％，上海 18.7％，广州 9.7％，深圳 9.4％。一线城市的会议举办数量仍处于龙头地位，相比去年增长 5.1％。

反观二三线城市，海口在 2018 年中发展迅速，仅次于杭州的 13.9％，位列第二，占比 8.5％。随后，成都占比 7.5％，厦门占据 6.6％，重庆为 3.3％，西安是 3.6％，昆明 1.8％。二三线城市的崛起速度远超业界想象，仅一年间就迅速瓜分了近一半的会议市场。以杭州、海口这类城市为首，其潜力可见一斑，亟待会议组织者前往挖掘。但仍有如昆明、大连一般的城市在会议产业高速发展的当下，进展缓慢。其延缓原因需要引起当地政府及业界资深人士的重视，并尽早解决，以期来日以更为开放的状态为会议产业开枝散叶。

站在会议组织者的立场，选择优质的办会地点无疑是主办方最难抉择的问题。我们通过数据分析得出他们在选取会议目的地时最为重视目的地的支持力度，占比 31％。而有 22％的人认为当地的产业基础更为重要；19％的人表示当地的经济发展水平是其首要参考条件；还有 13％的人选择了软件服务水平，11％的人选择了当地的旅游资源，4％的人注重当地硬件设施情况。

纵观上述调查结果，选取办会地点确实需要主办方进行多方面的权衡，过程复杂且烦琐。与 2017 年相比，2018 年主办方对于当地产业基础的重视程度大幅度增强，超出 13％。伴随着会议者的需求越来越多，"会议＋"的范围越发宽泛，目的地雄厚的产业基础确实会为主办方办会提供更多的便利条件。

9.媒介宣传对于会议市场的推广至关重要。

随着互联网行业的不断发展,我国新媒体行业迎来了发展黄金期。2018年,新媒体增势凸显。在这样的大环境下,媒介宣传对于会议行业的推广而言至关重要。

在本次调查中,我们特别针对主办方提出了关于媒介宣传重要性的问题。高达98%的调查对象表示媒介宣传不可或缺。其中,69%的人认为媒介宣传很有必要,29%则表示有必要集纳更多媒体参与宣传。仅有2%的群体选择了"无影响"。

会议是一项包容性与吸纳性极强的产业。媒体的无界限传播特性会助力其与更多不同的产业相识并结合。只有不断扩充其延伸产业链,才能为行业带来新突破。

10.会议企业创新转型引领会议产业加速升级。

通过调查,会议人对于2019年会议行业的整体发展预测与上年的调查结果基本维持不变。在新会风以及整体经济形势变化的共同作用下,有67%的受调查者认为2019年的中国会议企业会通过转型创新,为全行业谋取新的发展机遇;有24%的人表示,行业最终整合尚未完成,目前难以预测其未来发展态势;另有9%的人认为目前行业受各方面的影响波动较大,暂时难以恢复到较高的会议水准。

与去年结果不同的是,有超过一半的人十分看好2019年国际会议领域的发展前景。紧随其后的是社团会议,占比22%;选择公司会议的群体逐年下滑,仅占20%;而政府会议只占6%。

总体而言,会议市场被持续扩充,会议产业仍有较大的发展潜力,始终被社会视为朝阳产业。2019年,希望能有更多的企业被吸纳进来,不断壮大会议产业的覆盖范围,厚积薄发,聚力前行!

(材料来源:中国会议综合报道 | 文:本刊记者徐依娜)

模块二 进行会展调研口头汇报

口头调研报告是将会展调研的情况用口头报告的形式进行汇报,它是书面调研报告的补充。大部分调研工作采取书面报告的形式,但是也有一些采取口头汇报的形式,一般是在调研的过程中,作阶段性的汇报,以便会展调研的使用者特别是管理层及时掌握情况,更好地布置下一阶段的工作;更多的情况是书面的调研报告加上口头汇报,一般是在整个调研工作基本结束,将调研结果以书面的形式呈上,并以口头形式将调研的重点内容向会展调研的使用者特别是其管理层汇报,以引起对调研问题、调研建议的重视。

【工作任务】

以小组为单位,根据撰写的会展书面调研报告,精心选择口头报告内容,制作 PPT,进行会展调研口头汇报。

【相关知识】

一、口头调研报告的概念

会展口头调研报告是会展调研的主持人或者会展书面报告的执笔者,以口头陈述的形式向会展调研的使用者汇报调研方法、内容、结果以及分析后的结论与建议的活动。

二、口头调研报告的作用

1.在较短的时间里向会展调研的使用者介绍调研报告的主要内容,突出重点,能够节约使用者阅读书面报告的时间。

2.口头报告运用声音的传播效果,辅以文字、图片,使汇报内容生动,能令调研结果的使用者印象深刻,抓住重点。

3.口头报告者与调研结果的使用者能够进行现场交流,进一步沟通信息,交流思想,补充内容。

【实践操作】

一、确定主汇报人

1.汇报人一般是调研活动的主要负责人,全面了解调研情况。

2.汇报人应该是有观点有思想的人,能够综合调研的情况,并从中抽取

出一些有价值的东西。

3.汇报人应该有良好的表达能力,思路清晰,有逻辑性,能抓住中心,突出重点。

从会展调研到撰写调查报告再到口头汇报调研内容,一路做下来,我们看到调研工作对会展调查人员的综合素质要求非常高。一是要善于沟通,了解会展组织方的需求;二是要有调研的能力,分析问题、归纳问题,提出观点;三是要有良好的写作能力,用准确、规范的语言表达思想;四是要有清晰的表达能力,化繁为简,提取调研报告的核心内容,生动、形象地传达出来。因此,作为学习者,要努力提高政策理论水平与思辨的能力,扩大会展阅历,增加文化积淀,提升沟通能力。要做到综合素质的提升,在于"汝果欲学诗,工夫在诗外"。

二、做好汇报准备

1.确定汇报提纲。围绕调研问题、调研目标及希望解决的问题,设计汇报提纲。一要把握汇报的重点,把能够反映情况,最能揭示本质的东西抓住,有利于听取汇报者(即调研结果的使用者)对情况做出判断。不能面面俱到,事无巨细,否则就会散漫无边,令听取汇报者不得要领,抓不住重点。另外,听取汇报的时间一般有限,也不允许作无足轻重的汇报。汇报提纲一般提供给每一位听众,提纲不应包含数字或图表,而且还要留出空白供汇报的听众做记录或做标记。二要注意汇报的条理性。因为是口头汇报,要便于听取汇报者听得清晰、明白,便于记录,并能够对一些问题及时做出反应,所以汇报提纲一定要写得系统而不凌乱。三要注意量的把握,要根据时间确定汇报内容,详略得当。

2.准备汇报需要的PPT。大部分的汇报都要求用PPT,通过一些文字、图片、表格,更加生动、形象地反映调研结果,使听取汇报者对调研现场的情况有更清晰的了解,如节事活动的场馆、旅游的资源等;也使听取汇报的听众能够更加集中注意力,抓住有价值的信息,如对比数据列表,不同色彩的文字表述。需要注意的是,在进行口头汇报之前,要运用PPT进行试讲,使PPT的内容与口述内容紧密结合,确保汇报的效果。

【注意事项】

为了使口头汇报取得良好的效果,我们应该注意以下几个方面:

(一)要运用材料得出观点

材料是观点的基础,观点从材料中得出。即会展调研者从实际材料出发,经过分析得出观点、结论和建议。这样,既符合调研报告的组织习惯,也符合听众的听觉习惯,易于得出结论。切忌堆砌材料,罗列大量的数据,缺少深入细致的分析,无结论和建议。否则,整个汇报的价值就不大,甚至可能使汇报的听取者听后不知所云。

(二)重点突出,切忌面面俱到

听取口头汇报的人员常常是调研结果的使用者(或者是委托调研的管理层人员),他们听取汇报的时间有限,汇报者一定要抓住核心的内容,不能面面俱到、事无巨细地进行汇报。只有抓住重点,才能引起听者的注意,增强他们的记忆,有助于对调研结果的使用,对建议的采纳。具体详细的内容,可以请调研结果的使用者进一步看书面的调研报告。

(三)PPT 要做得清晰悦目

口头汇报用的 PPT,主要是给听取汇报的人看的,所以图表、文字要清晰,色彩要鲜明,确保听者看得清楚。文字不能太小,不要密密麻麻地占据整个页面;一张图表不能放太多的内容,标注的数据等一定要清晰。

1.使用清楚明白的语言。汇报人在进行会展调研的汇报时,一定要表述清楚、明白,并力求生动。汇报的条理性要强,语言通俗好懂,并辅之以表情和肢体语言,以强化表达的效果。切忌阅读报告材料,也不能用非常书面化的语言来汇报。

2.把握好报告的时间。口头报告的时间过短,可能不能展开主要的内容,会影响汇报的质量;口头报告的时间过长,会令听者疲劳,影响听取的效果。所以,要精心准备,在适当的时间内完成口头汇报。如果对口头汇报有规定的时间,更要做到汇报时该详则详,当略则略,事先要进行试讲,做到用时得当。

3.清楚回答听者的问题。汇报结束后,听者一般会就他们没有听清楚的问题或者进一步想了解的问题进行提问,有些问题可能还会超出书面调查报

告的范围,所以汇报人一定要熟悉整个调查的情况,更要对调查报告的内容烂熟于心,做到胸有成竹,有问必答。

■ 参考案例 66

2018 年度杭州旅游大数据报告(会奖旅游)

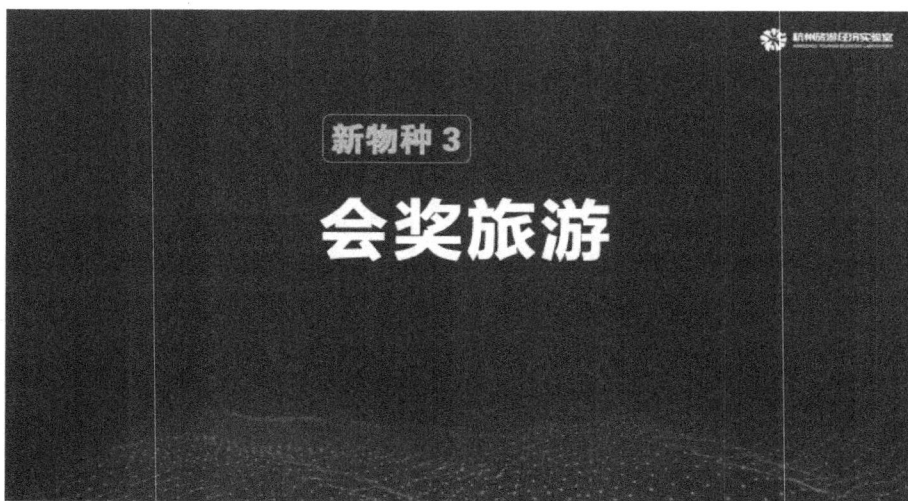

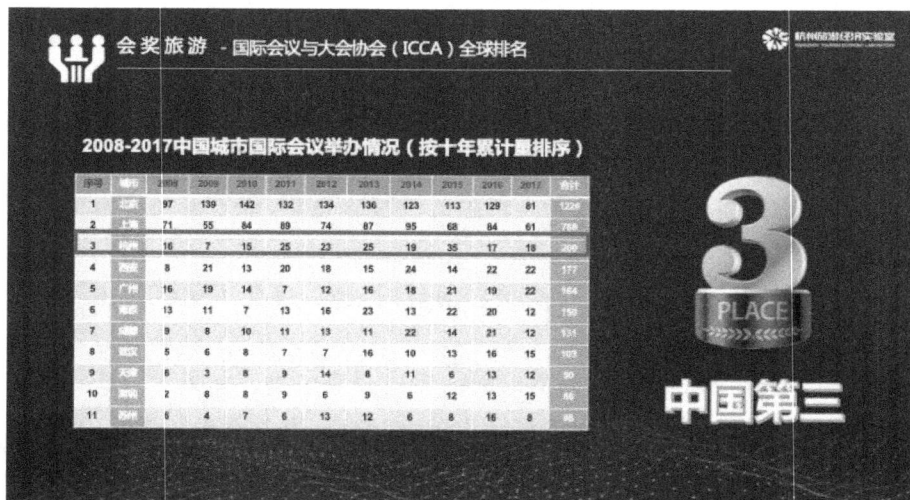

（材料来源：杭州旅游经济实验室发布《数字文旅 美好生活 2018 年度杭州旅游大数据报告》）

参考案例 67

《"杭州·新经济会议目的地"调研报告》（节选）

案例点评：《"杭州·新经济会议目的地"调研报告》是杭州市文化广电旅

游局杭州市旅游形象推广中心(杭州市商务会展旅游促进中心)邀请第三方(专家)做专题调研而形成的。调查者深入实际,进行全面细致的调查,以专业的眼光进行分析,展开横向借鉴,提出建议,共计26679字,是一篇非常有深度有价值的调研报告。本教材限于篇幅,摘录第二部分作为参考案例。整个报告的架构,可以通过"项目八 会展调研报告的撰写与汇报"模块一中的"四、会展调研报告的结构"了解。

该案例"第二部分 杭州打造'新经济会议目的地'的创新实践",主要是围绕调查目的,从四个方面说明杭州在打造"新经济会议目的地"上面已经做了什么,有了什么样的基础。每个方面又分成几个小点,非常清晰。运用材料和观点回答"情况怎么样"。特别是材料丰富,用典型的案例和真实的数据进行呈现,体现了很高的信度和效度,令人信服。

第二部分 杭州打造"新经济会议目的地"的创新实践

杭州为打造会议目的地不断探索。2017年,杭州市委十一届十一次全会提出"将杭州打造成为国际会议目的地"的城市新名片,对杭州市会议、展览、奖励旅游等相关产业的发展提出了更高的要求。杭州市文化广电旅游局(原杭州市旅委)以推进旅游国际化为抓手,以营销国际会议目的地品牌、引进国内外高端会议为目标,抢抓机遇、谋篇布局、精准发力,开创了树品牌、强营销、推产品、兴产业的发展模式,并取得了一定成果。2018年11月,杭州市文化广电旅游局全面联合本地优势产业,提出赋予杭州国际会议目的地打造工作以"新经济会议目的地"属性,开启了杭州MICE新时代。

一、理念新突破,强化会议产业顶层设计

(一)建立工作机构

杭州市文化广电旅游局于2003年成立杭州市旅游形象推广中心,2009年在推广中心内设立会奖旅游部,进行会奖旅游的营销工作;2011年,为整合会奖旅游资源,充分发挥杭州会奖旅游的整体优势,牵头成立了杭州市会议与奖励旅游业协会,涵盖会议中心、高星级酒店、会议服务商、旅行社、车船礼品公司、会展院校等206家会展产业链单位(截至2019年9月数据);2015年,市旅游形象推广中心增挂杭州市商务会展旅游促进中心,承担全市会展、奖励旅游和商务旅游产业发展促进工作;2017年6月,组建了杭州国际会议竞标服务中心,发挥会奖企业主体作用并合力产生联动效应,承担国际会议的竞标工作。机构保障促进了大型会奖项目落户杭州，为来杭举办会奖项目提供了强有力的政府支持。

（二）强化顶层设计

2011 年，杭州市文化广电旅游局加入国际会议与大会协会（ICCA）组织，并委托国际会议专家就杭州作为会议目的地的市场定位开展专项调研。明确了杭州以亚洲市场为重点，拓展欧美远程会议市场的目标和发展策略。2016 年，会同市政协开展调研，提出"打造国际会议目的地"的建议内容被列入市委《中共杭州市委关于全面提升杭州城市国际化水平的若干意见》文件。文件提出通过打造国际会议目的地城市，带动城市国际化水平发展，明确了会议产业地位，为 2017 年市第十二次党代会和市政府工作报告提出的"打造国际会展之都、赛事之城"奠定了基础。

（三）强化资金支持

杭州市文化广电旅游局联合杭州市财政局出台促进会议与奖励旅游项目引进的专项政策，2013 年起策划包装"会奖旅游特惠年计划"，对来杭会奖项目实施政府、企业双重补贴的政策，吸引会奖项目落地。2013 年至 2018 年末，共补贴 1257.8 万余元，引进 200 多个各类会议项目，参会人数超过 10 万人，直接会议消费 2.03 亿元，补贴和会议消费拉动比达到了 1∶16，经济拉动作用显著，财政资金"四两拨千斤"的导向作用得到了充分的体现。2018 年，为切实打造杭州新经济会议目的地有效性，优化国际一流营商环境，助力会议经济发展，杭州市文化广电旅游局携手战略合作伙伴建设银行杭州分行，针对来杭参会者、杭州本地会奖服务商以及新经济企业，推出新经济态势下具有创新意识的杭州会议金融解决方案。面向来杭参会者，推出虚拟会议卡服务，未来将实现一部手机"会"杭州；面向本地会奖服务商，配置多元化融资产品，未来 3 年内将为会奖行业提供不少于 50 亿元的对公信贷资金支持，并予以市场最优利率；面向新经济企业，提供创新融资产品等在内的七大金融服务。

二、定位新品牌，持续推进营销推广精准度

（一）定位城市会奖品牌

2016 年，杭州 G20 峰会后，杭州会奖旅游业发展迎来了新风口，国内首个城市会奖品牌"峰会杭州"正式发布，用先锋视野、尖峰品质、巅峰体验、丰硕成果构建诠释品牌内涵，成为杭州的城市商务名片，并与国内外会奖专业媒

体合作,通过事件营销、专题采访、资源考察等形式进行宣传,树立起"后峰会、前亚运"时期杭州会议目的地新形象。

2018年,杭州市文化广电旅游局深入剖析城市优势产业与会议产业之间的关联,提出"新经济会议目的地"这一品牌特质,联合杭州优势产业,提出打造"新经济会议目的地",进一步丰富"峰会杭州"会奖品牌内涵。业界认为,从推出全国首个会奖品牌"峰会杭州",到打造具有国际视野和影响力的亚洲会奖旅游目的地,再到深耕城市自身优势产业,精准定位新经济会议目的地,杭州会奖旅游走出了一条属于自己的特色发展道路,且逐步攻破行业细分市场,塑造差异化优势。

(二)创新营销事件

2017年9月12—13日杭州举办"会在风景中——杭州·全球会议开发者新机遇"事件营销活动,邀请了多位具有亚太地区办会需求的国内外知名会议组织者及专业会奖媒体人士来杭州进行一系列资源体验和趣味竞技活动,充分体验杭州会奖的特色,并与杭州会奖本地会奖企业进行创意的碰撞。活动首次设立海外第二现场——巴黎,设置了"杭州移动会议室"和"杭州会客厅"。向全球会议采购者展示了杭州丰富独特的会奖资源,传递了杭州会奖行业及服务的创造力和创新力。

2018年"会在风景中——新经济会议目的地"事件营销活动中,通过发布新经济会议案例评选榜单、新经济办会金融服务产品、新经济会奖旅游产品等系列子活动,在业界第一次明确提出杭州打造"新经济会议目的地"的目标,赋予杭州MICE更鲜明的特色。还大胆启用了抖音话题挑战这样一种参与形式,用创意十足的短视频展现了杭州独有的产业风景和杭州会奖人的良好风貌。5月借中科协20周年年会契机举办"杭州之夜"国际会议目的地推广活动,面向美国、澳大利亚、法国、日本等国科技界精英,二十多位工程院院士,国内信息技术、电子科技、脑科学等领域领军人物共200余位高智库、高学术水准且有丰富会议资源的学(协)会人士推广杭州丰富的会议资源,宣传杭州办会政策。"会在风景中——杭州·新经济会议目的地"新加坡路演推广活动特意增加了两地从业者的研讨环节,现场布置了非物质文化遗产产品展示及文化体验项目,为28家新加坡会议采购者提供了一次深度认知杭州的机会。

2019年8月,杭州市文化广电旅游局在北京举行"杭州PLUS——杭州新经济会议目的地推介活动",展现升级版的杭州学术会议目的地资源。来自杭州的 18 家本地优质会奖供应商与 80 家国内一级学会、协会及专注服务学术会议的 PCO 进行业务交流洽谈,国内外会议、学术等领域专家围绕杭州优势产业与会奖产业的关联度进行了主题分享。活动现场还专门设立了"杭州十大学术会议案例"展示区和杭州非遗技艺体验区域,充分展现杭州优势。同年,启动"杭州·领创未来会议"事件营销活动,招募全国新经济领域企业代表——"杭州 48 小时首席未来产业体验官"来杭体验杭州的产业和会议资源,整合汇聚新经济产业小镇、产业集聚区等集群化平台,借助黑科技呈现一场充满科技感与前瞻性的沉浸式会议体验,打造一场前所未有的"未来会议"模板,并在这场盛会上举办十大"杭州新经济会议小镇"授牌仪式。

（三）实施"会议大使"计划

"杭州会议大使"计划于 2011 年启动,每年挖掘符合杭州重点发展行业内的领军人物,以杭州市人民政府的名义聘任其为"杭州会议大使"。截至 2019 年,杭州先后聘任过 9 批共 58 位来自医学、理学、工学、教育学、艺术学、农学、管理学、法学、历史学九大学科领域的行业精英担任"会议大使"一职。市文化广电旅游局与"杭州会议大使"保持着长期顺畅的沟通,推出 14 项包括提供竞标资料、协助制作竞标文件、联合阐标等服务,协助会议大使成功引进大量国际性、全国性、地区性学术会议。其中,2009—2018 年,杭州共引进了 214 个符合国际大会与会议协会（ICCA）标准的国际会议,参会者总数达近 6 万人次。部分国际会议、大型国内会议如下:2014 全国化学催化大会、2016 第八届世界两栖爬行动物学大会（WCH8）、2016 强关联电子系统国际大会、2016 第六届国际神经科技大会、2016 第三届华人遗传学大会、2016 第 13 届 IEEE 国际车辆动力与驱动会议（VPPC 2016）、2017 第九届全国环境化学大会、2017 创业教育生态系统建设国际研讨会、2018 第四届国际文化遗产研究大会（ACHS Conference 2018）、2018 第十八届电磁领域计算会议（IEEE CEFC 2018）、2019 年第七届 IEEE 生物信息学与计算生物学国际会议、第 18 届 IEEE 国际电磁场计算会议、国际橡胶大会暨第 15 届中国橡胶基础研究研讨会等。这些会议的引进,不仅为杭州带来可观的经济效益,还通过其在各自行业中所具有的影响力,为杭州带来产业先进技术和成果交流,推动杭州相关产业发展。

这项由杭州创新实施的"会议大使"计划,已成为会议业与城市优势产业

跨界融合的新典范。杭州在实现环境达标、技术达标、学术达标、人才达标、情感达标等办会硬件指标后,依靠专业领域的"会议大使"搜集会议线索、协同开展会议竞标,则是杭州能够跃居 ICCA 全球会议城市榜单第 97 位、中国大陆第 3 的晋身之阶。

(四)专业展会招会引会

举办三届中国(杭州)会议与奖励旅游产业交易会,搭建会奖资源展示和会议目的地品牌推广的优质平台,增进长三角地区旅游部门、酒店、旅行社、会议公司之间的交流与合作,邀请国际国内专家分享产业发展经验及前沿趋势。通过交易会共计引进会议 918 个,实现会议消费 5.47 亿元。截至 2019年 9 月,杭州市文化广电旅游局组织超过 280 家次会奖企业参与 37 批次国内外专业会奖展会,如国际会议与奖励旅游展(IBTM World)、法兰克福国际会议与奖励旅游展(IMEX)、中国(上海)国际会奖旅游博览会(IT&CM)等,并开展新加坡、北京、广州、深圳、海口、南宁等国内外重点会奖城市促销活动,为企业搭建更宽广的营销平台;邀请 20 余批次超过 800 人次专业会议采购商来杭踩线考察,实地体验丰富的会奖旅游资源。

(五)构建推广矩阵

梳理杭州市会议酒店、展馆、特殊场地的信息,整合全市独具体验特色的资源包装出适合会奖商务客群体验的 150 余个奖励旅游产品。在此基础上编制《杭州奖励旅游产品手册》《杭州会议手册》《杭州会议地图》等专项宣传品,为会议举办者提供翔实有效的基础信息。通过整合杭州会议旅游领英(Linkedin)账号、官网、微信、微博等平台,开发会议 APP,发送会奖电子期刊等手段,构建起会议目的地营销矩阵。

三、拓展新空间,实现与城市优势产业跨界融合

杭州市文化广电旅游局大力拓展资源和空间,推动会议业与新经济产业进一步融合。

(一)开拓产业会议设施新空间

近年来,杭州的特色小镇崛起,发展势头喜人,涉及数字经济、科技金融、时尚文创、健康医疗、新零售等多个产业领域。这些产业特色鲜明的小镇,通过引进龙头企业入驻发挥集聚效应,并且依托于在小镇专业会场举办产业内有影响力的会议活动,成为杭州会议业发展的新引擎。为促进杭州优势产业与会议业的融合发展,宣传推广特色小镇新功能,助力杭州打造新经济会议

目的地,杭州市文化广电旅游局从杭州特色小镇中优选云栖小镇、梦想小镇、大创小镇、玉皇山南基金小镇、艺创小镇、医药港小镇等十个"杭州新经济会议小镇",涵盖多个新经济产业领域,树立标杆,创新实施跨领域合作。并编制《杭州新经济会议小镇》手册,图文并茂地介绍各小镇详细的会场信息,列举各小镇曾举办过的标志性会议,切实服务会议服务商、办会企业及参会人员。

(二)整合推出商务考察奖励旅游产品

杭州是中国民营经济最具活力的城市之一,"民营经济强市"的优势也成为杭州发展奖励旅游的活力之源,而近年来杭州大力发展势头迅猛的优势产业,也是商务奖励旅游团队参观、考察的绝佳选择。鉴于此,杭州市文化广电旅游局整合阿里巴巴、海康威视等20多个商务考察资源为奖励旅游产品。此外,在"杭州·领创未来会议"事件营销活动中,推出"杭州·未来产业体验日"活动,招募全国新经济领域企业代表来杭,精心包装五条体验线路,涵盖了数字经济—云栖小镇、时尚产业—艺尚小镇、生物医药—医药港小镇、新零售—湖滨街区、吉利汽车体验馆、中国移动5G联合创新中心等产业小镇和产业企业资源以及中国丝绸博物馆、西湖琴社、西泠印社等会奖资源,通过商务考察奖励旅游点的打造,促进会议业与优势产业的融合。

(三)选树新经济会议案例

面向全国范围由新经济领域企业主办的在杭举办的会议活动,推出"新经济会议精选案例"评选,从会议内容先锋性、会议在所属行业影响力、会议形式创新性、会议辐射面及出席嘉宾与专家量级等多个维度进行考量。经过线上征集和线下调研,并由会议专家、营销专家及经济领域专家组成的专家评审组评选,最终产生1个综合大奖(1个获奖案例)和5类单项奖(10个获奖案例),并通过这些获奖案例的解析与宣传,突出杭州强势产业的引会优势以及会议活动对产业发展的辅助作用,为杭州新经济会议发展提供宝贵经验,为会议产业从业者提供行业洞察与真实素材。

四、搭建新平台,构建公共服务平台提升服务水准

(一)首创竞标服务中心

联合会议大使、航空公司以及会议产业链相关企业,共同组建杭州国际会议竞标服务中心,瞄准国际协会会议市场,制定竞标计划、开展竞标培训、协调竞标支持、提供竞标服务,形成政府搭台、企业参与、共同决策、科学营销

的良性机制。竞标中心每月面向其成员发布会议竞标线索及报告,并成功协助杭州会议大使申办2022年亚太催化大会、第二十一届流动问题有限元国际会议。

（二）制定行业标准

起草了会奖行业标准《会议服务机构管理和服务规范》并于2017年10月初通过市质监局发布,经过两年的企业宣贯及评定工作的开展,已有17家优质企业获评达标认证。2019年又组织开展了杭州市首批会议服务示范机构评定工作,并创新性地在评定工作中增加了企业路演推广环节,目前已评出5家示范机构。此举措有效提高了会议服务质量管理水平,促进了产业服务专业化、规范化、品牌化发展。2018年,在全国范围内创新性发布《奖励旅游服务和管理规范》地方标准,规范本地企业在操作奖励旅游项目中的服务要求。

（三）加强人才培养

连续举办四届"中国（杭州）奖励旅游产品创意策划大赛",培养会奖旅游应用型专业人才。实施"MICE英才培训计划",为旅游业、会奖业等发展提供强有力的人才智力支撑。

（材料来源:新华社中国经济信息社《"杭州·新经济会议目的地"调研报告》）